D1732126

Fritz Stahlecker

Das motivierte Dressurpferd

Fritz Stahlecker

Das motivierte Dressurpferd

▸ Die Hand-Sattel-Hand-
Methode

▸ Von den Anfängen bis
zum Grand Prix

KOSMOS

Bildnachweis

111 Farbfotos wurden speziell für dieses Buch aufgenommen von
Horst Streitferdt, dazu Fotos von E. Briegel: S. 230; W. Ernst: S. 7, 46;
P.Kißner: S. 30, 31, 32, 90 und H. Stadelmayer: S. 27, 38 u, 43, 98, 104,
214 o, 215.

Mit 9 Schwarzweiß-Zeichnungen des Autors

Impressum

Umschlaggestaltung von Friedhelm Steinen-Broo, eStudio Calamar,
unter Verwendung von Farbfotos von Horst Streitferdt, Böblingen

Mit 115 Farbfotos und 9 Schwarzweiß-Zeichnungen

Unser gesamtes lieferbares Programm und viele
weitere Informationen zu unseren Büchern,
Spielen, Experimentierkästen, DVDs, Autoren und
Aktivitäten finden Sie unter **www.kosmos.de**

Informationen zu Fritz Stahlecker
finden Sie unter www.hsh-fritz-stahlecker.de

Gedruckt auf chlorfrei gebleichtem Papier

2. Auflage, 2008
© 2000, 2008 Franckh-Kosmos Verlags-GmbH & Co.,KG, Stuttgart
Alle Rechte vorbehalten
ISBN 978-3-440-11313-4
Lektorat: Sigrid Eicher, München/Petra Wägenbaur, Tübingen
Produktion: Claudia Kupferer
Printed in Germany/Imprimé en Allemagne

Inhalt

Sven Rothenberger auf Weyden

Zum Geleit

Herr Stahlecker ist mir als ein ganz nobler Pferdemann begegnet. Er ist einer der wenigen, die das, was sie tun, auch erklären können, und das bis zur höchsten Klasse der Dressur.

Niemals zuvor habe ich einen Pferdemann kennengelernt, der frei von sportlichen Ambitionen mit den Pferden arbeitet, dabei immer das Pferd voll respektiert und dennoch das Maximum an Leistungsbereitschaft und Zufriedenheit aus einem Pferd hervorzurufen vermag. Hierzu wählt Herr Stahlecker die Lehrmethoden der bekanntesten Reitmeister aus der Historie wie zum Beispiel de la Guérinière.

Herr Stahlecker hat uns vor den Olympischen Spielen in Atlanta mit seinem Fachwissen, aber auch mit seinem menschlichen Erfahrungsschatz hervorragend unterstützt. Mit Weyden konnte ich von ihm ein brillant ausgebildetes Pferd übernehmen. Als Mensch und als Reiter ist Herr Stahlecker mein Vorbild.

Sven Rothenberger

▶ Vorwort

In seinem Buch über die Olympiade 1936 geht der bekannte Hippologe Gustav Rau auch auf die Ausbildung des Dressurpferdes ein. Er legt den Finger auf eine wunde Stelle: »...Wenn wir das Pferd auf der Weide beobachten, stellen wir fest, dass es alles kann, was es dann unter dem Reiter verweigert und was ihm erst nach schweren Kämpfen wiedergegeben werden kann. ... Es biegt das Genick nach rechts und links, was es später unter dem Reiter oft hartnäckig verweigert. Es ist im freien Zustand fähig, den Hals und die Rückenwirbelsäule seitlich zu biegen, während diese Biegung unter dem Reiter meistens mehr oder minder große Schwierigkeiten bereitet. In vielen Fällen bleibt unter dem Reiter die Geschmeidigkeit sogar für immer weg. ... Die Reiterei müsste sich noch mehr als bisher darauf einstellen, durch Entgegenkommen an das Pferd dessen Geschmeidigkeit zu suchen. ... Die ganze Reiterei muss so angelegt werden, dass sie nicht in einen endlosen Kampf um die Unterwerfung der einzelnen Körperteile des Pferdes zerfällt, sondern sie soll, überschauend, von Anfang an das ganze Pferd in allen Körperteilen, in sämtlichen Gelenken und Muskelgruppen nachgiebig zu machen versuchen.«

Wie wichtig und bedenkenswert die Anmerkungen Raus auch heute noch sind, wird einem als Beobachter des deutschen Dressursports mehr und mehr deutlich. Noch sind die Kritiker, die kopfschüttelnd am Rande der Abreiteplätze stehen und sich eine feinere Reitweise wünschen, in der Minderheit. Aber sind es nicht gerade die Querdenker, die neue Impulse geben können? Hat uns nicht vielleicht der Erfolg, die allzu konservative Grundeinstellung gehemmt, unsere deutschen Richtlinien der Reiterei zu hinterfragen, neue Wege zu suchen? Ohne Abstriche an der Tradition kann es keine Entwicklung, keine Innovation geben!

Ist im Laufe der Zeit nicht zu sehr in Vergessenheit geraten, dass Dressurreiten – zu Ende gedacht – Kunst sein soll? Ein Kunstwerk jedoch entsteht niemals mit gewaltsamen Mitteln. Was durch Grobheit erreicht wird, mag während der Dauer einer Prüfung anhalten, aber auch was in heimischen Reithallen geschieht, gehört bei einer ehrlichen Beurteilung immer dazu.

Vor allem um das »Wie« der Ausbildung geht es mir in diesem Buch. Sicherlich führen für die Ausbildung eines Dressurpferdes verschiedene Wege nach Rom. Der FN-Weg ist für das Pferd mühsam, weil es bis ins Alter immer wieder grundsätzlich Neues zu lernen hat. Mit dem Ziel, nervliche Verspannung von vornherein zu vermeiden, habe ich den Weg gesucht, auf dem sich das Pferd am leichtesten tut. Die erste Etappe soll es ohne die Last des Reiters zurücklegen. Der Ausbilder ist zunächst sein Spielpartner. Vom Boden aus wird es in feiner gegenseitiger Abstimmung zum Mitmachen motiviert.

Bei meiner Hand-Sattel-Hand-Methode gibt es keine fixen Richtlinien – es sei denn, anzunehmen, was das Pferd von sich aus anbietet. Der Weg der Ausbildung soll sich jedem einzelnen Pferd anpassen. Meine Ratschläge richten sich an Reiter, die wissen, dass Ausbilden in erster Linie eigene Kopfarbeit ist. Ein Pferd verzeiht Fehler des Menschen und gleicht sie aus, aber zu oft geht dies zu Lasten seiner Gesundheit und Psyche. Letztlich geht es mir um die Suche nach einer Ethik, nach einem Weg, auf dem das Pferd nicht durch Dominanz, sondern durch Motivation zu höchsten Leistungen geführt wird.

Dressurreiten macht tiefen Sinn, wenn zur Versammlung des Pferdes die geistige Sammlung des Reiters hinzukommt. Albert Schweitzers These von der Ehrfurcht vor dem Leben entsprang seiner Liebe zum Tier. Möge sie auch die geistige Entfaltung des Reiters bestimmen und alles, was er macht oder lässt, sich an dieser These messen lassen. Der Weg zum Resultat darf keine dunklen Stellen haben. Die fundierte ehrliche Ausbildung, ohne die Pferdeseele zu belasten, ist die Voraussetzung echter Reitkunst.

Fritz Stahlecker

▶ **Einführung**

Seit Jahrzehnten bilde ich junge Pferde aus. Mit der Persönlichkeit jedes Tieres und mit wachsender Erfahrung habe ich meine Vorgehensweise immer mehr verfeinert. Mit jedem Pferd kamen neue Varianten des Ausbildungsweges hinzu, habe ich meine Überlegungen vertieft und Details modifiziert. Die großen Linien haben sich im Laufe der Zeit als brauchbar herausgestellt, an einzelnen Schritten arbeite ich ständig weiter, und mit jedem neuen Pferd beginnt das Abenteuer – trotz der hinzugewonnenen Erfahrungen niemals genau kalkulierbar – wieder von neuem. Man muss zufrieden sein, im Alter weniger Fehler zu machen.

Mit jedem neuen Pferd beginnt das Abenteuer wieder von neuem.

Die Literatur bietet Ausbildungsprogramme. Oft gehen sie auf militärische Vorschriften zurück und sind somit auf praktische Ziele ausgerichtet. Das künstlerisch-ästhetische Element des Reitens steht selten im Vordergrund. Nach dem Krieg kam zur militärischen Tradition der Sport hinzu. Die alten Ausbildungsprogramme wurden dadurch nicht grundlegend in Frage gestellt. Zirkusmethoden sind noch heute verpönt, obwohl es im Zirkus immer mehr Geist und Reitkunst gegeben hat als in der Kaserne.

Die Handarbeit der Spanischen Hofreitschule gilt immer noch mehr als Besonderheit der höfischen, hohen Schule. Glücklicherweise hat in den letzten Jahren das Kürreiten trotz Widerständen zunehmende Bedeutung gewonnen.

Ein Mehr an Kunst wird zwangsläufig zu einer Öffnung der Ausbildungsmethoden führen, die dem einzelnen Pferd angepasst sind. Es wird zu Recht immer mehr Abweichungen vom Lehrbuch geben. Mehr Kunst heißt weitgehend, dass das Programm der Ausbildung von der natürlichen Veranlagung des Pferdes bestimmt wird. Auf seine Begabung kommt es an.

Gibt es irgendeine wichtige Sportart, von der man sagen kann, dass die Leistungen, die bei der Olympiade 1936 Bewunderung erregten, heute noch der Maßstab sein können?

Die Fortschritte beruhen auf neuen Ausbildungsmethoden, auf verbesserten Trainingssystemen sowie auf modernen psychologischen Erkenntnissen.

Beim Dressurreiten gibt es in dieser Hinsicht ein Defizit. Wer Traditionen in Frage stellt, ist noch heute Außenseiter und darf nicht mit Objektivität rechnen.

Auch meine Art des Vorgehens basiert besonders bei jungen Pferden auf den Erkenntnissen der modernen Pferdepsychologie. Jahrzehntelanges Beobachten und Studium des Verhaltens von Pferden in der freien Natur wie auch in der Arbeit mit dem Menschen haben mich in meiner Methode bestärkt. Viele Erkenntnisse entstammen auch der Lektüre alter Klassiker der Pferdeausbildung, vor allem der französischen Schule.

Ein streng systematisches Vorgehen nach irgendeinem Lehrbuch entspricht nicht der Pferdenatur. Wir haben den alten Meistern das bessere Wissen um die Pferdepsyche voraus. Die Erkenntnis, dass Tier und Mensch vieles gemeinsam haben, ist hilfreich.

Eine Gemeinsamkeit sind die automatischen Bewegungen unserer Gliedmaßen. Wir stolpern, wenn uns abverlangt wird, einen automatischen Bewegungsablauf bewusst zu wiederholen. Der moderne Ausbilder erkennt, dass dies das Problem unserer Pferde ist. Auf der Koppel sind sie fähig, den Galopp fliegend zu wechseln oder, wenn der Rang es gebietet, in kurzen Tritten rückwärts zu treten. Sie zeigen Pirouetten im Schritt und Trab, können sich in Ausnahmesituationen versammeln; selbst Stuten gehen manchmal Passage, und die Schulsprünge der Spanischen Hofreitschule sind bei Hengsten an der Tagesordnung. All diese Bewegungen verlaufen nach naturgeprägten Automatismen.

Zu Beginn der Ausbildung soll nun das im Unterbewusstsein Vorhandene ins Bewusstsein überspringen. Es gilt, gemeinsam eine psychologische Schwelle zu überwinden. Dies ist die Hauptrichtung meiner Ausbildungsmethode. Das Pferd soll lernen, seine Bewegungen bewusst und jederzeit abrufbar zu koordinieren. Dies ist mehr eine Frage des Nervensystems und weniger der Muskulatur. Ich habe Pferde erlebt, die, wenn man von ihnen erstmalig verlangte, rückwärts zu treten, hierzu nicht in der Lage waren. Es fehlte nicht am Verstehen, sondern einfach daran, die Beine bewusst zu steuern. In früherer Zeit hat man solch ein Verhalten auf Starrköpfigkeit oder Widersetzlichkeit zurückgeführt. Die Literatur belegt, dass besonders die alten italienischen Meister zur Beseitigung von Widersetzlichkeiten – die in Wirklichkeit gar keine waren – in der Wahl der Mittel nicht gerade zimperlich waren. Heute wissen wir mehr über nervliche Steuerung und Psyche. Auf allen Lebensgebieten werden wissenschaftliche Erkenntnisse sinnvoll verwertet. Im Bereich des Dressurreitens indessen ticken die Uhren etwas langsamer. Es ist an der Zeit, neue Wege zu wagen. Der denkende Reiter möge diesen Faden weiterspinnen!

Die Dressur eines edlen Pferdes darf nie schematisch sein. Sie erfordert vielmehr Fantasie und Kreativität. Diese Eigenschaften des Ausbilders setzen ihrerseits ein freies, ungezügeltes Spiel der Gedanken voraus.

Das im Unterbewusstsein Vorhandene soll ins Bewusstsein überspringen.

Es ist wichtig, dass der Ausbilder den Ablauf jeder Arbeits-stunde rekapituliert und sich das Programm für die nächste Stun-de gut überlegt. Besonders dann, wenn es gilt, ein Problem zu meistern, muss er sich schon vor Beginn der Arbeit über sein Vorgehen im Klaren sein. Dressurreiten ist Kopfarbeit.

Was am Vortag misslungen ist, soll man nicht in genau glei-cher Weise nochmals angehen. Wenn das Pferd gesagt hat: »so nicht«, sich beherrschen und nicht insistieren! Die Fantasie spie-len lassen und nach einem anderen Weg suchen! Nicht ohne neue Idee aufsitzen. Die Antwort auf das »so nicht« muss lauten: »dann anders«. Zu meiner Arbeitsmethode gehört, das Angebot des Pferdes immer anzunehmen, wenn dieses in eine korrekte Lektion einmünden kann oder auch nur könnte, und flexibel auf das Verhalten des Pferdes zu reagieren.

Kaum eine Kreatur ist so demütig wie das Pferd. Gegenwehr entspringt fast immer der Angst oder dem Missverständnis zwi-schen Mensch und Tier. Wer beim üblichen Zureiten auf einer noch ungebändigten Remonte eine gute Figur macht, ist noch lange kein guter Ausbilder. Heute sagt man etwas vornehmer »anreiten«; es klingt vorsichtiger, ist es aber kaum. Gerade bei sensiblen Blütern, die oft für die höheren Lektionen besonders begabt sind, ist es heikel, die Ausbildung sogleich unter der Reiterlast zu beginnen. Einige Longierstunden vorausgehen zu lassen ändert daran nicht viel. Die ersten Erlebnisse unter dem Reiter belasten die Psyche oft mit dem Ergebnis bleibenden Miss-trauens. Solche Pferde sind dann für eine gute Karriere verloren. Darüber hinaus ist ihre Lebensqualität gemindert.

Bei meiner Methode wird das junge Pferd zunächst vom Boden aus gearbeitet. Erst wenn nach Monaten Vertrauen und Verständigung zwischen Reiter und Pferd weit genug gefestigt sind, werden die gelernten Lektionen auch unter dem Reiter geübt. Das Prinzip meiner HSH-Ausbildungsmethode (Handar-beit – Sattel – Handarbeit) ist nicht eine intensive Dauereinwir-kung, sondern mehr die Anerziehung und Pflege guter Gewohn-heiten. Wenn im Restaurant ein Kind schlechte Manieren an den Tag legt, ist an Ort und Stelle der Erfolg elterlicher »Hilfengebung« fraglich. Mehr wiegt die gute Kinderstube. So auch beim Reiten.

Der Mensch am Boden ist wenigstens am Anfang der Aus-bildung der bessere Spielpartner. Das Pferd sieht ihn gut und kann ihn taxieren. Es lernt wie auf der Koppel. Dies gilt selbst für die Klärung der Rangfolge.

Während der Zeit der Bodenarbeit wird aus Misstrauen langsam Vertrauen. Der akzeptierte Alpha-Partner darf sich dann in den Sattel schwingen. Sein Pferd wird ihn nicht fürchten, obwohl es ihn nur schemenhaft wahrnimmt.

An der Hand lernt das Pferd spontan zu gehorchen. Der Reiter kann es durch seine Gestik beeindrucken und belehren. Drohgestik mit Armen und Beinen entspricht dem, was in einer Pferdeherde tagtäglich geschieht. Wer der »Alpha« ist, muss immer wieder von neuem geklärt werden. Die Klarstellung der Rangfolge bedeutet Friede!

In aller Regel ist ein Helfer nicht erforderlich. Überhaupt sollte der Ausbilder bei allem, was er mit seinem Pferd macht, bestrebt sein, ohne einen solchen auszukommen. Insbesondere bei der Handarbeit wird die Zweierbeziehung durch einen Dritten gestört. Der Ausbilder soll alleinige Bezugsperson werden. Dies gelingt besonders bei Hengsten und Stuten. Ein als Alpha-Bezugsperson angenommener Reiter wird bei der Handarbeit von seinem Pferd nicht geschlagen. Es ist aber hinzuzufügen, dass nicht jeder Reiter, auch wenn er zu Pferde eine gute Figur macht, die pferdegemäße Ausstrahlung besitzt, die für die Arbeit vom Boden unabdingbar ist. Der Reiter am Boden muss »animalisch« fühlen können. Bei der Arbeit ist er »halb Mensch – halb Pferd«.

Ich lehne mich an die Handarbeit an, wie sie früher von den Franzosen praktiziert wurde. Es gilt der französische Grundsatz:

Der knapp 3-jährige Hengst Dürer bei der ersten Handarbeit auf Kandare. Sein aufmerksames Lerngesicht zeigt, dass er sich mir angeschlossen hat. Er respektiert das Kandarengebiss als freundliche Grenze.

»*On dresse un cheval au pas.*« Diese Ausbildungsmethode verlangt vom Reiter ein hohes Maß an Selbstdisziplin. Zudem entspricht sie ganz und gar nicht dem, was heute unter Berufung auf die deutsche Tradition gelehrt wird.

Die Prägung komplexer Bewegungsabläufe gelingt mit einer jungen Remonte viel schneller und sicherer als mit dem erwachsenen Pferd. Wer vom Boden aus sein Pferd in die Schule nimmt, kann sich ohne Überlastung der Gelenke, Sehnen und Bänder die weit bessere Lernbereitschaft und Aufnahmefähigkeit der Remonte zunutze machen.

Ein 8-jähriges Kind lernt mit Leichtigkeit einen Handstand oder das Rad. Mit 40 Jahren wäre dies schwierig. Aber anders herum gilt, dass wir als Kind erlernte Bewegungsabläufe noch im Alter ganz gut beherrschen. Wer erst im Alter mit Klavierspielen beginnt, wird es schwerlich bis zur Konzertreife bringen.

Es sei ein simpler Vergleich gestattet: die Nervenzentrale als Bücherschrank. Die Bücher stehen in mehreren Reihen hintereinander. Die Bücher der vorderen Reihe kann das dreijährige Pferd sofort lesen. Das Piaffebuch steht irgendwo. Beim Grand-Prix-Pferd, das in herkömmlicher Weise ausgebildet wurde, muss es in der vorderen Reihe sein. Beim Lippizaner ist es fast immer in der vorderen Reihe. In der Jugend ist das Pferd eine Leseratte; wenn man ihm hilft, wenn es Anlass gibt, liest es auch die

In jedem Pferd schlummern Anlagen, die nur darauf warten, in der frühen Jugend geweckt zu werden. Hier animiere ich den erst 3-jährigen, bereits mit der Kandare vertrauten Dürer, sich in Richtung Piaffe gehend zu versammeln. Er läuft nicht weg, obwohl die Zügel durchhängen. Der »Groschen ist gefallen«!

Bücher der hinteren Reihe. Die Bücher sind noch leicht verschiebbar. Der Ausbilder kann seinem Schüler zeigen, wo man ein vorderes Buch nur etwas verschieben muss, um zum Piaffebuch zu gelangen. Der Schüler besitzt alle Bücher, aber sie nützen erst, wenn er sie gelesen hat. Gelesene Bücher haben einen bekannten Platz und sind jederzeit greifbar. Was das Pferd in der Jugend gelesen hat, bleibt haften und ist im Alter verwertbar. Die Lehre hieraus ist, dass der Ausbilder die Leselust des möglichst jungen Schülers nützen und darauf achten sollte, dass er die richtigen Bücher und nicht leichter zugängliche Schundromane liest.

Jedes Pferd hat viele Anlagen (Bücher). Wie gesagt, liegen einige davon offen da, andere müssen von hinten hervorgeholt werden. Dieses Hervorholen ist die ganze Kunst des Ausbilders. Gibt es nicht zu denken, dass gute Ausbilder fast immer meinen, gut veranlagte Pferde im Stall zu haben, und die weniger erfolgreichen sich so oft über die mangelnde Begabung und den schwierigen Charakter ihrer Pferde beklagen? Letztere bringen nur solche Pferde zur Grand-Prix-Reife, deren Piaffebuch zufällig in der vorderer Reihe steht. Um meiner Meinung besseren Ausdruck zu verleihen, habe ich etwas übertrieben und simplifiziert.

Immer wieder habe ich das ansonsten gut und losgelassen gehende Pferd vor Augen, das in der Piaffe-Lektion, für manchen Zuschauer unerwartet, sich verkrampft und einfach unfähig ist, frei zu treten. Sogleich fühlt man, dass auch in der folgenden Passage die Koordination der Beine ebensowenig stimmen wird.

Ich frage mich dann: Wie würden diese Lektionen bei früher Prägung des Bewegungsablaufs aussehen, wenn der Ausbilder es verstanden hätte, im Remontenalter das richtige Buch von hinten vorzuholen? Pferde »klemmen« meistens nicht aus Widersetzlichkeit. Sie können nicht anders, weil im Kopf die Steuerung hakt. Bei nicht zeitgerechter Befehlsübermittlung arbeiten besonders die Muskeln der Hinterhand unabgestimmt gegeneinander. Es kommt zur Verspannung ...

Ist es nicht in der Technik – die mehr mit der Natur zu tun hat, als mancher meint – ähnlich? Was nützt die allerbeste Mechanik einer Maschine, wenn ihre elektronische Steuerung nicht sorgfältig geprägt wurde! Hebel, Greifarme und Räder können nur das ausführen, was ihnen von der Computersteuerung befohlen wird. Wenn die Befehlsimpulse nicht in Sekundenbruchteilen zeitgerecht kommen, ist die Koordination der Bewegungen gestört. Eine Maschine kann man nicht in Betrieb nehmen, solange ihr Steuer-Computer nicht stimmt.

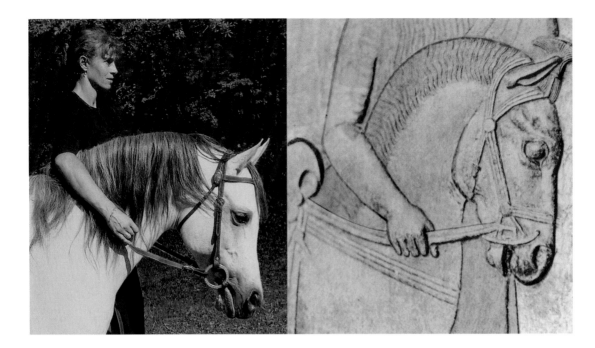

Das Flachrelief eines persischen Pferdes entstand ca. 600 v. Chr. Schon damals wurden junge Pferde vor dem Zureiten an der Hand vorbereitet. Sie lernten vorab, der Reiterhand nachzugeben und sich beigezäumt mit gerundetem Hals aufzurichten. Die klassische Bildhauerarbeit dokumentiert ein vertieftes Verhältnis Pferd-Mensch. Den Künstlern der Antike war das anatomische Studium des Pferdes als Basis der stilistischen Gestaltung so wichtig wie das des Menschen. Das HSH-Vergleichsfoto gibt ein schönes Pferd wieder. Das ausdrucksstarke antike Kunstwerk dagegen sagt aus, was dem Pferd innewohnt, was sein Wesen als Partner des Menschen ist. Man beachte die Hand der Amazone. Sie hält den Zügel, ohne ihn zu spannen. Ihr Arm liegt genau an der Stelle des Pferdehalses, die auch gemäß der HSH-Methode die günstigste ist, um Vertrauen zu zeigen und zu gewinnen. So kann eine Partnerschaft ihren Anfang nehmen.

Beim Pferd ist dies eher möglich – aber nicht ratsam –, weil es den guten Willen einer demütigen Kreatur besitzt.

Eine Frühprägung unter dem Reiter kommt nach der Auffassung meiner HSH-Methode nicht in Betracht. Schon heute gibt es zu viele Beinschäden. Die Beine und Füße der jungen Remonte sind vergleichbar mit jungem, noch weichem Holz, das man erst erhöht belasten darf, wenn es ausgehärtet ist. HSH trägt dem Rechnung. Der Reiter am Boden schont die noch empfindlichen Gelenke. Er verlangt von seinem Pferd nicht sogleich die Gymnastik unter Last.

Von dem ausgedehnten In-die-Tiefe-Reiten der deutschen Schule halte ich nicht viel. Dank der 12-monatigen Grundschule an der Hand brauche ich es kaum. Ein kurzzeitiges Sich-dehnen-lassen bei tiefer Nase nach jeder Reprise bleibt aber die unabdingbare Regel.

Eine Remonte über Monate in die Tiefe zu reiten, bringt auf der einen Seite die gewünschte leichte Aufwölbung des Rückens und damit die Dehnung der Rückenmuskulatur, auf der anderen aber eine hohe Überbelastung der in der Wachstumsphase noch ungestählten Vorderbeine.

Meine Methode zielt dagegen von Anfang an darauf ab, die Rückenwölbung durch Neigung der Kruppe im Gegensinn zur Halsrundung zu befestigen. Die Oberlinie des gesetzten Pferdes ist gleich lang wie die der Remonte mit tiefer Nase. Das freie Schwingen des Rückens ist ebenso gewährleistet.

Meine These gilt für die Trab- und Galopparbeit, nicht aber für den Schritt. Er verdient eine getrennte Betrachtung: Im Schritt kann sich das Pferd am besten dehnen und entspannen. Die Beine sind gering beansprucht. Auch wenn bei langem Hals die Vorderbeine mehr Last zu Gunsten der Hinterbeine zugeschoben bekommen, ist dies unbedenklich. Die Zugbeanspruchungen der Sehnen und Bänder sowie die Drücke in den Gelenkspalten liegen dennoch weit weg vom Galopp und Trab.

In der Natur hat der Pferdehals die Funktion eines wirkungsvollen Balancierhebels. Der Kopf ist das Gewicht. Die stets »gleich bleibende Haltung«, wie sie in den Protokollen unserer Dressurprüfungen lobende Erwähnung findet, gibt es auf der Weide nicht. Das angehende Dressurpferd muss lernen, ohne den Balancierhebel auszukommen, und seinen Gleichgewichtssinn entsprechend adaptieren. In Freiheit sind Kopf und Hals bei einer Richtungsänderung ausgleichend nach außen genommen. Vom Dressurpferd wird aber die Innenbiegung verlangt. Es soll »auf Linie gehen« und sich dem Kreisbogen entsprechend biegen. Wenn zu der veränderten Balance und Biegung gleichzeitig das Reitergewicht hinzukommt, steigert sich der psychische Druck. Sensible Naturen mit niedriger Toleranzgrenze reagieren mit Verweigerung. Unter ihnen finden sich Pferde mit hoher Dressurveranlagung!

Beim Gehen und Laufen schwingen wir die Arme. Wir brauchen diese – in ähnlicher Weise wie das Pferd seinen Hals – zur Massenregulierung. Man stelle sich einen 100-m-Läufer mit unbeweglich angelegten Armen vor! Das Beispiel hinkt, macht aber deutlich, dass wir unserem Pferd selbst bei geringer Beizäumung eine Umstellung auferlegen, die Geist und Körper erheblich belastet. Es sollte sie vor dem Gerittenwerden verkraftet haben.

Ziel der Dressurausbildung ist die Versammlung. Nur ein gelenkiges Pferd kann sich versammeln. Dies wird allzu leicht vergessen. Die artgerecht aufgewachsene Remonte ist genügend gelenkig. Sie erhält und bewahrt diese Eigenschaft in der Herde durch Bewegung und Spiel. Nach Abbruch des Weidelebens muss das junge Pferde sinnvolle Gymnastik erhalten. Es wäre verfehlt, erst nach Jahren, in denen die Beweglichkeit der Gelenke verlorengegangen ist, die Beugung der Hanken zu verlangen. Vielmehr sollte der Ausbilder darauf bedacht sein, mit den diesbezüglichen Vorübungen möglichst frühzeitig zu beginnen.

Nur ein gelenkiges Pferd kann sich versammeln.

Ohne die Last des Reiters im Rücken sind dosierte Beugeübungen aller Gelenke nicht nur unschädlich. Ich meine, dass sie für den zukünftigen Tänzer geradezu unerlässlich sind. Wer zu viel verlangt, hält nicht Maß. Das gleiche gilt aber auch für den, der seiner Remonte zu wenig abverlangt. Gerade in der Mitte zu bleiben ist das beste Rezept und hohe Kunst.

Der denkende Ausbilder wird immer darum bemüht sein, das Entstehen von Muskel- oder psychischen Spannungen zu vermeiden. Hierfür ist die dem Reiten vorausgehende Handarbeit das probate Mittel. Das Verständnis zwischen Reiter und Pferd wird im ersten Stadium der Ausbildung am besten durch Arbeit an der Hand und Reiten im Schritt hergestellt.

Verlange im Sattel nichts, was dein Pferd nicht bereits ohne Reiter versteht und beherrscht.

Es ist schön, ein Pferd erstmalig zu besteigen, das sogleich die Hilfen versteht und willig befolgt, das nicht gegen den Zügel geht, das nicht gegen den Schenkel drückt und von Anfang an seinen Rücken genügend nach oben wölbt. Die Quintessenz lautet: Verlange im Sattel nichts, was dein Pferd nicht bereits ohne Reiter versteht und beherrscht. Wer dies beherzigt, muss kein schlechtes Gewissen haben, wenn er sein Pferd schon im Spätherbst, vor Beginn des dritten Lebensjahres, in die Schule nimmt. Im Gegenteil, er schont sein Pferd mehr als andere – psychisch und körperlich. Nach erfolgter Frühprägung während der kalten Jahreszeit wird die Remonte im April/Mai wieder bis zur Fortsetzung der Ausbildung im November auf die Weide geschickt.

Teil I

Die HSH – Methode

▸ Grundsätzliches

Es gibt so viele Reitlehren, in denen der ideale Ausbildungsgang beschrieben wird, die aber, wenn man wirklich in die Klemme kommt, dem Ausbilder nicht viel helfen. Mir geht es darum, stichwortartig verkürzt darzustellen, in welcher Weise ich in einzelnen Fällen vorgegangen bin, wie ich zu Fortschritten gekommen bin und wie es mir gelungen ist, Fehler, die sich dann und wann eingeschlichen hatten, zu korrigieren.

Ein Dressurpferd darf man nicht nach einer Norm ausbilden, denn jedes hat seine besonderen geistigen und körperlichen Eigenschaften, die von einem guten Ausbilder bis in die kleinste Verästelung hinein beachtet werden müssen. Wer dies nicht tut, gehört nicht zur Kategorie der denkenden Reiter.

Ich erwähne nur das Besondere der verfeinerten Ausbildungsmethode, das, was von der heutigen Praxis abweicht. Auf grundsätzliche Regeln und Umgangsweisen, deren Kenntnis vorausgesetzt werden darf, gehe ich nicht näher ein.

Was viele meinen und unbesehen voneinander übernehmen, ist oft falsch. Wie man seinem Pferd begegnet und es ausbildet, muss jeder Reiter für sich selbst geistig erarbeiten in guter Kenntnis der Ausbildungsmethoden der alten Reitmeister. Besonders das Studium der französischen Theorien ist unerlässlich. Er muss bereit sein, jeden Tag dazuzulernen. Zu Beginn lehrt der Reiter das Pferd, später ist es umgekehrt!

Ob man bei meinem HSH-Programm von einer Methode im herkömmlichen Sinn sprechen darf, überlasse ich dem Leser. Es gibt keine von vornherein festliegende Reihenfolge der Ausbildungsschritte; diese bestimmt das Pferd. Das Gleiche gilt für das »Wie« des Herangehens an die Lektionen.

Zunächst die Vorstellung der HSH-Methode in Stichworten:

FRÜHPRÄGUNG

▸ Früher Beginn der Ausbildung; das Pferd ist möglichst noch nicht 4-jährig.

▸ Frühprägung ohne Reiter während wenigstens 6 Monaten, bei körperlich wenig entwickelten Pferden bis zu einem Jahr.

▸ Nutzung der besseren Lernfähigkeit des frühen Alters. »Was Hänschen nicht lernt, lernt Hans nimmermehr« oder »Was früh geprägt, bleibt locker unentwegt«. Die Einübung schwieriger Bewegungsabläufe kostet im Alter viel Schweißarbeit bei verringerten Aussichten auf sicheren Erfolg.

OHNE GEWICHT — OHNE STRESS

▸   Vom Boden aus ist das rohe Pferd besser beherrschbar.

▸   Der erste Stress ist ohne Gewicht, ohne die bedrohliche Silhouette des Reiters: Weniger Angst heißt leichter lernen.

▸   Ganz ohne Reitergewicht in der ersten Phase der Ausbildung lernt das Pferd, nicht seinen Rücken festzuhalten. Die HSH-Arbeit führt zu einem guten Rücken. Auch später gibt es nichts Besseres für den Pferderücken als regelmäßig eingeschobene Bodentage!

▸   Verringerte Nervenbelastung erleichtert die Vertrauensbildung.

SPIELERISCHES LERNEN — AUSEINANDERSETZUNGEN VERMEIDEN

▸   Der Reiter ist am Boden der bessere Spiel- /Tanzpartner.

▸   Vor dem ersten Reiten hat das Pferd die wichtigsten Bewegungsabläufe begriffen, es hat gelernt, nachzugeben und am Zügel zu gehen.

▸   Der Reiter erkennt vom Boden aus die in seinem Pferd schlummernden Möglichkeiten besser und früher und kann das Arbeitsprogramm entsprechend gestalten.

▸   Das Pferd hat vor dem ersten Reiten insbesondere gelernt, nach dem Willen des Reiters auf Stimm-, Hand- und Gertenhilfen den Hals fallen zu lassen, ihn zu runden oder ihn aufzurichten.

Ob eine Übung als klassisch anerkannt ist oder nicht, ist zweitrangig. Der Spanische Schritt verbessert die Schulterfreiheit; Hengste haben Freude am spielerischen Miteinander.

▸   Das Pferd zeigt dem Reiter den Weg der Ausbildung, besonders die Reihenfolge der angehbaren Lektionen.

▸   Der Reiter am Boden wertet aus, was ihm sein Pferd anbietet. Er ist wie ein Maler, der auf Impressionen intuitiv reagierend, so wie sie gerade kommen, am ganzen Bild malt, ohne sich vorher durch eine Skizze festgelegt zu haben. Letztere ist nicht mehr als der erste Einstieg.

▸   Der Reiter umgeht folgerichtig jeden sich abzeichnenden Widerstand. Er lässt jedes Pferd seinen eigenen »Weg nach Rom« gehen.

▸   Schwierigkeiten können vom Boden aus leichter durch Umgehung gemeistert werden. Das vergrößerte Hilfenrepertoire hilft dabei: Es gibt viele Schalter für das gleiche Licht. Wenn ein Lichtschalter momentan nicht funktioniert, benützt man den anderen. Dies ist die bessere Psychologie. Was vom Boden aus gelingt, das erreicht der Reiter danach mit anderen Hilfen auch vom Sattel aus. Man kann einem Pferd mit Vorteil mehrere unterschiedliche Hilfen für die Ausführung der gleichen Lektion beibringen. Das Wechselspiel des gegenseitigen Verstehens wird dadurch lebendiger. – Dies steht im krassen Gegensatz zur deutschen Dressurtradition!

Es gibt viele Schalter für das gleiche Licht.

GEISTIGE BEANSPRUCHUNG

▸   Die Remonte wird geistig hoch beansprucht. Ihre Vitalität wird ganz geweckt und darf sich ausleben. Die geistige Mobilität ist die Voraussetzung der körperlichen.

▸   HSH verdoppelt das Repertoire der Hilfen, vermeidet Abstumpfung und ermöglicht dem aufgesessenen Reiter eine feinere Hilfengebung.

▸   HSH bringt Zeitgewinn ohne Lug und Trug. Ausbildungsziele werden ohne harte Arbeit früher erreicht.

▸   Die Gestik des Reiters am Boden hilft, wenn es um das erste Verstehen geht, mehr als die klassischen Hilfen.

▸   HSH ist französischer Esprit gepaart mit einem kleinen Schuss preußischer Disziplin. Ich sage einen »Schuss«, mehr darf es nicht sein!

▸   HSH ist für den Berufsreiter wirtschaftlicher und beansprucht seinen ohnehin gepeinigten Rücken weniger.

Ziel der HSH-Methode: Mehr »Légèreté« bei vertiefter Beziehung zum Pferd.

NACHTEILE DER HSH-METHODE

HSH sollte nur von Ausbildern mit ausgeprägter Pferdenatur, gepaart mit Geduld und dem Mut, vom Üblichen abzuweichen, angewandt werden. Für den, der die Pferdegestik nicht versteht, besteht ein höheres Maß an Gefährdung. Die Reithalle sollte leer oder frei von schwachen Reitern sein. Der Zeitfaktor muss realistisch eingeschätzt werden: Auch wenn am Ende höhere Ziele überhaupt und schneller erreicht werden – die Vorbereitung dafür erfordert ein Mehr an geistiger Beweglichkeit und konsequente Beständigkeit. HSH ohne ganz überzeugt zu sein nur kurz zu probieren ist nicht anzuraten!

▶ Individueller Ausbildungsplan

Der Reiter kann seinem Pferd nur das beibringen, was diesem als natürliche Möglichkeit innewohnt. Angeboren ist ebenso die Lernfähigkeit. In welchem Maße sie vorhanden ist, lässt sich früh feststellen. Es ist angezeigt, diese auszuloten, bevor man sich für ein Pferd entscheidet.

Angeborene Lernfähigkeit wecken

Die Handarbeit im Schritt ist das probate Mittel des Beginns. Diese erste Phase ist von großer Bedeutung. Je jünger das Pferd, desto besser. Die zweieinhalb- bis dreijährige Remonte soll zu allererst geistig gefordert werden. Es geht darum, ihre angeborene Lernfähigkeit zu wecken und zur Entfaltung zu bringen. Wer sein Pferd nur bewegt, erreicht das Gegenteil.

Zum Lernen gehört ein guter Kopf, und der wird nur gut durch die Kopfarbeit. Das noch in der Entwicklung befindliche Pferd spielt gern, es lernt im Spiel. Zum Spielen gehört ein Partner. Zu Fuß ist der Reiter, der alle Bewegungen, sei es hinter, vor oder neben seinem Zögling mitmacht, der bessere Partner. Er soll erst dann ans Reiten denken, wenn eine enge Beziehung gewachsen ist.

Die *Reihenfolge der Lernschritte* soll sich wie von selbst ergeben, so wie sie vom Pferd angeboten wird. Dabei ist das A und O das Erkennen der Angebote.

Angebote erkennen und annehmen

Wenn die Remonte an der langen Seite die Hinterhand hereinschwenkt und dabei anzackelt: Weshalb dies nicht sogleich annehmen und daraus die korrekte Traversübung ableiten, indem man den inneren Zügel verkürzt und den äußeren verlängert?

Wenn aus dem Travers heraus durch Zurückschwenken der Kruppe das Pferd unversehens ins Schulterherein wechselt: Weshalb nicht lobend annehmen und aus dem Hin und Her eine neue Übung machen, die zur Vorbereitung der Piaffe werden kann?

Wenn die Remonte statt ruhig zu stehen nach rückwärts tritt: Weshalb dies nicht annehmen und daraus spielerisch die Schaukel entwickeln?

Wenn beim Stehen die Hinterbeine nervös trippeln: Weshalb nicht von hinten mit der Touchiergerte etwas nachhelfen und mit den Leinen nachgeben, so dass das ungeduldige Pferd in kleinen Kadenztritten vorwärts geht? Ein solches Geschenk nicht zurückweisen!

Weshalb soll man nicht Versammlung bei unbelastetem Rücken kurzzeitig im Sinne einer Frühprägung annehmen? Weshalb diese unterdrücken, geht es doch später in erster Linie um sie. Dies sind nur einige Beispiele.

Der Ausbilder wird sich bei diesem spielerischen Vorgehen unversehens angewöhnen, die Bewegungen des Pferdes mitzumachen. Dies ist gut. Er soll mittanzen. So wird er der akzeptierte Tanzpartner. Wer dagegen der Remonte zu viel Gehorsam abverlangt und nach einem vorgegebenen Ausbildungsplan vorgeht, muss immer wieder Widerstände überwinden. Er riskiert, dem Pferd die Lernfreude zu nehmen.

Besser ist es, so weitgehend wie immer möglich den Weg zu gehen, den das begabte Pferd anbietet. Die 3-jährige Remonte ist viel aufnahmefähiger als das erwachsene Pferd. Sie lernt an der Hand in wenigen Wochen die Schritt- und Trabtraversale in genügender Biegung. Mit dem erwachsenen Pferd muss man dagegen mit Monaten, oft mit Jahren rechnen.

Ich habe die Erfahrung gemacht, dass die Last des Reiters nicht nur den Pferdebeinen schadet, sie hemmt auch die Lernbereitschaft der Remonte. Schon deshalb gehört dieser wenigstens für sechs bis acht Monate auf den Boden. Zu Fuß erreicht er weit mehr. Er bewege sich wie sein Pferd. Dieses wird in erstaunlich kurzer Zeit die Körpersprache seines Ausbilders verstehen, diese sogar nachahmen.

Wenn der Zögling mit geschlossenen Hinterbeinen steht, muss der »Zu-Fuß-Reiter« das Gleiche tun und umgekehrt. In der Traversale schränken beide die Beine.

Wenn der Ausbilder in der Höhe der Kruppe die Schaukel tritt, folgt das Pferd vorwärts, rückwärts im Wechsel ohne Zügelhilfe.

Vitale Reiter haben vitale Pferde.

Die Gestik des Reiters animiert das Pferd, er taktet mit seiner Körpersprache später auch die schwierigen Lektionen. Selbst das Gemüt des Reiters überträgt sich aufs Pferd. Vitale Reiter haben vitale Pferde. Langweilige Reiter haben langweilige Pferde!

Die HSH-Handarbeit vermeidet ein Zuviel an Stress. Wer sich von seinem Pferd, von dessen Bewegungsangeboten anregen lässt und immer wieder das Arbeitsprogramm dem anpasst, was es im Ansatz einer klassischen Lektion zeigt oder andeutet, baut im Laufe der Zeit eine kreative Wechselbeziehung zwischen Mensch und Tier auf. Schon dies wäre ein schöner Selbstzweck. Gemessen an modernen Erkenntnissen sollte man sich hüten, der militärisch geprägten Tradition zu viel Tribut zu zollen. Deren starre Ausbildungsregeln sind zu einseitig. Der denkende Reiter darf getrost mit einem Fuß im Zirkus stehen.

Schaukel – Verständigung zwischen Ausbilder und Pferd nur durch Körpersprache. Beide schaukeln: Pferd und Ausbilder!

▶ Ausrüstung

DIE GERTEN

Man braucht mehrere Gerten unterschiedlicher Länge von 80 cm bis 2,25 m. Die Gerten sollen sich von einem Ende zum anderen gleichmäßig verjüngen und gemessen an der Beanspruchung – technisch ausgedrückt – ein »Körper gleicher Festigkeit« sein.

Wichtig ist die jeweils passende Touchiergerte. Sie muss für die Arbeit von hinten im genügenden Abstand von der Kruppe 2,25 m lang sein und leicht in der Hand liegen. Das Letztere ist nur dann der Fall, wenn der Schwerpunkt von der Haltehand nicht zu weit weg ist. Auf keinen Fall darf es so sein, dass sich der Ausbilder, weil die Gerte zu kurz ist, beim Touchieren vorbeugen muss. Dies wäre gefährlich und würde zudem als Bedrohung aufgefasst.

Die verschiedenen Gerten, ob kurz oder lang, sollen bei genügender Steifigkeit möglichst leicht sein. Sie dürfen nur ein klein wenig schwingen. Nur dann ist es möglich, sie vorzugsweise mit dem Handgelenk zu dirigieren und mit Exaktheit, die sich in Sekundenbruchteilen ausdrückt, zu touchieren.

Die Genauigkeit des Impulses ist das A und O der Handarbeit. Ein rechtzeitiges Abfußen im gewünschten Takt setzt eine genaue Führung der Touchiergerte voraus. Wenn die Anreize zu früh oder zu spät kommen, gibt es naturgemäß Taktfehler. Ein nur ungefähres Touchieren ist geradezu schädlich.

Die handelsüblichen Gerten sind teuer und größtenteils ungeeignet. Die besten gibt es in der freien Natur. Ich bevorzuge Haselnussgerten. Es ist gut, mehrere zugleich parat zu haben. Bei sehr feinfühligen Pferden nehme ich die leichtesten. Wenn man bei Phlegmatikern dann und wann etwas energischer sein muss, nehme ich eine etwas schwerere.

Bei den gewachsenen Gerten stimmen der Schwerpunkt und die Steifigkeit am besten. Sie sind von Natur aus »Körper gleicher Festigkeit«. Es ist günstig, die Naturgerten vor Gebrauch einige Wochen trocknen zu lassen. Untauglich sind Fahrpeitschen oder ähnliche Ausführungen mit Schnur-Schlag. Sich behelfsweise einer Longierpeitsche zu bedienen ist Stümperei.

Sobald Pferd und Reiter sich gut kennen und das gegenseitige Vertrauen sicher gegründet ist – aber erst dann –, darf und soll sich ihr körperlicher Abstand auf ein Minimum verringern. Der Reiter geht dann dicht hinter oder neben der Kruppe. Die Touchiergerte ist entsprechend kürzer und damit in der Einwirkung noch genauer.

Bei fortgeschrittenem Ausbildungsgrad genügt ein kurzer Taktstock oder die Hand des Reiters. Handzeichen auf der Kruppe oder leichte Handschläge gegen den Ober- oder Unterschenkel des Pferdes, beispielsweise bei der Piaffe- und Pirouettenarbeit.

Von selbst bildet sich eine Zeichensprache heraus, die der Beobachter kaum mehr wahrnimmt.

Die Hand auf der Kruppe bestimmt, ohne abzuheben, Beginn und Takt einer Übung.

Sie beruhigt zugleich. Bei einem ausgebildeten, sensiblen Pferd genügt ein schneller wechselnder Fingerdruck, um den Takt fleißiger zu machen.

An sich sollte man für das normale Longieren noch eine Longierpeitsche haben. Ich brauche sie selten. HSH-Pferde sind lebendig genug und gehen auf Stimme und Gestik. Zudem tritt das übliche Longieren bei der HSH-Methode in den Hintergrund. Für den Lernfortschritt bringt es wenig.

DER SATTEL

Ein passender Sattel liegt schon ohne angezogenen Gurt satt auf dem Rücken. Die Sattelkissen gehen nicht wie Bananen nach oben, sondern entsprechen dem Rücken. Die Auflagefläche ist dadurch vergrößert.

Während der ausschließlichen Handarbeit sollen sich schon Sattellage und Gurtenfurche bilden. Wird zu weit vorne gesattelt, entsteht die Sattellage an der falschen Stelle, und die Vorderbeine werden überbelastet, lebenslänglich!

Der Gurt muss genügend stark angezogen werden, so dass der Sattel nach Beendigung der Arbeit kaum verrutscht ist. Ziel ist, dass sich die Sattellage an der richtigen Stelle bildet, und die Gurtenfurche sich zwei Handbreiten hinter dem Ellbogengelenk mehr und mehr abzeichnet.

Die meisten Pferde sind heute zu weit vorne gesattelt. Dies hat sich im Laufe der Zeit so ergeben und rührt auch daher, dass die Sättel häufig nur dem Reiter, nicht aber dem Pferd angepasst werden. Der Dressurreiter soll, so wie von Robichon de la Guérinière vertreten, eine Kleinigkeit hinter dem Schwerpunkt des Pferdes sitzen. Es bildet sich dann ein gemeinsamer Schwerpunkt.

Bei weidenden Pferden sind die Vorderbeine deutlich mehr belastet als die Hinterbeine. Diese Relation soll sich durch das Reitergewicht nicht verschlechtern.

Links: Um ein straffes Anziehen des Gurtes kommt man meistens nicht herum. Man muss hierbei mit Geschick vorgehen. Es ist wichtig, dass der Sattel auf dem Pferderücken schon vor dem Anziehen des Sattelgurtes satt aufliegt.

Rechts: Gleichmäßiges beidseitiges Anziehen des Sattelgurtes mit Hilfe einer Sattelschere. So besteht weniger die Gefahr, dass sich das Pferd verkrampft.

Es ist eine Irrmeinung, dass das Pferd den Reiter besser tragen könne, wenn der Sattel weiter vorne liegt. Die Folge wird vielmehr sein, dass der Widerrist immer mehr zwischen den Schulterblättern ertrinkt. Das Pferd wird kleiner statt größer.

Man bedenke, dass die Schulterblätter mit dem Skelett nur durch Bänder verbunden sind. Ihre freie Beweglichkeit wird durch einen zu weit vorne liegenden Sattel behindert. Davon ganz abgesehen stimmt auch die Silhouette nicht, wenn der Reiter wenig vor sich und damit mehr hinter sich hat.

Ich rate davon ab, bei der Handarbeit statt des Sattels einen Longiergurt zu verwenden. Durch korrekte Sattelung soll sich schon vor dem ersten Reiten eine genügende Sattellage an der richtigen Stelle gebildet haben. Dies ist für den weiteren Verlauf der Arbeit sehr wichtig.

DIE LEINEN

Die beiden Leinen sollen unterschiedlich lang sein, damit der hinter dem Pferd gehende Ausbilder nicht die Verbindungsschnalle in der Hand hat. Dies wäre unbequem. Für die kurze Leine empfehle ich 330 cm, für die andere 420 cm Länge. Der Unterschied hat auch den Zweck, die kurze Leine später für die Handarbeit verwenden zu können, bei welcher der Ausbilder neben der Kruppe des Pferdes geht. Die Leine soll hierbei in einem genügenden Abstand auf der Kruppe liegend um den Sattelkranz herumgehen.

Die Leinen dürfen nicht zu leicht sein, damit man sie gut in Kreisschwingungen versetzen kann. Man muss sie gegen die Hinterschenkel des Pferdes anklatschen können. Bei nur seitlichem Ausschlag gibt es keine nennenswerte Kraftübertragung auf das Trensengebiss oder den Kappzaum.

Die Leinen besitzen an jedem Ende eine Schlaufe, mit der an Stelle der üblichen Karabinerhaken ein Sporenriemchen verknotet ist. Dieses muss eine *Sollbruchstelle* haben (Seite 31).

Besonders mit Rücksicht auf die Lektionen im Travers und Schulterherein, bei welchen der Ausbilder aussen neben der Kruppe geht und die Innenleine vom Pferdemaul über den Sattel zu seiner inneren Hand verläuft (siehe Seite 42), ist es günstig, wenn sich die beiden Leinen farblich unterscheiden.

Es ist zweckmäßig, zum normalen Longieren in etwa die gleichen Leinen zu verwenden. Sie werden hierzu wiederum mittels ihrer Riemchen aneinander gesetzt, wobei die Länge einer normalen Longe entsteht.

Von den Karabinerschnallen bin ich auch deshalb abgegangen, weil man sich an ihnen verletzen kann und sie die Leinen unnötig schwer machen.

DER HSH-KAPPZAUM

Die meisten heute angebotenen Kappzäume sind für die HSH-Handarbeit kaum geeignet. Altes Wissen ist verlorengegangen und mit diesem auch die korrekten Maße.

Im Folgenden gehe ich auf die wichtigsten Merkmale des HSH-Kappzaums ein.

▸ Dicke, anpassbare Polsterung des den dreiteiligen, gelenkigen Metallbügel tragenden Nasenriemens. Dieser soll sich wenigstens 3 Finger entfernt von den Maulwinkeln der Pferdenase unverrückbar anpassen. Nur unter dieser Voraussetzung ist eine korrekte seitliche Biegung des Halses schmerzfrei und besser erreichbar als mit dem Trensengebiss. Nur der korrekt sitzende Kappzaum bringt den grundlegenden Vorteil der sanften Gewöhnung des Pferdes an jede geforderte Haltung des Halses. Der Nasenriemen soll ganz im Gegensatz zu dem der Kandarenzäumung fest angezogen sein. Es ist zweckmäßig, auch den rückwärtigen Verschlussriemen wenigstens 2 cm breit auszuführen oder ihn zu polstern.

▸ Um die Gleitreibung des Unterzügels (Seite 32) niedrig zu halten, sollen die seitlichen Ringe den gleichen Durchmesser besitzen wie die heute üblichen Trensenringe. Bei kleinerem Durchmesser erhöht sich die Gleitreibung beträchtlich. Der

Speziell für die HSH-Handarbeit angepasster Kappzaum mit großen Seitenringen für ein leichtes Gleiten der Unterzügel.

Vorteil des Unterzügels geht mehr oder weniger verloren. Dieser besteht doch darin, dass dem Pferd nicht eine unverrückbar gleichbleibende Haltung aufgezwungen wird wie im Falle des üblichen Ausbindezügels. Der letztere ist eine starre Fessel und daher für die HSH-Methode erst geeignet, wenn das Pferd bereits eine gute Versammlungsfähigkeit erreicht hat. Selbst dann sollte man immer wieder davon Abstand nehmen, diesen Zügel in den Trensenring einzuschnallen und besser den Kappzaum verwenden.

Zum HSH-Kappzaum gehört ein normales Trensengebiss, nicht die übliche dünne Unterlegtrense. Dieses Gebiss soll einen Durchmesser von wenigstens 20 mm haben. Darauf achten, dass es nicht zu lang ist. Die Trensenringe sollen beidseitig dicht an der Maulspalte sein, damit das Gebiss nicht einseitig zu weit aus dem Maul herausgezogen werden kann. Bevor dies geschieht, muss der äußere Ring zur Anlage kommen. Für dieses Gebiss genügt ein einfacher Kopfriemen ohne Stirnband und ohne Reithalfter und Kehlriemen. Der gepolsterte Nasenriemen des Kappzaums verläuft unter dem Kopfriemen des Trensengebisses. Das Gleiche gilt für den Backenriemen des Kappzaums. Er soll sich um die untere Partie der Kinnbacken legen und dazu beitragen, eine Verdrehung des Kappzaums bei einseitiger Wirkung zu vermeiden. Auf keinen Fall darf das Kopfstück des Kappzaums auch nur in die Nähe des äußeren Pferdeauges kommen.

Ein technisch korrekt ausgeführter Kappzaum hilft, das Pferd zu formen, ohne ihm weh zu tun. Ich kenne keine sanftere Zäumung.

Kappzäume mit auf der Nase direkt aufliegendem Metallbügel – wie man sie in Spanien sieht – kommen für die HSH-Methode nicht in Betracht. Derartige Ausführungen zeigen, dass man durch Übertreibung und Unverstand die beste Idee verderben und in Misskredit bringen kann.

Sollbruchstelle

*Man bekommt eine Sollbruchstelle, indem man alte Leder-
riemchen, die leicht reißen, verwendet oder neue, zu reiß-
feste Riemchen durch zwei nebeneinander liegende Löcher
schwächt. Diese Riemchen werden mit den Schlaufen der
Leinenenden auswechselbar verknotet. Wenn das Pferd auf
eine Leine tritt, was auch einem geschickten Ausbilder
passieren kann, soll diese leicht reißen. Das Pferd könnte
sich sonst im Maul verletzen und das Vertrauen verlieren.
Ohne Sollbruchstelle ist auch für den Reiter die Handarbeit mit einem erheblichen Unfallrisiko verbunden.
Wenn sich eine Leine um seinen Reitstiefel schlingt und
das Pferd wegstürmt, soll die Leine reißen! Ohne Sollbruch
reißen Sehnen und Bänder des Reiters.
Dies gilt auch für das normale Longieren. Man setzt hierzu die beiden Leinen zu einer zusammen. Es gibt dann,
was gut ist, zwei Sollbruchstellen: die eine am Trensenring
oder am Ring des Kappzaums, die andere an der
Verbindungsstelle der beiden Leinen.
Bei der ersten Handarbeit wie beim ersten Longieren ist es
ratsam, die Leinen in die Ringe des Kappzaums zu schnallen. Die Schonung des Pferdemaules hat Vorrang, nicht
die Dominanz des Ausbilders. Denn auch beim Reißen der
Sollbruchstelle gibt es bei Trensenschnallung einen
empfindlichen Ruck auf Zunge und Laden! Lieber soll es
vorkommen, dass die Remonte samt Leinen davonstürmt
und diese unterwegs reißen.*
ACHTUNG: *Wenigstens in der ersten Zeit, solange
Unsicherheit besteht, die Reithalle oder umzäunte Plätze
bevorzugen. Auch keine
Sporen an den Stiefeln
tragen. Sie können sich bei
unerwarteten Reaktionen
des Pferdes leicht mit den
Leinen verheddern.*

**Leinen mit Riemchen
als Sollbruchstelle
anstelle der üblichen
Karabiner**

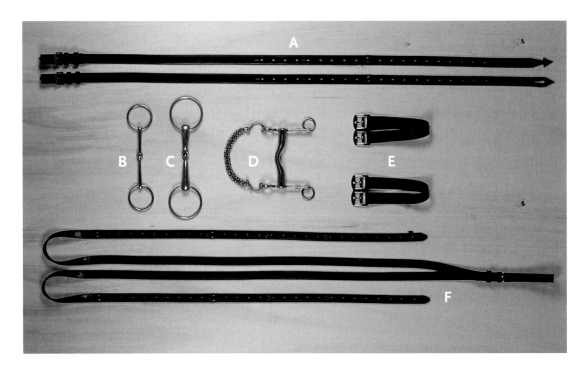

Die für die Handarbeit erforderlichen Utensilien.
A = Gelochter Oberzügel. Länge 130 cm. Beginn der Lochung: ca. 60 cm ab dem Trensenring. Lochabstand: 3 cm. Orientierung durch Niet oder Stoffbändchen zwischen Loch 10 und 11.
B = Heute übliches Unterlegegebiss, für HSH ungeeignet, weil zu scharf.
C = Normales, dickes Trensengebiss, das gemäß HSH mit dem Kandarengebiss kominiert wird.
D = Kandarengebiss mit vergrößerten Kinnkettenhaken in Anpassung an C.
E = HSH-Zügelhalter, die in die Bügelschnallen des Sattels eingehängt werden (siehe auch Abbildung Seite 33).
F = Gelochter HSH-Unterzügel mit gemeinsamer Schlaufe. Länge: 235 cm. Beginn der Lochung: 125 cm nach der Schlaufe. Lochabstand: 3 cm. Orientierung durch Niet oder Stoffbändchen zwischen Loch 10 und 11.
Achtung: die Zügel können sich ungleich längen; dann die Markierung entsprechend versetzen.

▶ Die Zügel

Zu Beginn der Ausbildung ist der »Schlaufzügel« am günstigsten. Ich nenne ihn im Unterschied zum normalen Trensenzügel »Unterzügel«. Dieser läuft vom Sattelgurt zwischen den Vorderbeinen hindurch zu den Trensenringen oder den Ringen des Kappzaums (Seite 36 und 37). Durch diese wird er von innen nach außen durchgezogen und in die Zügelhalter eingeschnallt.

Die beiden Unterzügel sind an einem Ende zu einer gemeinsamen Schleife mit Schnalle zusammengefasst. Diese nicht um den Sattelgurt ziehen! Vielmehr wird am letzteren mittig zu den Pferdebeinen ein Sporenriemchen mit Sollbruchstelle befestigt. Es um den Sattelgurt herumlegen und stramm verschnallen. So wird es bei frei hängendem Gurt nicht verrutschen und seine mittige Einstellung sicher beibehalten. In dieses Hilfsriemchen wird die Schlaufe des Unterzügels eingezogen. Man spart sich hierdurch die neuerliche Einstellung bei jedem Satteln. Der paarige Unterzügel soll genau mittig zwischen den Pferdebeinen verlaufen. Vorteil dieser Lösung: Nach der Bodenarbeit kann man ihn bequem entfernen, ohne jedes Mal den Sattelgurt lösen zu müssen. Nach der ersten Ausbildungsphase – wenigstens 8 Monate – wird man jeweils nach der Handarbeit sein

Pferd kurz reiten und das am Boden Geübte aufgesessen wiederholen. Dann ist es günstig, wenn die Umrüstung bequem und
schnell durchführbar ist. Die Bügel hat man schon zuvor auf der
Bandenbrüstung abgelegt.

Der zusammengefasste Unterzügel ist für die Handarbeit
deshalb am besten, weil das Pferd im Gegensatz zum normalen
Ausbindezügel, wie bereits gesagt, mehr Bewegungsfreiheit hat;
es kann den Hals entlang einer geometrisch bestimmten Kreislinie fallen lassen. Bei kürzerer Einstellung kann dabei die Stirnlinie hinter die Senkrechte kommen. Dies ist, besonders im
ersten Stadium der Ausbildung, eher nützlich als schädlich. Das
Rundmachen des Pferdes ist vorrangig. Es darf nicht den Rücken
nach unten wegdrücken können. Es kommt nicht so sehr auf die
Stirnlinie an, viel wichtiger ist die gering nach oben gewölbte
Rückenlinie bei gesenkter Schweifrübe. Sich von den »Stirnlinien-
guckern« nicht beirren lassen!

Normale Ausbindezügel sind auch deshalb nicht so gut, weil
sie an den Schultern anliegen und sich somit deren Bewegung
dem Maul mitteilt. Dieser Effekt ist zwar gering, bei einem Blutpferd sollte er aber vermieden werden. Auch ist es besser, wenn
der innere Unterzügel – ebenso wie der Oberzügel – möglichst
dicht am Hals verläuft. Der Oberzügel ist an der Trense bereits
vorhanden. Er soll jedoch gelocht sein, damit man ihn in dem am

Es kommt nicht so sehr auf die Stirnlinie an.

Der HSH-Zügelhalter
wird in die Bügel-
schnalle des Sattels
eingehängt. Er ermög-
licht eine bequeme
Justierung des Ober-
und Unterzügels.
Als Oberzügel genügt
ein normaler Trensen-
zügel, der mit der
gleichen Lochung
versehen ist wie der
Unterzügel.

Sattel befestigten Zügelhalter bequem verstellbar fixieren kann. Er endet in der Nähe der späteren Reiterhand. Dies ist ein wichtiger Punkt, gleich, ob der Oberzügel in den Kappzaum oder später in die Trense eingeschnallt wird.

HSH-ZÜGELHALTER

Handarbeit ohne technisch korrekte Utensilien bringt nichts, kann sogar schädlich sein. Man sieht selbst auf Turnieren im Sattelgurt verknotete Ausbindezügel! Gewissenhafte, genaue Arbeit ist so nicht möglich.

Unerlässliche Voraussetzung der HSH-Methode ist die exakte Reproduzierbarkeit der Zügeleinstellungen. Der Ausbilder muss eine am Vortag herausgefundene gute Justierung ohne zu raten erneut einstellen können. Dies ohne die kleinste Abweichung. Ohne genaue Wiederholbarkeit sind alle Erfahrungen von zweifelhaftem Wert. Der systematisch arbeitende Ausbilder weiß, mit welchen Einstellungen der Ober- und Unterzügel sein Pferd beispielsweise erstmalig einen guten Ansatz zur Galopp-Pirouette gezeigt hat. Er wird in der Folge von dieser Einstellung ausgehen und nicht jedes Mal herumprobieren und von neuem das Optimum suchen.

Die Abbildungen auf Seite 32/33 zeigen den HSH-Zügelhalter, mit dem auf bequeme Weise präzise Zügeleinstellungen möglich sind. Als Lederschlaufe ausgebildet, wird er an Stelle der Bügelriemen über die Bügelträger geschoben.

Symmetriebedingt gibt es eine Links- und eine Rechtsausführung. Jeder Zügelhalter besitzt eine Doppelschnalle. Die obere ist für den Ober-, die untere für den Unterzügel. Die Dorne der Schnallen sollen keine zu starke Krümmung aufweisen, um das Verstellen nicht unnötig zu erschweren. Darauf achten, dass die Lochung der Zügel lieber etwas zu groß als zu klein ist. Ich empfehle einen Abstand von 2,5 cm.

Der gute Ausbilder muss oft verstellen!

Bei jungen Blutpferden, die noch nicht ruhig stehen, muss die Verstellung mit einem Handgriff in Sekunden durchführbar sein. *Der gute Ausbilder muss oft verstellen!* Er läßt sein Pferd nicht länger als wenige Minuten in genau gleicher Halshaltung gehen. Dies würde dem Pferd weh tun. Man würde es zwingen, sich am Gebiss oder Kappzaum abzustützen. Genau dies soll aber nicht sein. Wer an dieser Stelle ungläubig lächelt, möge sich nur einmal den Zwang antun, 10 Minuten seinen Kopf unbeweglich in einer Position zu halten. Dies ist äußerst unangenehm.

▸ Zügelführung

REIHENFOLGE DER ZÜGELJUSTIERUNG: AN WELCHEM ZÜGEL SOLL DAS PFERD BEI DER HSH-HANDARBEIT STEHEN?

Die Kombination Oberzügel mit Unterzügel ist zeitaufwendig. Mit ihr gelingt es aber am besten, dem Pferd im Laufe der Zeit die ihm entsprechende optimale Silhouette zu geben.

Zunächst den Oberzügel einstellen und mit ihm Hals und Kopf des stehenden Pferdes in Position bringen, Hals rund, Stirnlinie in der Senkrechten. Erst dann wird man den Unterzügel – der ja ein Hilfszügel ist – in die richtige Länge bringen. In der Regel soll der Oberzügel vorherrschen, der Unterzügel begrenzen und bei guter Kopf- und Halshaltung eine Kleinigkeit durchhängen. Wenigstens während der ersten 2 Monate den Kappzaum benützen bei »leer« im Maul liegendem Gebiss!

In Ausnahmefällen ist es angezeigt, in der ersten Phase der Handarbeit den Unterzügel verstärkt wirken zu lassen und den Oberzügel nur zurückhaltend für die Seitenbiegung einzusetzen. Dies gilt besonders für Pferde, die körper- oder temperamentbedingt dazu neigen, den Kopf zu hoch zu tragen.

Die Abbildungen auf Seite 36-38 geben als Orientierungshilfe und Anregung die möglichen Stufen der Zügeleinstellung wieder. Sich nicht starr an diese halten! Das Pferd wird sagen, welche Folge, welche Zügeleinstellung ihm am besten bekommt. Alles, was ästhetisch gut aussieht, ist unbedenklich. Die Kombinationen a) Unterzügel – Oberzügel, b) Kappzaum – Trensengebiss ergeben vielfältige Einstellmöglichkeiten! Es ist nur eine Frage der Geduld, jeder Pferdenatur gerecht zu werden! Verstellen und wieder verstellen, so lange, bis das Pferd ja sagt. Ein Pferd ganz ohne Zwang auszubilden, gelingt kaum. Sich immer das Kennzeichen des besseren Ausbilders vor Augen halten: Er kommt mit weniger Zwang zum Ziel. Hierbei ist ihm der gut gepolsterte Kappzaum ein hilfreiches Mittel.

Für die HSH-Methode gilt:

▸ Für Formung und Belehrung gehen die fest eingeschnallten Ober- und Unterzügel zum Kappzaum.

▸ Erst bei der nachfolgenden Feinarbeit darf der Unterzügel kurzzeitig zum Trensengebiss gehen.

▸ Die Sicherheit des Ausbilders hat Vorrang. Es ist daher statthaft, bei Pferden mit stürmischem Temperament schon in der ersten Phase der Handarbeit die Handleinen in die Trensenringe einzuschnallen.

HSH-Kappzaum – erste
Phase der Handarbeit:
Ober- und Unterzügel
im Kappzaum, Trense
»blind«

Unterzügel zum
Trensengebiss gehend,
Oberzügel zum Kapp-
zaum

Ober- und Unterzügel
gehen zum Kappzaum,
aus Sicherheitsgründen
sind die Handleinen
in die Trensenringe ein-
geschnallt.

▶ Das Sich-vom-Gebiss-Abstoßen erlernt das junge Pferd in erster Linie bei der Handarbeit auf Trense und Kandare. Bei dieser gibt es keine fix eingestellten Zügel. Diese sind immer in den zum Nachgeben bereiten Händen des Ausbilders.

Stufe 1: Unterzügel mit Kappzaum kombiniert. Noch kein Oberzügel. Trensengebiss ohne Zügelverbindung, liegt zur Angewöhnung locker und zwecklos im Maul, Handleinen am Kappzaum.

Bei schwer beherrschbaren Pferden werden die Handleinen in die Trensenringe eingeschnallt. Wichtig hierbei sind die Sollbruchstellen dicht an beiden Trensenringen. Der Reitplatz muss geschlossen umschrankt sein. Diese Variante in der ersten Ausbildungsphase nach Möglichkeit nur zeitweise anwenden. Sobald das Pferd ruhig geworden ist und nicht mehr versucht wegzuspringen, die Leinen wieder in den Kappzaum einschnallen. Man kann auch als Zwischenlösung die Leinen durch die Ringe des Kappzaums durchziehen und ihre Enden in die HSH-Zügelhalter einschnallen.

Stufe 2: Unterzügel und Oberzügel mit dem Kappzaum kombiniert. Der erstere begrenzt die Aufrichtung. Ziel: Anlehnung am Oberzügel, der Unterzügel hängt wenigstens zeitweise durch. Stirnlinie in der Senkrechten. Leinen möglichst am Kappzaum. Diese Einstellung ist die wichtigste, sie vorzugsweise anwenden. Immer wieder auf sie zurückkommen, um das Pferd nicht im Maul abzustumpfen.

Variante A: Unterzügel gehen durch die Trensenringe. Oberzügel in den Kappzaum eingeschnallt. Zielrichtung: vermehrte Längsbiegung besonders der steifen Seite des Pferdes. Hierzu bewusst einseitige Anwendung des Oberzügels. Es geht darum, dem Pferd die Längsbiegung nach der unangenehmen Seite schmackhaft zu machen. Die Unterzügel halten das Genick niedrig. Der tiefer eingestellte Hals kann die seitliche Biegung besser annehmen! Kurze Reprisen! Sich nicht scheuen, den einseitigen Oberzügel so lange zu verkürzen, bis sich wenigstens kurzzeitig die gewünschte Halsbiegung einstellt und sich die Außenseite des Halses entspannt.

Variante B: Zielrichtung ist die gleiche wie bei A. Kein Oberzügel. Dieser ist entfernt oder hängt durch. Unterzügel im Kapp-

Unterzügel geht zur Trense, Oberzügel zum Kappzaum, er bestimmt die seitliche Halsbiegung.

Oberzügel beidseitig im Kappzaum, Pferd aufgerichtet, kein Unterzügel mehr

Oberzügel in der Trense, Pferd in hoher Aufrichtung. So das Pferd immer wieder einige Minuten gehen lassen, hierbei die Handleinen oder die Longierleine in den Kappzaum einschnallen.

zaum. Er wird nur einseitig zur Wirkung gebracht, so lange, bis das Pferd die Halsbiegung bei gedehnter Außenseite annimmt. Diese Variante kann im ersten Stadium der Handarbeit von Nutzen sein. Sie versuchen, falls die Einstellung gemäß Variante A nicht zum Erfolg führt.

Stufe 3: Oberzügel beidseitig am Kappzaum. Pferd aufgerichtet. Kein Unterzügel mehr. Ein Pferd, das in dieser Einstellung rund und losgelassen geht, ist auf dem richtigen Weg. Handleinen wahlweise am Kappzaum oder an der Trense.

Stufe 4: Oberzügel in der Trense. Pferd mit hoher Aufrichtung. Reprisen niemals länger als 5 Minuten. Anwendung nur mit Pferden, die bereits gelernt haben, sich losgelassen »selbst zu tragen«. Wenn das Pferd die leichte Anlehnung noch nicht gefunden hat, sofort abbrechen und zu einer tieferen »Stufe« zurückkehren, Handleinen am Kappzaum.

Stufe 5: Idealstufe: Es gibt keine starren Hilfszügel mehr. Das Pferd geht allein an den Handleinen. Nur mit hierfür begabten Pferden erreichbar. Der Ausbilder geht dicht hinter dem Pferd. Leinen im Kappzaum oder in der Trense.

Natürlich sind weitere Varianten und Kombinationen möglich! Für den kreativ denkenden Reiter ist es eine reizvolle Herausforderung, die für sein Pferd jeweils günstige Einstellung zu finden. Seine Passion und Freude ist suchen, erkennen, sich durchfinden.

ZÜGELEINSTELLUNG

Die Einstellung der Unterzügel zu Beginn der Ausbildung richtet sich nach der Oberlinie. Schon nach den ersten ca. zwei Wochen der Handarbeit und des Longierens das Pferd abwechselnd in zwei Haltungen gehen lassen.

1. Haltung: Das Pferd geht mit tiefem Genick und langem, aber rundem Hals. Stirnlinie in der Senkrechten oder dahinter. Die Vorderbeine werden dadurch deutlich höher belastet als die Hinterbeine.

2. Haltung: Das Pferd geht mit höherem Genick und stärker gerundetem Hals, je nach Halsformation unter Mitwirkung des Oberzügels. Dadurch entsteht bei verringerter Belastung der Vorderbeine ein horizontales Gleichgewicht.

In der ersten Zeit darf die zweite Haltung nur wenige Minuten verlangt werden. In welchem Maße man langsam steigert, sagt einem das Pferd. Mit einem Pferd, das gerne zu hoch kommt, ist der Unterzügel selbst bei fortgeschrittener Ausbildung immer wieder nicht ganz entbehrlich.

Zielrichtung muss von Anfang an das runde Pferd mit leicht aufwärts gewölbter Rückenlinie sein. Der lang nach unten gedehnte Hals ist als Übergangsphase, die möglichst vor dem ersten Reiten überwunden sein sollte, zu betrachten.

HALSHALTUNG

Die Zügellänge muss laufend variiert werden, um herauszufinden, welche Halshaltung im jeweiligen Stadium am besten passt. Was im Gang gut aussieht, ist gut. Was schlecht aussieht, ist schlecht! Nicht meinen, der Halsbogen müsse immer genau der gleiche sein. Auf keinen Fall das Pferd länger als 5 Minuten in versammelter Haltung gehen lassen. Das Maß der Versammlung fortlaufend variieren. Auch bei der Bodenarbeit muss sich das Pferd immer wieder strecken können. Je kürzer die Oberzügel, desto kürzer die Intervalle. Bei der Arbeit mit Unterzügel allein und geringerer Aufrichtung dürfen sie etwas länger sein.

Das Maß der Versammlung fortlaufend variieren

Wenn sich die Halsmuskulatur nicht regelmäßig entspannen kann, kommt es zu Verkrampfungen. Dem Pferd bleibt nichts anderes übrig, als sich auf den Zügel zu legen. Die Stärkung der Halsmuskulatur macht aber nur dann Fortschritte, wenn das Pferd dem Zügel nachgebend in nicht zu fester Anlehnung seinen Hals selbst trägt. Je jünger das Pferd, desto schwerer fällt ihm die konstante Hals- und Kopfhaltung. Auf der anderen Seite ist aber Bodenarbeit ohne runden Hals wertlos.

Man muss bei der Bodenarbeit – es sei nochmals betont – viel verstellen; fast vor jeder neuen Lektion. Sich unbedingt diese Zeit nehmen. Ohne stimmige Zügellängen und ohne immer wieder im Spiegel zu kontrollieren, könnten sich Fehler einschleichen, wie das verzwungene Schieftragen des Kopfes bei verworfener Oberlinie des Halses mit falsch abgekipptem Mähnenkamm. Das Schieftragen des Kopfes ist mehr als ein Schönheitsfehler, ist viel gravierender als eine Stirnlinie, die eine Kleinigkeit hinter der Senkrechten ist. Der Symmetriefehler sagt dem Ausbilder, dass sich das Pferd nicht wohl fühlt, dass er so lange die Zügeleinstellung variieren muss, bis der Einklang eintritt.

Die HSH-Bodenarbeit ist Mittel zum Zweck: Es geht einzig darum, dem Pferd das Lernen zu erleichtern, es zu schonen und sein Vertrauen zu gewinnen. Daher ist die klassische Forderung des an den Leinen stehenden Pferdes nicht relevant. Ganz im Gegenteil ist es richtig, die Leinen immer wieder leicht durchhängen zu lassen. Weshalb anstehen lassen, solange das Pferd seine Arbeit von selbst gut macht und am sorgsam eingestellten Ober- oder Unterzügel steht?

► Leinenführung

FÜHRUNG IM ERSTEN STADIUM DER AUSBILDUNG

Der Reiter geht hinter dem Pferd und rahmt mit den Leinen die Hinterhand ein. Die äußere Leine treibt gegebenenfalls unter Mitwirkung der langen Gerte seitwärts und verhindert ein zu weites Hereinstellen der Schulter. Die innere Leine zeigt dem Pferd den Weg. Die Leinen sind vorzugsweise in den Kappzaum eingeschnallt. Großer Abstand des Ausbilders von der Kruppe. Er muss in der ersten Phase der Ausbildung außer Reichweite der Hinterbeine bleiben!

Am Anfang muss der Ausbilder genügend Abstand von den Hinterbeinen des Pferdes halten! – Dürer im betonten Wiegeschritt. Die Piaffe ist nicht mehr weit!

FÜHRUNG BEI FORTGESCHRITTENER AUSBILDUNG — NACH CA. 6 MONATEN

Die Leinen können jetzt immer wieder mit dem Trensengebiss verschnallt sein, um allmählich zu spontaneren Reaktionen beim Verkürzen der Gangart oder der ganzen Parade zu kommen. Der Ausbilder wird, sobald er das Vertrauen des Pferdes gewonnen hat, seinen Abstand von diesem immer wieder verringern. Dies bei entsprechend verkürzten Leinen. Im Schritt beginnen. Die Hände immer wieder auf der Kruppe abstützen, wobei der Ausbilder wechselnd auch links und rechts neben der Kruppe geht.

Die Dauer der Vertrauensphase ist von Pferd zu Pferd unterschiedlich. Ein vertrautes Pferd schlägt nicht, wenn es nicht zur Gegenwehr gezwungen wird.

Ausbilder dicht am Pferd, sobald das gegenseitige Vertrauen etabliert ist. So kann er am besten einwirken. Bei den ersten Traversalverschiebungen kann man die Außenleine verwahrend um die äußere Hinterbacke herumgehen lassen.

Links: Travers, der Ausbilder geht außen. Das äußere Hinterbein wird mit der Gerte zum Übertreten animiert. Sobald das Pferd die Übung verstanden hat, geht der Ausbilder im Keilzwickel, gebildet durch Pferd und Bande.
Rechts: Travers, im Bedarfsfall dort die Hand oder den Oberarm anlegen, wo später der Reiterschenkel verwahrt oder treibt.

Im Zweifelsfall besser einige Wochen länger mit der Verkleinerung des Abstandes warten. Kein Risiko eingehen. Lieber die Ausbildung mit langen Leinen fortsetzen.

FÜHRUNG BEIM TRAVERS ODER RENVERS

Linke Hand: Der Reiter geht dicht am äußeren Hinterschenkel des Pferdes. Hierzu wirft er die innere Leine über den Pferderücken, so dass sie vom inneren Kappzaum- oder Trensenring über die Sitzfläche des Sattels hinweggehend zur linken Hand des Reiters verläuft.

Traversübungen, Ausbilder dicht am Pferd

Zu bemängeln ist noch die Richtung der Vorderbeine. Die Zehen sollen genau geradeaus zeigen. In der ersten Lernphase darf man diesen Fehler hinnehmen. Bei verbesserter Längsbiegung wird sich die korrekte Zehenrichtung von selbst ergeben.
Die linke Leine geht vom linken Trensenring zu meiner linken Hand. Die Halsstellung wird in erster Linie bestimmt durch den Oberzügel, der in den linken Kappzaumring eingeschnallt ist. Man darf bald nach den ersten Versuchen diesen ziemlich kurz einstellen. Der äußere Oberzügel soll dagegen flattern.
Der durch die Trensenringe gezogene Schlaufzügel hat die Aufgabe, eine zu hohe Aufrichtung zu vermeiden. Schon jetzt eine höhere Genickstellung zu verlangen wäre verfrüht. Wichtig ist, dass der Hals schön rund ist. Die Abstellung der Hinterbeine ist, gemessen am Ausbildungsstand des Hengstes, eher zu groß. Später soll das Maß der Abstellung mit der Längsbiegung in Einklang stehen.

ACHTUNG: *Die Abstellung der Kruppe soll die Folge der Längsbiegung sein.*

Bei verstärkter Längsbiegung wirft der Reiter die innere Leine in einem schnellen Drehschwung weiter nach vorn. Sie legt sich dann vor dem Sattelzwiesel über den Widerrist. Sie entspricht somit am besten der Hals- und Kopfstellung des Pferdes.

Auch bei Trensenzäumung sollten nach der ersten Ausbildungsphase die Zügel und Leinen in Bezug auf Stirn und Nasenrücken des Pferdes in größtmöglicher Annäherung in einem rechten Winkel zur Reiterhand gehen, sei es bei der Bodenarbeit oder aufgesessen.

Beim Travers an der Bande geht der Reiter ebenfalls am äußeren Hinterschenkel, lieber noch weiter vorne, zwischen Pferd und Bande. Er drückt mit Körperkontakt die Kruppe nach innen und bestimmt mit der inneren Leine – über den Widerrist gehend – den Grad der Längsbiegung.

Immer wieder die Position zu wechseln ist gut. Der Reiter ist bei der Bodenarbeit einmal ganz dicht am Pferd, dann wieder weiter weg; er wird im Laufe der Zeit intuitiv immer an der richtigen Stelle sein und schon damit dem Pferd kundtun, welche

Galopp in der kleinen Volte. Beim Übergang in die Pirouette ist der Ausbilder dicht am inwendigen Schenkel des Pferdes. Er taktet diesen mit kurzer Gerte oder mit der Hand; am besten etwas oberhalb des Sprunggelenks.

Bewegung angesagt ist. Er muss sich in der Führung der Leinen die entsprechende Geschicklichkeit aneignen. Beispiel: Übergang aus der Volte in die Pirouette. Während der Volte ist der Platz des Ausbilders mittig zum Pferd. Zur Pirouette geht er zurück zur inneren Hinterbacke.

Die Leinen müssen beim ausgebundenen Pferd nicht unterbrechungslos anstehen. Sie dienen auch zur Unterstützung der Gestik des Reiters als Zeichengeber. Ihre seitlichen Schwingungen werden schnell verstanden.

▶ Die ersten Schritte mit dem ganz jungen Pferd

DÜRER

Wenn ich nun im Folgenden einzelne wichtige Etappen meiner Pferdeausbildung detailliert beschreibe, habe ich als Beispiel vor allem Dürer vor Augen. Ich habe den gekörten Hengst 2 1/2-jährig in Verden bei der Hengstkörung gekauft. Seinen Namen erhielt er aufgrund seiner nicht ganz glücklichen Halsformation, die mich an Dürers Kupferstich »Ritter, Tod und Teufel« erinnerte. Für einen gekörten Hengst dürfte er auch ein etwas stärkeres Vorderbein haben. Dürer war übrigens nicht unsere erste Wahl. Gemäß meiner Aufzeichnung rangierte er an 5. Stelle. Die weiter vorne liegenden Hengste wurden leider »gefesselt« und gingen ans Hauptgestüt in Celle. Der Hannoveraner Zuchtverband beanspruchte das Vorkaufsrecht. Ich habe mich darüber geärgert, denn so etwas passt nicht in eine liberale Wirtschaft. Wir traten mit gemischten Gefühlen den Heimweg an. War es richtig, einen Hengst zu kaufen, dem wir nur das Zeugnis »ganz passabel« ausgestellt hatten?

Dürers Großvater ist der bekannte Donnerhall, auch mütterlicherseits ist die Abstammung gut. Dürer ist dunkelbraun und war für seine 2 1/2 Jahre bereits von stattlicher Statur. Ich schätze sein Stockmaß auf 1,67 m. Besonders beeindruckend ist das gute Temperament des Hengstes. Sein Benehmen während allen Prüfungen der Körung war ausgezeichnet. Er besitzt drei solide, gute Grundgangarten. Hervorzuheben ist der gut geregelte Schritt, der selbst dann nicht in Gefahr kommt, wenn rundum Unruhe herrscht. Beim Verladen des Hengstes gab es keinerlei Probleme. Er hat offensichtlich gute Nerven, kommt aus sehr guten Händen und hat mit den Menschen noch keine schlechten Erfahrungen gemacht. Das wird bei der Ausbildung hilfreich sein.

Ich beginne nicht sogleich, sondern lasse Dürer eine Woche Zeit, sich einzuleben. Er kommt täglich auf eine Koppel mit Kiesbelag (siehe Seite 210). Dort ist er nicht allein. Auf den Nachbarkoppeln gibt es genügend Kontaktpferde, darunter einen 4-jährigen Hengst, mit dem er an der Barriere zusammentrifft. Es gab einige Rangeleien, doch nach drei Tagen hatten die beiden sich aneinander gewöhnt.

ERZIEHUNG IN DER STALLGASSE
WICHTIGSTE GRUNDVORAUSSETZUNG: NACHGEBEN — HALSBIEGUNG — ZÜGEL- ANLEHNUNG

Die Voraussetzung für die Losgelassenheit und »Légèreté« ist das Nachgeben. Das rohe Pferd soll als Erstes lernen, auf Verlangen nachzugeben, und dies gilt nicht nur für Genick und Hals, sondern ganz allgemein. Ein Pferd, das nicht dem Schenkeldruck folgend

»DÜRER«
— GEKÖRT —
HANNOVERANER
HENGSTKÖRUNG
VERDEN, 1996

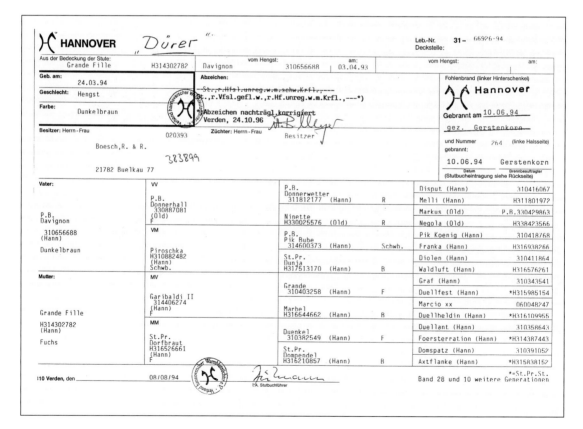

nachgibt, das den Druck des Gebisses auf die Laden mit Gegendruck beantwortet, das gegen den Zügel geht, kann man nicht fördern. Wer dieses Manko vom Sattel aus beheben muss, beginnt die ersten Stunden mit einer Fehlerkorrektur. Er erschwert sich unnötig die Arbeit und dem Pferd das Verstehen.

Die ersten Übungen finden am besten in der Stallgasse beim Putzen statt, schon vor der ersten Arbeit in der Halle. Das Pferd lernt, auf Kommando zur Seite zu treten. Folgende Vorgehensweise – in kurzen Stichworten – hat sich bewährt:

▸   Das Pferd wird mit Stallhalfter in der Stallgasse aufgestellt, Anbindestricke links und rechts mit Sollbruchstelle (Seite 31) und ausreichend lang. Es soll mit der Nase bequem den Boden erreichen können. Schüssel mit Hafer oder Rüben bereit stellen.

▸   Das Pferd wie normal putzen. Die Hinterhand immer wieder mit einer groben Bürste auf die Seite drücken. Bürste dort klopfend anlegen, wo später der verwahrende Schenkel liegt.

Schon früh soll das Pferd lernen nachzugeben. Die Bürste simuliert den späteren Reiterschenkel. Die Remonte hat verstanden und tritt zur Seite. Dann loben! Ein so geprägtes Pferd wird später nicht gegen den Schenkel des Reiters drücken.

Seitwärtstreten bei
angelegter Leine und
Stimmenhilfe: Seite,
Seite!

▸   Bei Fehlreaktion – das Pferd drückt dagegen, so wie es später gegen den Schenkel gehen würde – mit beiden Fäusten kräftig klopfend und mit Stimme einen oder mehrere Seitentritte erzwingen; dann sofort loben und Hafer anbieten.

▸   Diese Übung nach beiden Seiten ausführen. Lob nach jedem Nachgeben.

Ziel: Schon bei leichtem Handdruck, zusammen mit entsprechender Aufforderung durch die Stimme, weicht das Pferd mit der Hinterhand nach der Seite. Dieses willige Nachgeben erreicht man mit einer unverdorbenen Remonte sehr schnell. Dennoch sollte man es beim Putzen wieder und wieder praktizieren, dabei simuliert die Bürste den später seitwärts treibenden Schenkel.

Nächste Übung in der Stallgasse:

▸   Dort, wo die beiden Anbindestricke befestigt sind oder in der Nähe, werden in Höhe der Schulter die Leinen, die man später für die Handarbeit verwendet, ins Halfter eingeschnallt und langgezogen in Richtung Hinterhand auf dem Boden abgelegt.

Man ergreift sie in genügendem Abstand von den Hinterbeinen. Zunächst die Hinterbacken mit den Leinen nur touchieren. Wenn das Pferd unruhig wird, unterbrechen und füttern.

▸   Dann jeweils mit einer Leine die Hinterhand so lange intermittierend belasten, bis sie ausweicht. Schon beim ersten Seitentritt loben. Manchmal wirkt schon ein leichtes, schwingendes Anklatschen. Die Stimme wird wie bei der Übung mit der Bürste eingesetzt.

Schon in den ersten Stunden soll die Remonte lernen, auf Verlangen den Hals nach tief-unten zu dehnen. Die Haferschüssel erleichtert die Verständigung. Beim Fressen Stimmenhilfe: Lang, lang!

Ziel: Bei leichtem Andruck einer Leine soll das Pferd nachgeben und ohne Zögern auf die Seite treten. Bei wechselseitiger Aufforderung soll es ohne Nervosität hin und her treten.

Am nächsten Tag:
▸ Gleiche Übung erst mit einer, dann mit zwei langen Gerten, die an die Stelle der Leinen getreten sind. (Dieses willige Hin- und Hertreten wird später zu einem der möglichen Ausgangspunkte für die ersten Piaffetritte.)

Nächster Tag:
▸ Aufstellung in der Stallgasse, wie oben empfohlen. Reiter steht am Kopf des Pferdes, zuerst auf der linken Seite. In der Linken die Haferschüssel, zunächst fürs Pferd nicht erreichbar. Die

Remonte wird am Backenstück des Stallhalfters gehalten. Mit diesem einen kleinen Zug nach unten ausüben. Gleichzeitig in tiefer Position die Schüssel Hafer anbieten, bevor der Zug des Halfters Gegendruck auslöst. Mehrmals wiederholen. Die Schüssel kommt dabei immer etwas später und tiefer. Bei langem, tiefem Hals die rechte Hand dicht hinter den Ohren auflegen, loben.

▸ Während das Pferd frisst, immer wieder auf- und abschwellend leichten Druck ausüben: Aufforderung, den Hals entspannt noch tiefer zu nehmen. Hinter dem Genick massieren, dabei Stimme zu Hilfe nehmen: »lang, lang, lang«.

Dies oft wiederholen. Die Schüssel kommt immer später, zum Schluss erst bei sehr tiefem, langem Hals.

Ziel: Die Remonte soll bei geringem Handdruck den Hals fallen lassen, das heißt, dem Druck nachgeben.

Nächster Tag:

▸ Die gleiche Übung, aber mit kurzer Touchiergerte. Mit Stimme und Haferschüssel mehrmals den lang-tiefen Hals fordern. Während des Fressens leichtes, schnell repetierendes Antippen der Gerte im Bereich der Schenkellage.

▸ Dann Haferschüssel und Gerte kurz wegnehmen. Die Gerte beginnt wieder auffordernd zu tippen. Stimme: »Lang, lang, lang«. Die Schüssel kommt wieder, wobei sich die Gertenhilfe verstärkt, bis die Nase die Schüssel erreicht hat.

Oft hintereinander wiederholen. Die Schüssel kommt immer später. Zuletzt erst bei lang-tiefem Hals.

▸ Im Laufe der Zeit wird das Pferd schon bei leichtem Antippen mit der Gerte die gewünschte Entspannungsbewegung ausführen. Später genügt die Stimme allein. Ich habe noch kein Pferd erlebt, das dies nicht willig mitmacht.

Nach einigen weiteren Tagen:

▸ Das gleiche Spiel, jedoch mit Trense. Bei einem nervösen Pferd schnallt man das Stallhalfter darüber. Nur das Gebiss ist hinzugekommen, der Nasenriemen bleibt locker.

Nächster Tag:

▸ Gleiche Übung: Hinzu kommt die Trense mit Zügel, die der Reiter mit der Rechten über dem Widerrist hält. Das Pferd lässt auf die bereits gelernten Zeichen hin den Hals fallen und wird belohnt. Dies bei leichten, repetierenden, beidseitigen Zügelanzügen.

Ziel: Schon bei leichten Zügelhilfen – wechselnde »Zitterhand«, mit den kleinen Gertenhilfen kombiniert – macht die Remonte den Hals nach unten lang. Sie kaut die Zügel aus der Hand.

Bei der Stallgassenübung mit Dürer genügt bereits am 3. Tag ein ganz leichter Druck mit der Hand, um ihn zur Seite treten zu lassen. Dies gelingt nach beiden Seiten. Auch das erste Auflegen des Sattels ist problemlos. Die vorgehaltene Futterschüssel interessiert ihn mehr. Ich lege den Sattel sogleich an die richtige Stelle und ziehe am ersten Tag den Gurt mäßig an. Der Hengst steht so eine halbe Stunde in der Stallgasse. Dann kommt die Trense hinzu – wieder in Verbindung mit Haferfütterung.

In den folgenden Tagen ziehe ich den Sattelgurt immer stärker an und merke mir jeweils die Anzahl der freigebliebenen Löcher der Gurtenstrupfen. Wichtig ist, im Wechsel links und rechts anzuziehen und dabei einen Gurtenstraffer (Seite 28) zu verwenden. Dieses einfache Instrument macht das Satteln für das Pferd angenehmer. Es besteht nicht die Gefahr, dass sich beim Anziehen der Sattel verdreht.

Ich begnüge mich damit, Dürer in der Halle und im Außenbereich herumzuführen. Am 3. Tag führe ich auch auf der rechten Seite. Dies ist für ihn neu. Am nächsten Tag gibt es dabei schon weniger Aufregung. Ein Pferd, das man an der Hand ausbilden will, muss sich auf beiden Seiten führen lassen. Der Ausbilder geht einmal links vom Pferd, das andere Mal auf der rechten Seite. Dies ist auch für den Ausbilder wichtig. Wenn er selbst nicht symmetrisch ist, wie soll er dann zu einem Pferd mit symmetrischem Nervenkostüm kommen?

Bei leichtem Antippen der Gerte hinter dem Gurt soll das Pferd den Hals fallen lassen. Demutshaltung, freiwillige Unterordnung – besonders wichtig bei Hengsten!

Nach ein paar Tagen führe ich Dürer an der Longe und lasse ihn immer wieder im Schritt um mich herumlaufen. Er gewöhnt sich an mich. Seine Haferration wird auf 1 kg reduziert, Heu erhält er nach Belieben. Je mehr Hafer man einem wenig beanspruchten Pferd gibt, desto schlechter lernt es.

Die Stallgasse-Übungen mögen einer Pudel-Dressur gleichkommen und nach altem Maßstab nicht reiterlich sein. Was mehr zählt ist – so meine ich – das Verständnis für spätere Forderungen geweckt zu haben, bevor erschwerend und aufregend die Reiterlast hinzukommt. Die Bewegung des Halses nach unten, die eingenommene tiefe Stellung bedeutet, dass das Pferd Vertrauen zum Ausbilder hat und dieser sich einen kleinen Schritt der Alpha-Position nähert.

DIE ERSTEN STUNDEN AN DER HAND

Wenn möglich kommt das Pferd von der Koppel, das heißt, der Bewegungsstau ist abgebaut. In der Reitbahn ist nur der Reiter mit seinem Pferd. Wenn dieses ein normales Temperament hat, braucht man keinen Helfer. Das Pferd soll sich allein auf seinen Ausbilder konzentrieren und dessen Gestik verstehen lernen.

In der Halle lasse ich mein Pferd zunächst einige Runden Schritt mit durchhängenden Zügeln gehen. Ich gehe abwechselnd auf beiden Seiten mit. Dann, an einer kurzen Seite, wird der Unterzügel verkürzt, so dass die Stirnlinie in etwa senkrecht steht. Die beiden langen Leinen liegen auf der Brüstung der Bande; ich brauche sie noch nicht.

STEHEN

Nie dem Pferd zwei Dinge zugleich beibringen wollen

Als erstes geht es um das ruhige Stehen mit geschlossenen Hinterbeinen. Dazu stelle ich das Pferd an der Bande auf. Ich stehe an seiner Schulter, linke Hand. Mit der langen Gerte touchiere ich vorsichtig die Hinterbeine, bis sie sauber stehen. Die Beine dürfen dicht nebeneinander sein, zu Anfang der Ausbildung ist dies kein Fehler. Die Vorderbeine zunächst nicht beachten. Man sollte nie dem Pferd zwei Dinge zugleich beibringen wollen. Wenn die Hinterbeine am richtigen Platz sind, das Pferd aber mit einem Bein »rührt«, was junge Pferde gern tun, besonders wenn die Nerven belastet sind, lege ich die Hand auf die Kruppe und drücke diese in die Richtung des nicht belasteten Fußes. Damit habe ich immer Erfolg.

Jedes Mal, wenn das Pferd hinten gut steht, die Hinterbeine gleich belastet sind – ob es nun Zufall ist oder weil es begriffen hat –, wird es ausgiebig gelobt und zwar durch Streichen und

leichtes Klopfen der Hinterbeine von oben bis zur Fessel. Besonders das schwierige Bein. Zu bedenken ist: Das Pferd sieht seine Hinterbeine nicht. Es kann nicht mit den Augen seine Füße korrigieren wie ein still stehender Soldat. Es fühlt anfangs auch nicht, wie seine Füße zueinander stehen. Man muss ihm dies zeigen! Man muss ihm mit den Händen sagen: So sind sie richtig.

Die meisten Pferde begreifen schon in der ersten Stunde. Nach einigen Sekunden Stehen führe ich mein Pferd einige Schritte an und verlange gleich wieder das saubere Stehen. Wichtig ist, immer so lange das falsch stehende Bein mit der Gerte anzutippen, bis die gewünschte Reaktion erfolgt.

Es macht nichts aus, wenn das Pferd dabei einige kleine Tritte nach vorwärts macht. Ich wiederhole die Stehübung schon in der ersten Stunde, den Hufschlag entlang gehend, gut ein Dutzend Mal.

Die x-mal wiederholte Stehübung ist wichtig, damit das Pferd lernt, besonders seine Hinterbeine zu koordinieren; das A und O der Dressurausbildung. Ein Pferd, das nach mehreren Stunden nicht begreift – und dies nicht aus Nervosität –, ist kein ausgesprochenes Ausbildungspferd. Es hat die Intelligenzprobe nicht bestanden.

Steht ein Hinterbein falsch – meistens ist es dasselbe – wird es so lange touchiert, bis das Pferd sich korrigiert hat. So entsteht Beingefühl!

Wenn das Pferd korrekt steht, lobend an den Hinterbeinen entlangstreichen. Dem Pferd sagen: So ist es gut!

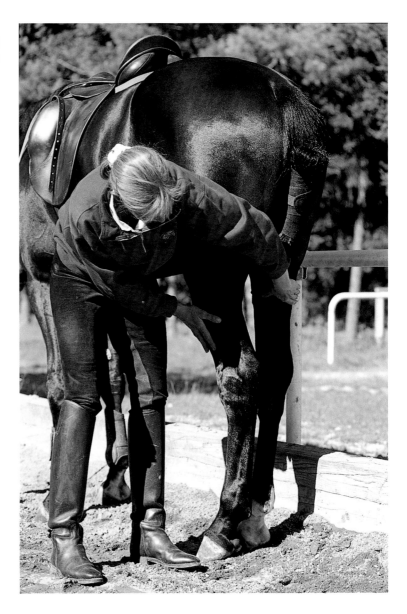

Dürer begreift schon am ersten Tag. Immer wenn er ein Bein – meistens das linke – beim Anhalten nach hinten hinausstellt, touchiere ich es. Schon ein leichtes Berühren genügt, und er hebt das Bein an. Immer wieder kommt es vor, dass er es an der richtigen Stelle niedersetzt. Dann lobe ich ihn an den Hinterbacken und Sprunggelenken.

Dürer hebt oft das »schwierige« linke Bein und wartet, bis ich meine rechte Hand auf die Kruppe lege. Erst dann setzt er den Fuß nieder. Wir haben so ein erstes Zeichen vereinbart.

Jeden Tag beginne ich mit den Stehübungen. Es geht mir um die bewusste Beherrschung der Hinterbeine. Das Pferd soll lernen, jederzeit abrufbar Bewegungen auszuführen, die es in freier Natur durch im Unterbewusstsein verankerte nervliche Steuerung mühelos ausführt. Der erste und entscheidende Schritt in diese Richtung ist das richtige Stehen auf Verlangen des Ausbilders.

Dürer gibt sich Mühe, immer noch mit unsicherem Erfolg. Besonders bei mehrmaliger Wiederholung werden die »Telefonleitungen« zum linken Hinterbein heiß. Mit dem rechten steht er richtig. Das linke hebt er noch nach Tagen frei pendelnd an und wartet auf das vereinbarte Zeichen. Dürer lässt sich so helfen. Sobald er korrekt steht, wird ihm dies durch mein gedehntes »guuut« bestätigt. Ansonsten könnte er verunsichert das Bein sogleich wieder anheben.

Genaugenommen geht es um viel mehr als eine gute Beinstellung. Bedeutsamer ist, dass mit diesem ersten Lernschritt das gegenseitige Verstehen seinen Anfang nimmt. Hierzu gehört das »Sich-Helfen-Lassen« als das schönste Geschenk, das der Ausbilder in diesem Stadium von seinem Zögling bekommen kann. Ziel der HSH-Kleinarbeit ist es, diese Bereitschaft zu gewinnen. Darum geht es, viel eher als um Fehlerfreiheit.

»Sich-Helfen-Lassen« – das schönste Geschenk des Pferdes

Die späteren Hilfen des Reiters verdienen diesen anspruchsvollen Namen doch nur unter der Voraussetzung, dass das Pferd sich bereitwillig *helfen lässt*. Das Dressurpferd soll geradezu nach den Hilfen verlangen, sich mit diesen wohlfühlen.

Naturgemäß kann das vertrauensvolle Sich-Helfen-Lassen nur im Kleinen beginnen. Ich meine damit meine Kleinarbeit, die HSH-Kleinübungen, die das Pferd bei geringster körperlicher Anstrengung nur geistig beanspruchen.

Lernen findet auch beim Pferd im Kopf statt. Schweißtreibende körperliche Arbeit hemmt die Lernbereitschaft. Auch ein Mensch wird im Fitness-Center nicht gescheiter, in der Schule kommt er weiter!

Schweißtreibende körperliche Arbeit hemmt die Lernbereitschaft.

Manchmal, wenn Dürer besonders gut steht, warte ich zur Einprägung eine halbe Minute. Ich sehe auf die Uhr. 30 Sekunden sind lang!

RÜCKWÄRTSTRETEN UND SCHAUKEL

Nach weiteren zwei Tagen kommt zu den Stehübungen das Rückwärtstreten hinzu und zwar immer als zweite Lektion. Aufstellung auf dem Hufschlag, linke Hand. Ich habe mich in die neue Richtung gedreht und touchiere die Vorderbeine. Gerte in der linken Hand, mit der rechten Hand leichtes Klopfen gegen die linke Schulter. Dürer reagiert sogleich und tritt ohne zu zögern einige Tritte rückwärts. Loben. Wiederholung dieser Übung drei- bis viermal. Nach einigen Tagen geht der Hengst eine ganze kurze Seite zurück. Zielrichtung ist die große Schaukel.

Auch der Sinn der »Schaukel« – des Vor- und Zurücktretens – ist die Programmierung der Bewegungskoordination.

Dürer macht gut mit. Die anfänglich zu großen Rückwärtstritte werden kleiner. Es kommt immer seltener vor, dass er mit den Hinterbeinen breit wird. Breittreten heißt immer Verspannung, heißt, dass die Muskeln nicht zeitgerecht die richtigen Befehle erhalten. Nervosität stört die Steuerung der Muskulatur. Daher ist – es sei wegen der Wichtigkeit wiederholt – ein erstes Gebot beim Lernen: Ruhe und wieder Ruhe!

Beim Schaukeln gehe ich jetzt neben der Kruppe. Die Gerte animiert: Ich touchiere im Wechsel die Fesselköpfe von vorn, dann von hinten die Hohlkehlen oberhalb der Sprunggelenke. Der Unterzügel ist jetzt so weit verkürzt, dass Dürer den Hals gut rundet, die Stirnlinie ist in der Senkrechten. Bei tiefem Hals darf sie auch dahinter liegen.

Unsere Partnerschaft vertieft sich. Beim Stehen und bei der Schaukel fasse ich keinen Zügel mehr an. Sobald ich meine Bewegungsrichtung ändere, folgt er mir nach. Ich mache vorzugsweise die lange Schaukel mit ca. einem Dutzend Tritten vor und zurück – wenigstens 3 Mal. Stehe ich, so steht auch der Hengst; aufmerksam die nächste Hilfe abwartend.

Wenn er von der Bande abkommt, drücke ich mit der Hand an der Stelle dagegen, an der später der Reiterschenkel wirkt. Einen Sporn habe ich immer in der Tasche, um, falls notwendig, eine verstärkte »Schenkelhilfe« geben zu können.

Allmählich versuche ich, die Tritte auch in der Vorwärtsbewegung der Schaukel zu verkürzen: lange Schaukel – 10 m vorwärts – 10 m zurück. Die Tritte nach rückwärts sollen jetzt noch kleiner werden.

ACHTUNG: Die Tritte können nicht klein genug sein!

Dann und wann touchiere ich beim Rückwärtstreten die Hinterbeine jetzt auch von hinten, was eigentlich einer vorwärtstreibenden Hilfe gleich kommt. Mit der anderen Hand streiche ich an der Schenkellage nach rückwärts, was im Laufe der Zeit neben dem Touchieren und der Stimmhilfe das vereinbarte Zeichen für Rückwärtstreten geworden ist. Dürer reagiert gut. Er tritt höher und verkleinert den Raumgriff. Die Abbildung auf Seite 25 zeigt, wie bereitwillig das junge Pferd mitmacht, wenn die Partnerschaft stimmt. Dürer schaukelt mit mir, ohne Gerte, ohne Zaum im Freien! Er achtet nur auf mich. Wenn ich vorwärts gehe, geht er rückwärts und umgekehrt.

Nervosität stört die Steuerung der Muskulatur.

Für das Bewegungssoll

LONGIEREN

Die HSH-Methode bringt es mit sich, dass die Remonte nicht genug Bewegung erhält. Man muss sie daher tagtäglich, ob es regnet oder schneit, für einige Stunden auf die Koppel bringen. Auch Longieren hilft, das Bewegungssoll zu erfüllen. Mit HSH-Handarbeit allein ist dies schwerlich erreichbar.

Das übliche Longieren – der Ausbilder sich um seine Achse drehend im Zentrum – entspricht nicht genügend den von mir vertretenen Leitlinien. Der Reiter ist ohne Grund zu weit weg vom Pferd, er macht nicht mit als Bewegungspartner. Die Longierpeitsche ist in ihrer Wirkung ungenau. Das Pferd lernt nicht allzuviel. Zur Beruhigung ist Longieren aber dienlich. Nervöse Pferde finden ihren Takt.

Es ist nicht gut, die Longe direkt in den inneren Trensenring einzuhängen. Bei einer Zügelparade wird dann das Gebiss aus dem Maul so weit herausgezogen, bis der äußere Trensenring am Maulwinkel zur Anlage kommt. Dabei gleitet das Gelenk des Gebisses über die innere Lade oder legt sich auf diese. Die Parade wird ungewollt zur schmerzlichen Strafe. Im Laufe der Zeit kann so aus einem guten Pferdemaul ein schlechtes werden. Mancher bringt auf diese Weise seinem jungen Pferd in wenigen Stunden einen lebenslänglichen Zungenfehler bei.

Besser sollte man sich die Mühe machen, einen Kappzaum aufzulegen oder aber sollte die Longe wenigstens durch den Trensenring hindurchgeführt und mit Sollbruchstelle in den Bügelhalter eingehängt werden.

Sein Pferd an der Longe in eindrucksvoller, starker Trabaktion viele Runden lang gehen zu lassen, bringt nichts, kann bei tiefem Boden sogar schädlich sein. Man unterschätzt leicht die zurückgelegte Strecke! Auf jeder Hand nur 30 Touren sind ca. 3 km! Auch wird meistens vergessen, dass man das Pferd vor dem ersten Trabtritt 10 Minuten Schritt gehen lassen muss, um seine Beine zu schonen. Die Gelenke sind erst nach Aktivierung der Gelenkflüssigkeit voll belastbar. Die Schritteinleitung ist aber auch eine Frage der Erziehung. Das junge Pferd soll lernen, dass es nicht unaufgefordert losstürmen darf. Für den, der in der Mitte steht und nichts tut, sind aber 10 Minuten sehr oder gar zu lang!

Wenn ein Pferdepfleger mit Longieren beauftragt wird, muss er angewiesen sein, nach der Uhr zu arbeiten.

Vor dem ersten Trabtritt 10 Minuten Schritt!

Beispiel:

10 Minuten Schritt rechte Hand

5 Minuten Arbeitstrab linke Hand

5 Minuten Arbeitstrab rechte Hand

3 Minuten Arbeitsgalopp linke Hand

3 Minuten Arbeitsgalopp rechte Hand

5 Minuten Schritt linke Hand (kann entfallen, wenn man das Pferd sogleich auf die Koppel bringt)

In diesen Angaben sind die Zeiten für Zügelverstellungen enthalten. Wenn das Pferd noch am selben Tag geritten wird, können die Zeiten für Galopp und Trab halbiert werden.

Ein erwachsenes Pferd viel zu longieren bringt für die Ausbildung wenig. Wer sein Pferd fördern will, wird damit nicht viel Zeit vergeuden und sich mit Vorteil der größeren Mühe einer ernsthaften Handarbeit unterwerfen. Bei der HSH-Arbeit kann man sein Pferd schwerlich überfordern. Wer hinterhergeht und -läuft, ist viel besser in der Lage, die abverlangte Anstrengung richtig einzuschätzen.

LONGIEREN: ANDERS

Hier einige Anregungen, wie es auch beim Longieren angezeigt sein kann, vom Herkömmlichen abzuweichen:

▸ Der Ausbilder geht auf einer Kreislinie schräg hinter dem Pferd (siehe Seite 59). In dieser Position kann er die Hinterbeine treffsicher touchieren

▸ An die Stelle der unsicheren Longierpeitsche treten zwei ca. 2,20 m lange Gerten. Mit diesen wird das Pferd »eingerahmt« (siehe Seite 60).

▸ Vorzugsweise beim Üben von Tempoübergängen – ohne Zirkelumgrenzung – wird aus dem Kreis ein langgestrecktes Oval. Zulegen jeweils entlang der langen Seite.

▸ Beim Zirkel-Verkleinern geht oder läuft der Ausbilder dicht neben der Kruppe.

▸ Nach Bedarf werden die Vorderbeine mit der zweiten Gerte angeregt, beispielsweise beim Üben der Passage.

▸ Zum versammelten Trab wird die zweite Gerte dicht vor der Brust des Pferdes gehalten.

▸ Die Schaukel übt man vorzugsweise an der Bande. Dabei hat man das Pferd zwischen zwei Gerten. Zum Rückwärtstreten touchiert man nur anfänglich die Vorderbeine an den Fesselgelenken, später die Vorderseite der Hinterbeine, um ein flinkes Anheben derselben zur Gewohnheit werden zu lassen.

Longieren gemäß HSH

So kann man auch den großen Schritt optimal pflegen. Die lange Gerte berührt das äußere Hinterbein erst nach dem Abfußen und begleitet es fast bis zum Auffußen. Es animieren, weiter vor-zutreten. Das Maß gibt das Hufsiegel des Vorderbeins. Zunächst muss das Pferd aber lernen, die Gerte zu tolerieren, ohne zu zackeln. Immer wenn dies geschieht, kleine Strafe mit der Leine, die hierzu im Kappzaum eingeschnallt ist.

ACHTUNG: *Immer nur das äußere Bein touchieren, das den längeren Weg macht.*

Der Ausbilder geht mit energischer Geh-Gestik mit. Sobald das Pferd begriffen hat, was gefragt ist, kann man mit dieser Methode zu erstaunlichen Resultaten kommen! Der junge Hengst Dix hier im Bild hat nur einen befriedigenden starken Schritt. Er kann kaum mehr als zwei Hufbreiten übertreten, hat aber gelernt, nach Aufforderung dieses Maximum reell zu geben. Andere, besser veranlagte Pferde schaffen dann und wann vier Hufbreiten; wenn es aber im Dressurviereck darauf ankommt, sind es nur noch zwei! Was ist besser?

▸ Üben von Übergängen von einer Gangart in die andere in immer kürzer werdenden Intervallen. Der Ausbilder macht mit auf kleinerem Kreis.

Zunächst ist das Pferd von den beiden Gerten eingerahmt, bis auch hier Körpersprache und Stimme allein verstanden und respektiert werden.

▸ Pflege des geschmeidigen Antretens vom Schritt und vom Stehen in den versammelten Trab; dann 3/4-Paraden, bei denen das Pferd nicht ganz zum Schritt durchkommt und einige hoch versammelte Trabtritte zeigt. Ich nenne dies die Schaukel im Vorwärts.

▸ Wiederholtes Angaloppieren aus dem Schritt, aus dem Ste-

HSH-Longieren mit zwei langen Gerten. Die vordere nähert sich dem Pferd, wenn es sich verkürzen soll. Es lernt schnell, dieser im eingespielten Abstand zu folgen. Besonders bei der Schulung des versammelten Schritts sowie des verkürzten Kadenztrabs ist die Umrahmung mit zwei Gerten von Vorteil. So kann man die treibenden Hilfen gegen die verhaltenden stellen; das A und O der Versammlung!

hen, dann aus der Schaukel. Der Ausbilder bleibt genügend nahe am Pferd, so dass er gegebenenfalls das innere Hinterbein mit der langen Gerte touchieren kann.

▸   Im sehr kurzen Wechsel Trab–Galopp–Trab; verbessert die Geschmeidigkeit.

Nach wenigen Stunden genügen mit den Gerten, dann mit den bloßen Händen gegebene Zeichen. Der Reiter geht mit.

Diese Beispiele sind Anregungen. Es geht mir darum, auch beim Longieren die Wechselbeziehung Tier–Mensch lebendig zu machen. Sein Pferd immer nur Runden drehen zu lassen, ohne es geistig zu fordern, bringt gemessen am Zeitaufwand wenig Fortschritt. Man muss sich fragen, ob die freie Bewegung auf der Koppel für das Pferdegemüt nicht besser ist.

ACHTUNG: An sich ist das Pferd wie alle Fluchttiere ein »Schnellstarter«, der bei Gefahr sofort mobil ist. Dies gilt für die Verhältnisse der freien Natur, nicht aber für das Pferd, das soeben aus seiner Box kommt. Dessen Beine sind bei spontaner hoher Belastung – wie bereits gesagt – gefährdet. Das sogenannte »Ausbuckeln lassen« ist eine grobe Unsitte. Unter Spannung ausgeführte Bocksprünge bringen den Tierarzt in den Stall. Bewegungsstau durch langes Stehen ist schlecht, wenn es ihn aber gibt, muss man wenigstens versuchen, ihn langsam abzubauen.

Longieren in tiefem Boden an immer derselben Stelle – Schritt ausgenommen – ist unbedingt zu unterlassen.

LONGIEREN MIT DER DOPPELLONGE

Hier ist die Hauptschwierigkeit, die äußere Leine so zu führen, dass das Pferd nicht gestört wird. Man sieht oft, dass die äußere Leine in den Trensenring eingehakt ist. Selbst Fachleuchte machen dies! Die Leine läuft um das äußere Hinterbein herum und dies in einem wirkungsvollen Winkel. Die Bewegung des Hinterbeines überträgt sich dabei nachhaltig und schmerzlich auf das Pferdemaul! Niemals so etwas mit einem noblen Pferd praktizieren! Vielmehr die äußere Longe in den Sattelgurt dicht am Sattel einschnallen oder in den äußeren Ring eines Kappzaumes (siehe Abbildung rechts).

Gemäß HSH soll besonders bei dieser Arbeit der Ausbilder mitgehen. Bei einem Durchmesser des Longierzirkels von 18 m geht er auf einem Kreis von ca. 8 m. Hierbei verringert sich in günstiger Weise der Umhüllungswinkel der Außenleine um das äußere Hinterbein. Für die Reibung an diesem gilt die Seilreibungsformel. Wer sie nicht kennt, braucht nicht nachzuschlagen. Es genügt zu verstehen, dass die Reibung der Außenleine mit dem Hüllwinkel überproportional ansteigt. Es gilt somit, um das Pferd am Kopf weniger zu stören, diesen Winkel klein zu halten.

Longieren mit Doppellonge. Die äußere Leine wird in den Sattelgurt (siehe unten) oder in den äußeren Ring des Kappzaums eingeschnallt. So kann man sie kräftig gebrauchen, ohne dem Pferd im Maul weh zu tun.

Wenn der Ausbilder als Faulenzer in der Mitte steht, ist er aber am größten! Das Pferd wird dabei selbst bei Verschnallung der Außenleine im Kappzaum unzulässig gestört.

Selbstverständlich ist sehr wichtig, dass die Hand des auch auf verkleinertem Zirkel mitgehenden Ausbilders im Takt des äußeren Hinterbeines gefühlvoll nachgibt.

ACHTUNG: Besonders bei der Arbeit mit der Doppellonge muss es möglichst in der Nähe der Kappzaum- bzw. Trensenringe eine Sollbruchstelle geben.

LÖSENDE ARBEIT MIT DEM FREILAUFENDEN PFERD

HSH-ausgebildete Pferde sind häufig so folgsam wie Zirkuspferde. Man kann sie vor dem Reiten in der Reitbahn, dem Kommando des Reiters gehorchend, frei laufen lassen. Hierbei muss aber der Gehorsam so gut gesichert sein, dass das direkt aus der Box kommende Pferd trotz Bewegungsstau so lange im Schritt bleibt, bis das Trab-Kommando kommt.

Man kann es nach ca. 10 Minuten Schritt auf dem Hufschlag wechselnd traben und galoppieren lassen. Der Reiter geht auf der Mittellinie hin und her und gibt Handzeichen. Sie sollen einer gewachsenen Vereinbarung entspringen. Das Pferd lernt schnell unsere Alltagsgesten. Ich habe Pferde gehabt, die aufs Wort gehorchten und auf Körperzeichen auch die Hand gewechselt haben. Sie ließen sich auch im Tempo in jeder Gangart bestimmen. Man kann einen solchen Vorteil gern ausnützen, zumal das freie Gehen auf Stimme die Partnerschaft vertieft. Für die eigentliche Ausbildung ist dies allerdings ohne große Bedeutung.

Unreiterlich ist es, ein nicht derart erzogenes Pferd nach längerem Boxenaufenthalt ohne Schritt-Aufwärmung freilaufen oder freispringen zu lassen oder es nur sporadisch bei gutem Wetter auf die Koppel zu schicken. Man riskiert, dass es in den ersten Minuten seinen Bewegungsstau abreagiert und durch heftige Bewegungen seine Gliedmaßen überlastet.

Die Natur hat es leider versäumt, das Pferd auf die Unvernunft des Menschen vorzubereiten. Überhöhter Bewegungsstau und Erlebnismangel sind gesundheitsschädlich. Dagegen hilft nur abwechslungsreiche Arbeit und täglicher Koppelgang. Wenn dieser nicht ein seltenes Freudenereignis ist, gibt es in den ersten Minuten keine gefährliche Überreaktion. Je lebhafter das Temperament, desto dringlicher ist eine adäquate geistige und körperliche Beanspruchung.

Je lebhafter das Temperament, desto dringlicher ist eine adäquate geistige und körperliche Beanspruchung.

Trabproblem

Ich versuche im Anschluss an die weiter oben beschriebenen ersten Übungen an der Hand Trab an der Longe. Dürer stürmt im »Verkaufstrab« um mich herum. Den hat man ihm wohl für die Auktion beigebracht. Er ist genau das, was ich nicht will. Ich versuche immer wieder, den Hengst einzufangen – ohne Erfolg, auch in den nächsten Tagen. Dürer geht aber auf Kommando jederzeit zum Schritt über. Hierzu verlängere ich die Unterzügel, damit der Hals fallen kann. Der Oberzügel hängt ohnehin durch.

Galopp lasse ich noch keinen zu. Das für die Gesundheit erforderliche Maß an normaler Bewegung holt sich der Hengst auf der Koppel.

Beim Trab hoffe ich Dürer mit dem Kappzaum ruhiger zu bekommen. Ich möchte einen kleinen, lockeren »Schlampertrab« erreichen. In diesem Punkt ist zunächst kein Fortschritt zu erkennen. Schon nach den ersten Trabtritten lässt Dürer die Vorderbeine fliegen (mein alter Reitlehrer sagte hierzu »Metzgertrab«, weil dieser das Pferd zum Metzger bringt).

Die Longe habe ich in den Mittelring des Kappzaumes eingeschnallt, um bei Bedarf etwas gröber einwirken zu können. Ganz ohne Grobheit geht es am Anfang nicht. Sie darf nur nicht wehtun, was ohne Kappzaum der Fall wäre. Dürer stürmt, lässt meine Paraden unbeachtet. Ich stehe vor einem Problem.

Ich unternehme einen neuen Versuch, um einen ruhigen Arbeitstrab zu erhalten: Auf der rechten Hand führe ich Dürer im Schritt an der Leine. Diese habe ich in den mittleren Ring des Kappzaumes eingehängt. Leine in der rechten Hand, eine 150 cm lange Gerte in der linken. Immer wenn ich die Gerte zur Bande hin schwenke, bei gleichzeitigem kleinen Ruck der Leine, steht der Hengst. Ich korrigiere die Hinterbeine falls erforderlich und bestreiche sie mit der Hand, sobald sie gut stehen.

Dürer erkennt immer besser, was richtig ist. Wenn ich ihn bei korrektem Stehen nicht sofort lobe, fängt er an, hin und her zu trippeln, weil er sich seiner Sache noch nicht sicher ist.

Beim neuerlichen Anführen im Schritt – ich gehe wie gewohnt in Schulterhöhe mit – tippe ich ihn mit der Gerte an, diese bleibt dabei in meiner äußeren Hand. Sie geht nach hinten zum inneren Hinterschenkel. Nach einigen Wiederholungen trabt Dürer an, ich laufe nebenher.

Der Erfolg zeichnet sich allmählich ab. Dürer stürmt nicht mehr. Bald genügt die Stimmenhilfe. Immer wenn ich die Gerte vor der Pferdebrust zur Bande hin schwinge – ohne Dürer zu berühren –, fällt er in den Schritt. Und ich habe meine Verschnaufpause.

In der nächsten Woche wiederhole ich die Übung, bis sie dem Hengst nahezu langweilig wird. Dabei entferne ich mich jetzt mehr und mehr von ihm, hauptsächlich in den Ecken der Bahn. Mit der langen Gerte zeige ich ihm den Weg. Wenn er sich mir nähern will, wenn er den Hufschlag verlassen will,

schwinge ich die Gerte zur Bande hin.
Bald gelingt die Übung auf beiden Händen. Auf der rechten Hand neigt Dürer dazu, mit dem rechten Hinterbein zu weit nach innen zu kommen. Er ist aber gutwillig, und das gegenseitige Verständnis wächst.
Ich werde ständig beobachtet. Wenn ich denke »aufhören« und anhalte, versteht dies der Hengst schon vor der Stimmenhilfe. Er hat meine Gestik bereits verinnerlicht!
Nun kommt das Antraben aus dem Stehen hinzu, wieder mit Gertenhilfe am linken Hinterschenkel bei der Übung auf der linken Hand. Gerte in der linken Hand, Leine in der rechten. Ich gehe und laufe vorwärts. Im Rückwärtsgang würde ich nicht mitkommen.
Alsbald üben wir Schritt in der großen Volte. Ich stehe in der Mitte. Dann und wann lasse ich Dürer dabei antraben. Ich gehe etwas mit, näher bei der Kruppe als bei der Schulter. Gleiche Stimmhilfen wie beim Trab an der Bande. Zum Verkürzen der Trabtritte rufe ich »kurz, kurz«. Dürer trabt ruhig. Jetzt habe ich den »Zigeunertrab«, den ich mir wünsche! Er ist die Voraussetzung für die weitere Arbeit. Im frühen Stadium der Handausbildung ist der große Raumgriff, sei es im Trab oder Galopp, alles andere als hilfreich!
In den nächsten Tagen vergrößere ich die Volte. Sobald Dürer zu eilig wird – Rückfall! – energisches Durchparieren zum Schritt. Er versteht und akzeptiert jetzt auch die kurzen Anzüge der Longe, die auf den Nasenrücken wirkt. Der Vorteil des Kappzaumes ist: Man darf dann und wann etwas grob sein. Mit dem Kappzaum darf man strafen, nicht aber mit dem Gebiss.

▸ Übungen an der Hand

Mancher Leser wird sich mit den von mir im Folgenden verwendeten Begriffen Wiegeschritt, Piaffiertrab und Passage-Piaffe vielleicht etwas schwer tun. Daher der ergänzende Vermerk, dass diese Gangarten sich bei der von mir vertretenen Art der Handarbeit wie von selbst einstellen. Ihre Gestik ist von Pferd zu Pferd verschieden. Der Ausbilder sollte sich überraschen lassen und das annehmen, was er bekommt. Wichtig ist nur der kleine, flinke Takt, bei kleinem Raumgriff. Ob die Zwischengangart näher an der Piaffe, der Passage oder einem verkürzten Trab ist, ist ohne Bedeutung. Es kommt einzig darauf an, dass die Bewegung wesentlich von der Hinterhand bestimmt ist. Alles, was gut aussieht, ist akzeptabel. Immer gilt : Vor dem Tanz kommt das kraftsparende, spielerische Tänzeln. Selbst ein Zackeln im Takt kann als Vorstufe der Versammlung nützlich sein.

Wichtig ist nur der kleine, flinke Takt, bei kleinem Raumgriff.

DER WIEGESCHRITT

Der Wiege- oder Piaffeschritt ist eine die Sehnen und Bänder stärkende Mutterlektion, die ganz an den Anfang der Ausbildung gehört. Sie entspricht wohl dem nur durch Stiche überlie-

ferten Schulschritt der alten Meister und ist durch extrem geringen Raumgewinn bei energischem und überhöhtem Abfußen
gekennzeichnet. Bei manchen Pferden ist der Wiegeschritt dicht
am Trab, bei anderen der Begabung entsprechend mehr in der
Nähe des klassischen Schulschritts. An der Hand geübt, besteht
keinerlei Gefahr, den Grundschritt zu verderben; ganz im Gegenteil. Der regelmäßig geübte Wiegeschritt macht das Pferd
geschmeidig und fördert seine Taktsicherheit, der Hauptzweck
dieser Lektion.

Zuerst achte man nur auf die Hinterbeine. Anfänglich sind
fast alle Pferde zu langsam. Dies hinnehmen. Erst wenn nach
Wochen die Regelmäßigkeit gesichert ist, mit dem Flinkmachen
beginnen! Das Pferd soll *nicht* anpiaffieren. Angebotene Piaffetritte mit der Stimme, ohne zu strafen, abstellen. Je besser der
Wiegeschritt gesichert ist, desto schöner und taktreiner wird später die Piaffe. Diese Erfahrung habe ich mit mehreren Pferden
gemacht. Als Grundsatz gilt: Zunächst in aller Ruhe den Takt in

**Tuareg mit Svenja
Hedrich im Wiege-
schritt: überhöhtes
energisches Abfußen
bei extrem geringem
Raumgewinn – die
Vorübung für jede Art
von Versammlung**

der kleinen Bewegung erarbeiten. Den Kuchen gut vorbereiten. Die Sahne kommt später drauf.

ACHTUNG: Taktfehler, die sich in der großen Bewegung einschleichen, sind schwer korrigierbar. Es ist gut, wenn man im Falle einer solchen Fehlentwicklung zum Wiegeschritt zurückkehren kann.

Ich habe Dürers Beingefühl durch die Stehübungen und die Schaukel genügend geweckt. Er trabt nicht mehr ohne Kommando an.

Weitere Voraussetzung für den Wiegeschritt ist der Arbeitsschritt an der langen Doppelleine. Zunächst gebe ich dem Pferd Zeit, sich an diese zu gewöhnen sowie daran, den Ausbilder nicht mehr sicher im Blickfeld zu haben.

▸ Das Pferd steht an der Bande – linke Hand –, die Unterzügel sind links und rechts gleich lang eingestellt und gehen durch die Ringe des Kappzaumes hindurch. Sie sind so lang, dass bei gesenktem Hals die Stirnlinie in der Senkrechten ist. Die langen Leinen werden ebenfalls in die Kappzaumringe (Sollbruchstelle!) eingeschnallt.

▸ Der Ausbilder steht an der Pferdeschulter, die linke Leine in Schlaufen in der linken, die rechte Leine über dem Widerrist gehend in der rechten Hand, ebenfalls in Schlaufen. Letztere müssen derart angelegt und geordnet sein, dass man sie leicht aus den Händen herausgleiten lassen kann. Man muss sie ohne hinzusehen hingeben können.

▸ Die lange Touchiergerte (2,25 m) wird zuvor griffbereit auf dem Boden abgelegt, mit dem dünnen Ende nach hinten weisend.

▸ Der Ausbilder ergreift die Gerte mit der Linken und achtet dabei darauf, dass ihr Ende schräg nach hinten zeigt. Schon hierbei ist die Hand leicht geöffnet, damit sich die Leine ohne Störung des Pferdemauls verlängern kann.

▸ Dann geht er ohne zu zögern dem Pferd entlang nach hinten und wirft – außer Reichweite der Hinterbeine – mit einem Schwung die äußere Leine über die Kruppe. Sie soll, am rechten Hinterschenkel heruntergleitend, sich oberhalb des Sprunggelenks leicht anlegen. Wer sich bei dieser Übung noch nicht ganz sicher fühlt, solle diese Prozedur zunächst an einem älteren Pferd einüben. Eine gewisse Geschicklichkeit, besonders beim Auflösen der Schlaufen, muss man sich vorab angeeignet haben. Beim Hinüberwerfen der rechten Leine darf es kein Zögern geben. Ein gut vorbereitetes Pferd bleibt ruhig stehen!

▸ Im Abstand von wenigstens 2 m mit Kommando »Schritt« beide Leinen gegen die Hinterbacken des Pferdes leicht anklatschen lassen.

▸ Das Anklatschen soll genau symmetrisch und gleichzeitig erfolgen.

Dürer reagiert beim Überwerfen der Außenleine normal und tritt im Schritt an. In der ersten Ecke lasse ich die linke Leine leicht gegen den linken Hinterschenkel anschwingen. Mit der äußeren Leine halte ich den Hengst auf dem Hufschlag. Sie sollte zunächst zur Sicherheit mehr anstehen als die innere. Die lange Gerte ziehe ich hinter mir her. Ich brauche sie erst im Laufe der nächsten Runden, um zu verhindern, dass Dürer die Ecken zu sehr abrundet. Hierfür schwenke ich sie nach vorne in der Weise, dass ihre Spitze zu Dürers Kopf hinweist und ihn davon abhält, zu früh nach links abzuwenden. Ich lasse den Hengst so insgesamt 10 Minuten im Schritt gehen. Dazwischen pariere ich ihn immer wieder mit Stimme und kleinem Ruck der Leine zum Stehen durch. Antreten immer mit Stimme und Anklatschen der Leinen.

Ich bin zufrieden. Es gab keine Angstreaktion. Das A und O bei der Handarbeit ist, mit Bedacht vorzugehen und Fehler zu vermeiden. Wenn das Pferd falsch reagiert, hat man anschließend Mühe mit der Korrektur.

In den nächsten Stunden geht es darum, das Schritt-Arbeitstempo herauszufinden und das Pferd wenigstens 10 Minuten in diesem gehen zu lassen, immer der Bande entlang. Der Ausbilder hinter dem Pferd hat die Hufsiegel im Auge. Wichtig ist, dass die Hinterbeine auf beiden Seiten gleich weit vortreten. Man erkennt dies am Abstand der Hufabdrücke der Hinterbeine von denen der Vorderbeine. Sein Auge schulen, um jede kleine Abstandsdifferenz zwischen links und rechts sogleich zu erkennen! Im Arbeitstempo gibt es, sobald das Pferd ruhig ist, keine Differenz. Man merkt sich, wieviel das Pferd im Arbeitstempo übertritt. Nicht, oder fast nicht treiben. Das Pferd so gehen lassen, wie es von selbst geht. Jedes Pferd hat seinen Arbeitsschritt. Den gilt es herauszufinden. In diesem gibt es naturgemäß die wenigsten Taktfehler.

Wichtig ist, dass die Hinterbeine auf beiden Seiten gleich weit vortreten.

▸ Nach einigen Tagen, an denen man den Arbeitsschritt etabliert und gesichert hat, die Zügel eine Kleinigkeit – zwei bis drei Fingerbreit – kürzer einstellen. Das Pferd wieder im Arbeitsschritt antreten lassen. Mit der Stimme, kaum mehr mit der Gerte treiben.

▸ Vorsichtig beginnen, das Pferd durch kleine Zügelanzüge langsamer zu machen.

Die meisten Pferde werden, wenn das Treiben ausbleibt, von sich aus langsamer und treten dabei weniger über.

Zielrichtung ist jetzt, einen versammelten Schritt an den Leinen zu erreichen.

▸   Im Laufe einiger Stunden das Pferd mit beidseitigen kleinen, sich in nützlichen Zeitabständen wiederholenden Zügelanzügen, die zum Kappzaum gehen, verkürzen. Kleine Unregelmäßigkeiten in der Fußfolge, solange sie nicht rhythmisch auftreten, nicht beachten. Nur darauf bedacht sein, den Schritt Tag für Tag eine Kleinigkeit kleiner und langsamer zu machen. Das Vorwärts immer mehr verringern. Nur wenn das Pferd zum Stehen kommt, ein wenig mit der Gerte treiben: mittig auf die Kruppe tippen.

▸   Allmählich so weit kommen, dass die Tritte der Hinterbeine nur noch wenige Handbreit betragen und deutlich hinter den Siegeln der Vorderbeine auffußen.

▸   Nach einer langen Seite im extremen Kurzschritt Pause an der kurzen Seite, das heißt, Arbeitsschritt.

Es kann bei manchen Pferden einige Wochen dauern, bis sie den Kurzschritt ohne jegliche Rhythmusstörungen beherrschen.

Ich hatte befürchtet, dass Dürer die kleinen Tritte wegen seiner übergroßen Schrittübersetzung schwer fallen würden. Es war nicht so; so schnell wie er hat noch keiner begriffen! Er ist wohl eine Ausnahme. Er tritt kurz, wie ich es haben möchte, und dabei gibt es immer weniger Störungen.

Bis jetzt waren die Oberzügel ohne Wirkung. Nun ist der Zeitpunkt gekommen, sie in den Kappzaum einzuschnallen, um etwas Aufrichtung zu bekommen. Immer noch läuft auch der Unterzügel durch die Ringe des Kappzaums. Die Reprise mit höherer Aufrichtung dauert nur eine Bahnrunde. Dürer drückt mir zu sehr gegen den Kappzaum. Ich fühle, dass ich nicht weitergehen darf.

Am nächsten Tag schnalle ich versuchsweise für wenige Minuten die etwas längeren Oberzügel in die Trensenringe. Im Spiegel sehe ich das Gesicht von Dürer. Er ärgert sich, aber er macht noch mit.

Nächste Stufe:

Zuerst wie immer Schritt- und Stehübungen. Sie sind der einleitende, beruhigende Ritus. Dann beginne ich vorsichtig mit dem Touchieren der Kruppe und der Hinterbeine; dies von hinten in gutem Abstand. Lange Gerte! So lasse ich den Hengst antreten, halte immer wieder an und touchiere zum neuerlichen Antreten das linke Bein. Ich habe beobachtet, dass er mit diesem bevorzugt antritt.

Jetzt soll mehr und mehr die lange Gerte den Antritt auslösen. Wenn das Pferd zu früh antritt, wird es sofort korrigiert. Dabei muss man unter Umständen eine kleine Nervosität in Kauf nehmen. Die Schrittabschnitte werden nun immer mehr abgekürzt: Wenige Schritte vorwärts, kurz anhalten, und wieder Schritt. Dabei lobe ich viel!

Nächste Stunde:

Das Pferd lernt jetzt, zwischen dem kurzen Stehen immer nur drei oder vier Schritte vorwärts zu gehen. Wenn es sich dabei aufregt, vergrößere ich die Intervalle wieder und beginne danach von neuem.

Nächste Stunde:

Ich lasse den Hengst immer nur einen Schritt vortreten. Diesen Schritt verlange ich immer mit der Gerte und fange ihn auch sofort wieder ab. Diese Übung wird x-mal wiederholt, dabei wird die Gerte immer energischer. Wenn das Pferd sich mit den Hinterbeinen von der Bande entfernt, hole ich es mit der inneren Leine zurück.

Diese seitliche Changierbewegung nicht nur zulassen, sondern im Laufe der Zeit geradezu fördern. Alles, was die Hinterbeine in kleinen Tritten mobil macht, ist gut, ob im Vorwärts oder im changierenden Seitwärts-Vorwärts. Die Hinterhand beherbergt die Kraftreserve. Vom ersten Tag an geht es darum, diese zu mobilisieren. Für die Flucht hat die Natur dem Pferde starke Hinterschenkel gegeben. Ihre Schubkraft in Tragkraft umzuwandeln ist das A und O des Reitens.

Dürer tritt jetzt bei jedem Schritt nur noch eine Hufbreite vor. So schnell habe ich dies noch bei keinem anderen Pferd erreicht. Ich gehe jetzt daran, die Tritte schneller zu machen. Anfänglich habe ich den langsamen, »tranigen« Schritt als Vorstufe akzeptiert – ja sogar angestrebt – und in erster Linie auf die Regelmäßigkeit geachtet.

Der Takt wird schneller, indem ich den Fesselkopf des jeweils auffußenden Beines touchiere. Man muss sofort beim Auffußen treffen, damit bei möglichst kurzem Bodenkontakt sogleich das Abfußen erfolgt. Dadurch wird der Hengst gezwungen, das andere, angehobene Bein schneller niederzusetzen.

So mache ich die kleinen Schritte flink und flinker und lasse das Pferd auch nicht mehr ganz zum Stehen kommen. Mit Stimme und Leine gebe ich das Kommando zum Stehen und verlange verfrüht den neuerlichen Antritt, noch bevor die Stehparade ganz durchgekommen ist. Indem man die treibenden Hilfen der langen Gerte gegen die verhaltenden Hilfen der Leine stellt,

Schubkraft in Tragkraft umzuwandeln ist das A und O des Reitens.

gelingen bei einem begabten Pferd schon nach wenigen Reprisen die ersten Wiegeschritte oder kleine Piaffetritte – oder aber ein kleiner »Zigeunertrab« mit lebhaften Hinterbeinen.

Dürer tritt jetzt fast unaufgefordert an, ohne sich im geringsten aufzuregen. Ich reagiere mit der Stimme: »treten, treten, treten, Halt«. Nach jedem Antreten gibt es eine kleine Pause. Der Hengst hat schnell herausbekommen, wie man die versammelte Schrittarbeit abkürzen kann. Er setzt zu den kleinen Wiegetritten an und bekommt dann seine Pause. Der Hafer in meinen Hosentaschen hilft mit.

Sich mit wenigen Tritten begnügen!

Sich mit wenigen Tritten begnügen! Wer in diesem Stadium zu viel verlangt, riskiert, dass sich Taktfehler einschleichen.

Die nächsten Stunden:

Ich reagiere grundsätzlich auf die Angebote meines Pferdes. Entweder versuche ich, direkt zum angestrebten Wiegeschritt zu kommen, oder aber ich akzeptiere den nutzbringenden Umweg über den kleinen, ebenso die Piaffe enthaltenden »Zigeunertrab«. Von diesem gibt es mehrere Spielarten. Alles kann man dem Pferd gestatten, nur keine verlangsamten Trabtritte. Immer wenn in Richtung Wiegeschritt oder kleinen »Zigeunertrab« gehend einige Takte gelingen, sollte man anhalten und an der Kruppe loben. Im Falle des letzteren mit der langen Gerte gut dran bleiben! Der »Zigeunertrab« ist nur in der flinken, tänzelnden Art von Nutzen. Alles was flink und im Takt ist, ist unabhängig von

Der 3-jährige Hengst Palladio zeigt das lebhafte Hinterbein, das mit dem Wiegeschritt geübt wird. Gute Selbsthaltung, alle Zügel hängen durch. Bei der HSH-Handarbeit geradezu erwünscht!

der Bewegungscharakteristik gut. Jedes Pferd hat seine eigene-Bewegungsart. Dies akzeptieren! Auch über den »Zigeunertrab« kann man zum Wiegeschritt kommen!

Immer wieder hilft der Zufall. Diesen nutzen und dem Pferd sogleich sagen, dass die letzten Tritte gut waren. Das ist das Wichtigste.

Ein talentiertes, tanzbegabtes Pferd wird nach wenigen Lernstunden verstanden haben, um was es geht. Der Ausbilder darf sich jetzt aber nicht durch einige angebotene Piaffetritte verleiten lassen, diese immer wieder zu verlangen, ohne vorher den Wiegeschritt gewonnen und gesichert zu haben. Auch dieser hat bei jedem Pferd eine etwas andere Gestik. Einmal ist er näher beim kleinen Dressurtrab; bei einem anderen Pferd ist die von mir gewählte Bezeichnung »Wiegeschritt« treffender.

Man passe das Programm der Ausbildung dem Bewegungsnaturell des Pferdes an. Den Weg des Pferdes, nicht den des Lehrbuches gehen! Bedingung ist nur das lebhafte Hinterbein und ein immer kürzer werdendes Taktmaß.

Merke: Der Takt langsamer Hinterbeine ist in der Regel störungsanfällig. Dies gilt für alle Gangarten und Lektionen.

MÖGLICHE SCHWIERIGKEITEN BEIM LEHREN DES WIEGESCHRITTES

Manche Pferde heben immer wieder beide Vorderbeine und setzen zur Pesade an. Dies nicht korrigieren, es verliert sich in der Regel von selbst. Es empfielt sich aber, etwas langsamer vorzugehen und die Unterzügel etwas kürzer zu nehmen, so dass das Pferd bei der Hebung rund bleibt.

Bei ernsthafter Verweigerung, zu der Hengste gelegentlich neigen, kann man aus einem Steigen eine Extraübung machen: Im Moment des Steigens laut »hoch, hoch, hoch!« rufen. Sobald der Hengst zu Boden kommt, ihn stehen lassen und an der Kruppe loben. Dann genügend weit zurücktreten und ihn mit an beiden Flanken anklatschenden Leinen im Arbeitsschritt antreten lassen, eine Runde machen bis zur Stelle des Ungehorsams. Dort kleine Parade mit beiden Leinen und wieder Zuruf »hoch, hoch!« Dabei mit der langen Gerte einen kleinen Schlag auf die Kruppe geben. Der unartige Zögling wird wieder steigen. Wieder loben. Dies oft wiederholen, bald an jeder Stelle des Hufschlags.

Im Laufe der Zeit wird aus dem Steigen eine ansehbare Pesade. Und diese ist keine schlechte Gymnastik, auch für ein noch junges Pferd. Sobald die Pesade-Übung Routine geworden ist, verliert sie den Charakter der Verweigerung und wird nicht

Gelassen und selbstbewusst führt der Araberhengst Kar Testador, hier mit seiner Ausbilderin Claudia Jung, seine besonders geartete Pesade vor, die für ihn zur Freude an der täglichen Arbeit beiträgt.

Keine unlustigen Pflichttuer!

mehr ohne Aufforderung ausgeführt. Der Hengst lernt schnell, dass die Anhebungen anstrengend sind und dass ihm nach einer nicht befohlenen einige weitere abverlangt werden. Er zieht den Wiegeschritt vor (siehe auch Seite 217 und 223).

Selbstverständlich erfordert eine derartige »Korrektur« langjährige Erfahrung des Ausbilders. Er muss immer wissen, wo er zu stehen hat. Er muss die Reaktionen seines Pferdes kennen und gelernt haben, zeitgerecht und angemessen zu reagieren. Er muss sich in sein Pferd in den vorausgehenden Wochen eingefühlt haben.

Solange eine Bewegung ästhetisch schön ist und in die Richtung einer späteren Lektion geht, darf die junge Remonte an der Hand machen, was sie will. Diese Einstellung mag extreme Hüter der Tradition auf die Barrikaden bringen. Sich dadurch nicht stören lassen. Wer exakte Befehlsausführung und Gehorsam an die erste Stelle setzt, riskiert als Folge, aus seinem Pferd einen unlustigen Pflichttuer zu machen, es zu mechanisieren. Tanz und Poesie sind in der Nähe der Extravaganz!

ARBEIT AUF ZWEI HUFSCHLÄGEN

Ich kann jetzt zur Arbeit auf zwei Hufschlägen übergehen. Besonders beim Trab an der Doppelleine ist es immer wieder vorgekommen, dass Dürer die Kruppe etwas nach innen hereinnahm – hauptsächlich auf der linken Hand.

Von diesem »Fehler« gehe ich aus. Ich verstärke ihn. Hierzu habe ich den inneren, zum Kappzaum gehenden Oberzügel deutlich kürzer eingestellt als normal und den äußeren bis zum eindeutigen Durchhängen verlängert.

Hierbei nicht zimperlich sein! Nicht langsam in kleinen Stufen immer mehr Biegung verlangen. Dies hört sich gut an, ist aber meistens falsch, denn man bringt so dem Pferd bei, Widerstand zu leisten. Psychologisch ist es besser, sein Pferd auf ein Mal zu überzeugen.

Den Unterzügel lasse ich jetzt durch die Trensenringe hindurchgehen, um Dürer davon abzuhalten, sich auf den Kappzaum zu legen (siehe Seite 36, Mitte).

Arbeitstrab, linke Hand. Die lange Gerte halte ich in der äußeren, der rechten Hand und treibe mit ihr vor allem das äußere Hinterbein an. Ich versuche, Dürer mit der rechten Leine in die Kruppeherein-/Travers-Stellung zu bringen. Dabei lasse ich diese Leine hörbar gegen den rechten Hinterschenkel anklatschen. Sie ist im rechten Ring des Kappzaumes eingeschnallt. Die Schläge gehen nicht aufs Maul. Dies ist sehr wichtig. Die Leinen wirken wie die Schenkel des Reiters, nur weiter hinten. Der Effekt ist der Gleiche.

Die Abstellung sollte nicht viel mehr als 80 cm betragen. Zu viel Abstellung ist schädlich, besonders am Anfang. Auch später gilt grundsätzlich: Nicht mehr abstellen, als die Biegung hergibt.

Die vorbereitende Arbeit in der Stallgasse, das oben erklärte Hin- und Hertretenlassen der Hinterhand, kommt mir jetzt zugute! Nach einer Runde hat Dürer verstanden. Er geht im Traverstrab und hat keine Schwierigkeit, sich zu biegen. Der Hals ist nahezu parallel zur Bande, so, wie es sein soll. Die Vorderbeine überkreuzen fast nicht, nur das rechte Hinterbein tritt über.

Ich weiß aus Erfahrung: Je leichter eine Übung auf einer Hand auf Anhieb gelingt, desto eher wird es auf der anderen Hand zu Schwierigkeiten kommen.

Am nächsten Tag mache ich nach dem Links-Travers auf der linken Hand einen ersten Versuch auf der rechten Hand. Dürer nimmt zwar die Kruppe nach innen, tritt aber ungleich und hebt die rechte Hüfte zu hoch. Den Hals macht er links hohl, obwohl ich den rechten Oberzügel

Nächste Stufe der Travers-Schule. Der Ausbilder geht außen. Er verwahrt nicht mehr mit der Außenleine, sondern mit der Hand oder seinem Arm, in etwa dort, wo später der Reiterschenkel liegt.

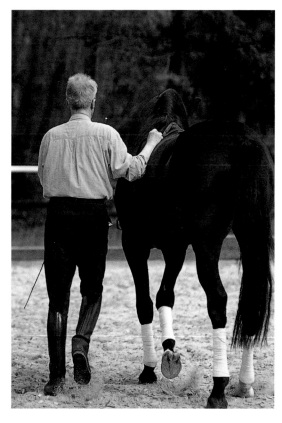

deutlich verkürzt habe. Ich fühle, dass wir vor einem Problem stehen.

Ohne Spiegelwände entlang einer langen und einer kurzen Seite wäre die Handarbeit in diesem Stadium erheblich erschwert. Ich sehe genau, wie der Hengst den Kopf verkantet und wie unwohl er sich angesichts dieser neuen Forderung fühlt. So ist es mir ergangen, als mir der erste Walzer rechtsherum abverlangt wurde!

Ich mache an diesem Tag keinen weiteren Versuch und beende die Arbeit so wie üblich mit einem kurzen Trab im Kreis an der Longe. Die Kadenz der Tritte verbessert sich zusehends. Dürer versteht, wenn ich ein Mehr an Versammlung verlange. Zum Schluss lasse ich Dürer einige Runden mit stark verkürztem rechtem Oberzügel bei durchhängendem äußeren Oberzügel gehen. Der Unterzügel – auch zum Kappzaum gehend – hat nur begrenzende Funktion. Dürer reagiert zufriedenstellend. Er zeigt für Augenblicke die gewünschte verstärkte Biegung. Sie wenigstens teilweise in den Rechts-Travers herüberzubringen ist nun die Aufgabe.

Bisher habe ich den Galopp unterdrückt, weil dieser die Gelenke höher belastet. Jetzt nehme ich ihn an, allerdings nur für wenige Minuten. Früher war es normal, dass man bei der Ausbildung junger Remonten erst nach einigen Monaten Trabarbeit mit dem Galopp begann.

Dürer in der Linksvolte bei verstärkt wirksamem, zum Kappzaum gehendem Oberzügel. Der Hengst soll lernen, die Außenseite des Halses zu dehnen.

Nächster Tag:

Nach den üblichen Vorübungen beginne ich sogleich mit der Traversarbeit auf der rechten Hand im Schritt. Ich möchte Dürer noch begreiflicher machen, was ich von ihm will. Im Trab muss ich befürchten, dass er sich – wie schon geschehen – verhaspelt und seine Beine Schaden nehmen.

Den rechten Unterzügel stelle ich ca. eine Handbreit kürzer ein als den linken. Dabei ist zu berücksichtigen, dass beim Unterzügel geometrisch bedingt eine Handbreite nur zur Hälfte zur Geltung kommt.

Den rechten Oberzügel stelle ich extrem kurz ein, den linken lasse ich, gleich wie bei der Zirkelarbeit am Vortag, eindeutig durchhängen. Mit dem Kappzaum ist dies erlaubt. Auf alten Stichen (Seite 77) kann man erkennen, dass die alten Meister einen einseitigen Schlaufzügel durch den Seitenring des Kappzaumes führten. Offensichtlich haben sie ihn nur für die Bearbeitung der steifen Seite eingesetzt, um so ihren Pferden die Halsbiegung nach der unangenehmen Seite abzugewinnen. Ihre Methode war nicht so hart, wie wir heute meinen. Ein Zügel, der nur auf den Kappzaum wirkt, bereitet dem Pferd keine Schmerzen, zeigt ihm aber, was der Reiter fordert. Wenn dagegen – so wie heute – der Schlaufzügel, durch die Trensenringe gezogen, zur Hand des Reiters geht, ist die Wirkung unheilsvoll (Seite 76).

Ich achte darauf, dass Dürer schon im Stehen durch den stark verkürzten rechten Oberzügel den Hals in der gewünschten Weise biegt. Eine kleine Schiefstellung des Kopfes nehme ich noch in Kauf. Wichtig ist nur, dass die linke Halsseite von oben gesehen gut nach außen gewölbt ist. Bei tiefer Kopfstellung – sie ist für Dürer die angenehmere – darf die Stirnlinie zeitweilig hinter der Senkrechten sein.

So gestellt, lasse ich den Hengst im Schritt antreten und die Kruppe nach innen nehmen. Er wird ein klein wenig nervös. Nach einigen Runden hat er sich aber mit der verlangten Haltung einigermaßen abgefunden. Er tritt etwas ungleich.

Am nächsten Tag:

Gleiches Programm wie am Vortag. Die Kruppeherein-Übung im Schritt auf der rechten Hand steht im Vordergrund. Der innere Zügel ist immer noch so kurz, dass es dem Hengst nicht möglich ist, den Hals falsch zu biegen. Er fühlt sich immer noch nicht wohl. Aber die Hinterbeine beginnen, regelmäßiger zu treten, das linke tritt jetzt deutlich vor das rechte, und die rechte Hüfte ist nicht mehr so hoch wie zu Beginn.

Die Traversübung auf der linken Hand lasse ich aus. Sie wäre jetzt eher schädlich. Es geht mir doch darum, Dürer »umzupolen«. Ich möchte die »Schokoladenseite« von links nach rechts bekommen.

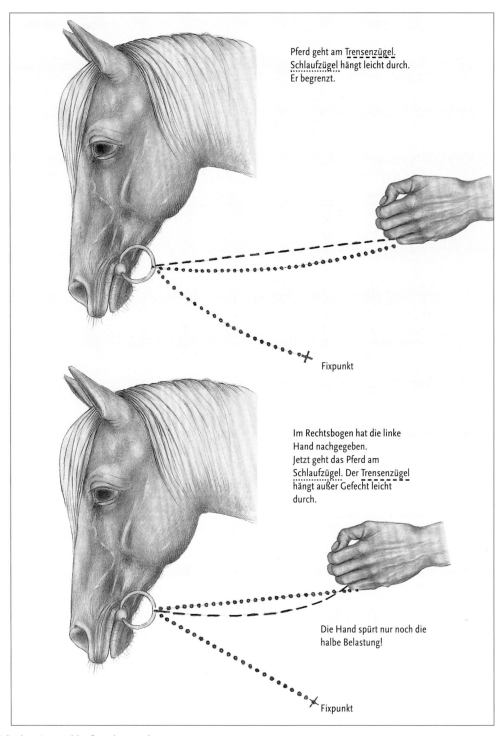

Pferd geht am T̲r̲e̲n̲s̲e̲n̲z̲ü̲g̲e̲l̲.
S̲c̲h̲l̲a̲u̲f̲z̲ü̲g̲e̲l̲ hängt leicht durch.
Er begrenzt.

Fixpunkt

Im Rechtsbogen hat die linke
Hand nachgegeben.
Jetzt geht das Pferd am
S̲c̲h̲l̲a̲u̲f̲z̲ü̲g̲e̲l̲. Der Trensenzügel
hängt außer Gefecht leicht
durch.

Die Hand spürt nur noch die
halbe Belastung!

Fixpunkt

Das Unheil der heutigen Schlaufzügelanwendung

Parade du Cheval
trottant a gauche
Die parade im Schritt
linrfs
Parada pedetentem pro,
gredientis ad sinistram

Dieser Ridinger-Stich zeigt die Anwendung des Schlaufzügels (HSH-Unterzügels!) durch die klassischen Meister: Er wurde durch den Seitenring des Kappzaums geführt und meistens einseitig angewandt. Das Pferdemaul wurde geschont. Die modische Kandare sieht schlimmer aus, als sie ist. Sie wurde so gut wie immer mit nur einer Hand geführt. Eine Hand aber heißt halbe Kraft und keine schmerzliche Verkantung! Die ausgeübte Wirkung war sanft im Vergleich zur heutigen Praxis.

Was mir bei anderen, viel schwierigeren Pferden schon öfter gelungen ist, dürfte Dürer nicht schwer fallen. Manchmal versucht er, mich mit kleinen Piaffetritten zum Aufhören zu überreden. Es wäre unfair, nicht mitzumachen.

Pferde sind geistig viel reger, als mancher Reiter meint! Man muss nur verstehen, auf sie einzugehen. Dann erhält man eine Antwort nach der anderen!

Nächster Tag:

Rechtstravers im Schritt im Vordergrund. Gelingt besser. Im Spiegel sehe ich ein zufriedeneres Pferdegesicht. Bald wird die Übung auch im Trab möglich sein.

Ich habe herausgefunden, dass Dürer besser zurecht kommt, wenn wir uns eine Kleinigkeit vom Hufschlag entfernen. Dies hätte ich schon früher erkennen müssen. Es ist eindeutig: Er fühlt sich wegen der Bande unsicher.

Am nächsten Tag steht die gleiche Arbeit auf dem Programm – Rechtstravers im Trab. Der Bann ist gebrochen. Dürer biegt sich und ist entspannt. Er macht nur noch wenige Taktfehler.

SCHRITTPIROUETTE

Eine Pirouette ist nichts anderes als die Volte im Travers. Die Schrittpirouette hat den Begleiteffekt, den Wiegeschritt gleichmäßiger zu machen. Ziel ist dabei, das innere Hinterbein vermehrt zur Beugung anzuregen.

Die erste Arbeitsstufe hierzu war Travers im Schritt an der langen Wand. Der nächste Schritt ist nun: Im Linkstravers vom Hufschlag weggehen.

Schrittpirouette links an der Hand, die äußere Leine umhüllt – nach Bedarf mehr oder weniger – die Kruppe; die innere Leine zeigt dem Pferd den Weg.

▸ Das Pferd mit der inneren Leine auf eine Zirkellinie bringen – gleich wo; dort, wo es sich von selbst ergibt. Der Ausbilder geht ganz dicht hinter der Kruppe des Pferdes, die äußere Hand ist nahe am Schweifansatz, so dass die äußere Leine die Kruppe umhüllt, während die innere Leine von der Hand in gerader Linie zum inneren Trensenring geht.

Ich habe ausnahmsweise beide Leinen in die Trensenringe einge-schnallt, um meine Einwirkungsmöglichkeit zu verstärken. Mit der linken Hand zeige ich dem Pferd den Weg, mit der rechten verhindere ich das Ausfallen der Kruppe. Mit der rechten Hand – samt Leine – gegen die rechte Seite der Kruppe zu klopfen hilft mit.

▸ Den kleinen Zirkel unter stärkerer Wirkung der äußeren Leine mehr und mehr bis fast zur Volte verkleinern ist der nächste Schritt, den man mit einem ruhigen Pferd sofort wagen darf. Wenn die Kruppe ausfällt, die Außenleine gegen die Außenseite der Kruppe oder des Unterschenkels anklatschen lassen. Dabei nicht zimperlich sein.

In wenigen Minuten hat der Hengst verstanden und tritt eine fast einwandfreie Linkspirouette, die ich mehrmals wiederhole. Sie ist noch etwas zu groß, was in diesem Stadium angezeigt ist. Wichtig ist das saubere Treten der Hinterbeine im Schritt-Takt. Fehlerhaft wäre ein Seitwärtstreten des inneren Hinterbeines bei nachsetzendem äußerem Bein, wie man dies so oft auf Turnieren sieht.

Wenn Dürer den Rhythmus verliert und mit einem Bein nicht rechtzeitig abfußt, helfe ich mit der kurzen Gerte nach. Es genügt ein leichtes Antippen an den Fesselkopf.

Ich habe Dürer am gleichen Tag mehrere Pirouetten auf beiden Händen ausführen lassen. Sie sind das Resultat der vorausgehenden Arbeit im Travers. Bei der Rechtspirouette lässt der Hengst immer wieder das innere Hinterbein zu lange am Boden.

Bei Bedarf die lange Gerte einsetzen und sich hierbei vom Pferd entsprechend entfernen und zwar leicht schräg nach innen. Zu dieser Variante Zuflucht nehmen, wenn eine stärkere Einwirkung angezeigt ist, bei der das Pferd ausschlagen könnte.

▸ Kleine Repetierschläge gegen den äußeren Schenkel oder Unterschenkel.

Ganz schwach beginnen, dann, je nach Notwendigkeit, etwas deutlicher werden. Die repetierenden Hilfen sollen einander in Sekundenbruchteilen folgen. Die Gerte bleibt ganz dicht am Hinterschenkel. Je kleiner ihre Ausschläge, je näher sie am »Vibrato« sind, desto besser.

Mit Übungen direkt am Pferd darf man erst beginnen, wenn das gegenseitige Vertrauen genügend gesichert ist. Mit einem unruhigen Pferd könnte der erste Versuch der Schrittpirouette gefährlich werden. Entweder muss man bei dieser Lektion sehr dicht am Pferd sein oder aber einen Abstand von wenigstens 1 1/2 Meter halten. Der größere Abstand ist besonders bei Stuten zu empfehlen. Er hat aber den Nachteil, dass die Einwirkung weniger genau wird. Man muss dann mit einer vergrößerten Pirouette beginnen und dabei selbst um den gedachten Mittelpunkt einen Kreis beschreiben, dessen Radius durch die Länge der Leinen bestimmt ist. Ein vertrautes Pferd wird, wenn der

Ausbilder die äußere Hand auf der Kruppe auflegt, kaum auskeilen. Er muss fühlen, ab welchem Stadium der Vertrauensbildung die Naheführung ohne Risiko ist.

Gebrauch der Touchiergerte zum Strafen

Immer muss diese Reihenfolge eingehalten werden:
Zuerst die sanfte Aufforderung durch Touchieren und
Stimme, dann die Hilfe verstärken; wenn erforderlich, bis
zu kurzen, trockenen Schlägen bei erhobener Stimme.
Der Ausbilder muss fühlen, wo die Grenze ist, wo die Strafe
anfängt. Besonders in den ersten Stunden beim Lernen
nicht strafen, dies allenfalls mit Stimme und Gestik
androhen. Lernen und hartes Strafen gehen nicht
zusammen.
Strafen darf man erst dann, wenn das Pferd sich weigert,
eine bereits sicher erlernte Bewegung auszuführen oder
wenn es in Richtung Reiter ausschlägt. Die Strafe muss
dann aber in Sekundenbruchteilen dem Ungehorsam folgen und ebenso schnell beendet sein. Nur dann begreift das
Pferd den Zusammenhang. Eine länger als Sekunden
andauernde Strafe ist schädlich und daher unreiterlich.
Schläge schon wenige Sekunden nach dem Ungehorsam
bringt das Pferd nicht mehr mit diesem in Zusammenhang.

TRAVERSALE

In den letzten Stunden habe ich die Travers- und Pirouettenarbeit vertieft. Der Schritt ist beim Lernen die wichtigste Gangart.

Heute versuche ich erstmalig auf der Diagonalen eine Traversale nach links. Diese fällt dem Ausbilder in den Schoß, wenn er zuvor sein Pferd genügend lang im Travers geübt hat. Schwierig ist anfänglich das Verlassen des Hufschlages. Die innere Leine ist wegweisend. Die äußere lasse ich deutlich gegen den äußeren Hinterschenkel klatschen. Der seitliche Schlag soll hörbar sein. Er geht nicht aufs Gebiss, wenn man mit der Hand vorher eine Kleinigkeit nach vorne geht. Wieder hilft die erste Unterweisung in der Stallgasse, an die sich Dürer erinnert.

Ich habe einige Male mit der langen Gerte nachhelfen müssen. Mit dieser habe ich das rechte Hinterbein etwas oberhalb des Sprunggelenkes animiert, seitwärts vor das linke Hinterbein zu treten.

Es gibt immer wieder ein Missverständnis. Dürer setzt, an die Mittellinie angekommen, zur Pirouette an. Ich lasse diese zu und ver-

suche anschließend, die Traversalverschiebung fortzusetzen. Manche Fehltritte, aber keine Aufregung. Der Hengst beginnt zu verstehen.

Nächster Tag:

Wir nehmen das ganze Programm durch. Alles, was Dürer kann, wird wenigstens einmal durchgeprüft. Ich verzichte bewusst auf Wiederholungen und bin befriedigt, dass er mir gerne mit der nächsten Lektion zuvorkommt. Schritt-Traversale nach links gelingt bilderbuchmäßig! Wichtig bei dieser Lektion ist der sich über die Breite der kurzen Seite erstreckende Spiegel. Er zeigt mir jeden Fehler schon im Ansatz, so dass ich rechtzeitig reagieren kann.

Ich achte auf das Vorausgehen der inneren Schulter. Wenn das innere Hinterbein vorausgeht, fällt es den meisten Pferden schwer, mit dem äußeren genügend überzutreten. Der Weg des Übertretens ist dann zu lang (siehe Abbildungen Seite 42 und 183).

Ich habe bei der Linkstraversale den Kopf des Hengstes weniger nach links genommen als bei den Traversübungen. Im Gegensatz zum Travers ist es in der Traversale – besonders bei einem jungen Pferd – falsch, eine starke Biegung zu verlangen. Es sollen nun beide Beinpaare kreuzen. Beim Travers dagegen dürfen bei korrekter Ausführung die Vorderbeine nicht – allenfalls in der Andeutung – kreuzen.

Ich habe jetzt die Leinen meistens im Trensengebiss eingeschnallt. Man kann so feiner einwirken. Nachdem Dürer die wichtigsten Leinenhilfen versteht, kann ich dann und wann auf den Kappzaum verzichten. Es ist gut, hin und her zu wechseln. Mit anderen Pferden muss man damit länger warten. Dürer ist ein »Lernpferd«.

Nächster Tag:

Programm wie in den letzten Tagen. Die Lektionen immer in der gleichen Reihenfolge. Wenn ich eine Lektion vergesse, macht mich Dürer darauf aufmerksam. Sein Mitmachen macht die Arbeit zur Freude. Pferd und Ausbilder beflügeln sich gegenseitig.

Bei der Linksschrittpirouette habe ich mit der Gerte ein klein wenig zu deutlich nachgeholfen. Dürer fängt an zu piaffieren! Auf dem Kreis fällt ihm dies leichter als auf gerader Linie. Ich nehme diese Lektion – an sich für viel später vorgesehen – gerne ins Programm auf.

Nächster Tag:

Versuch der Rechtstraversale im Schritt. Es gibt wieder eine Nuss zu knacken. Dürer drückt gegen den rechten Zügel und sperrt sich erneut gegen die Rechtsstellung. Ich schnalle daraufhin den Oberzügel in den rechten Ring des Kappzaumes und verkürze ihn stark. Dürer

Angebotene Piaffetritte in der noch großen Linkspirouette. Der begrenzende Unterzügel hängt leicht durch.

knirscht mit den Zähnen, obwohl das Gebiss ganz entlastet ist. Der linke Oberzügel ist ganz bewusst ohne Wirkung.

Beim neuerlichen Versuch ist die Kopfstellung besser. Mehrfache Wiederholung mit viel Loben. Kurz vor der Bande jeweils Kehrtwendung und sofort folgt wieder die Seitwärtsbewegung nach rechts. Der Hengst ist nicht widersetzlich, macht aber sein böses Gesicht. Er drückt so sehr gegen den Kappzaum, dass ich ihn enger schnallen muss, damit er sich nicht zu sehr verdreht. Es ist fast immer so, dass bei jeder neuen Lektion und der mit ihr verbundenen nervlichen Erregung alte Biegefehler erneut auftreten.

Nächster Tag:

Normales Programm. Zum Schluss der Handarbeit wieder die Rechtstraversale im Schritt. Zuvor Rechtstravers auf gerader Linie nahe am Hufschlag, übertrieben kurze Einstellung des rechten Oberzügels.

Der Groschen fällt. Dürer geht einige Schritte Traversalen in guter Biegung fast ohne Widerstand. Wir sind eine Stufe vorangekommen. Es kann allerdings sein, dass später beim Reiten das Problem sich von neuem stellt.

Angstlektion
Rechtstraversale

Die Rechtstraversale ist bei manchem guten Dressurpferd die Angstlektion! Beim erwachsenen Pferd ist die Behebung der Einseitigkeit nur bedingt möglich. In Stresssituationen kehrt sie wieder. Dagegen kenne ich kein besseres Mittel als die Frühprägung.

VON DER EINFACHEN SCHRITTPIROUETTE
ZUR MEHRFACHPIROUETTE

Die Schrittpirouette wiederhole ich nach der beschriebenen Vorbereitung in den folgenden Stunden oft und komme dabei zur Mehrfachpirouette. Diese soll noch nicht klein sein – die Tritte sollen klein sein! Das zögerliche Bein wird durch Touchieren zum Kommandobein gemacht. Dies erreicht man durch Antippen des noch stehenden Fußes. Er erhält das Kommando zum Abheben verfrüht. Bei etabliertem Vertrauensverhältnis geht der Reiter ganz dicht hinter dem Pferd, wobei er die äußere Leinenhand, wie bereits behandelt, immer wieder auf die äußere Kruppenseite auflegt und bei guten Tritten sofort lobend klopft. Die Gerte, die man in der gleichen Hand hält, stört dabei nicht. Sie muss aber leicht sein.

Ich versuche nun, die Tritte flinker zu machen und eine kleine Nervosität hereinzubringen.

Bei den ersten Takttritten in Richtung der kleinen Piaffe lobe ich das Pferd spontan: Ich gehe mit Stimme lobend um das stehende Pferd herum, klopfe es überall ab. Auf diese Weise wird ein ausreichend begabtes Pferd seinen Ausbilder nach wenigen Reprisen verstehen. Es wird den Wiegeschritt in der vergrößerten Pirouette – Innendurchmesser ca. 1,50 m, größer und kleiner werdend (»atmend«) – geradezu anbieten.

Dürer im Piaffiertrab. Es ist gut, wenn die Handleinen durchhängen. Sie sollen nur im Bedarfsfall zur Wirkung kommen. Maß- und formgebend sollen Ober- und Unterzügel sein. Auch diese sind bei beginnender Leichtigkeit nur ganz gering oder gar nicht gespannt.

Zum Abschluss bleibe ich im Wiegeschritt auf einem Zirkelbogen und gehe so aus der Pirouette heraus. Dann Schrittpause. Hierzu verlängere ich die Zügel genügend. Mit der Hand auf der Kruppe gehe ich hinterher.

Es sei noch hinzugefügt, dass auch bei der Schrittpirouette der innere Oberzügel deutlich verkürzt werden muss; so sehr, dass das Pferd seinen Hals nicht verkehrt biegen kann. Auch den Unterzügel – gegebenenfalls durch die Trensenzügel durchgezogen – stelle ich so ein, dass der Mähnenkamm von Anfang an nach der richtigen Seite umspringt.

Der schwierige Teil einer Lernreprise muss in wenigen Minuten beendet sein. Man kann dann nach kurzer Pause, und dies mehrmals, neu beginnen. Eine geistige Beanspruchung zeitlich zu überziehen stört den Lernprozess. Es ist zulässig, während einer ersten Lernphase auf der bequemen Hand zu bleiben und erst dann, wenn das gegenseitige Verständnis genügend etabliert ist, die unbequeme Seite vorzunehmen.

Die Symmetrie muss gepflegt werden.

Ich beginne mit der linken Hand, weil die meisten Pferde diese anbieten. Erst mit dem erwachsenen Pferd soll man sich angewöhnen, bereits sicher erlernte Lektionen immer zuerst auf der unbequemen Hand zu reiten. So erhält man die Symmetrie besser. Sie muss gepflegt werden, Tag für Tag, sonst geht sie unweigerlich verloren.

Der Wiegeschritt, auch in der Mehrfachpirouette, schadet den Pferdebeinen nicht, solange die Remonte geschmeidig und leicht bleibt. Ganz im Gegenteil werden dabei Sehnen und Bänder gestärkt. Gefährlich in dieser Hinsicht sind gespannte, ungelenke, nicht kontrollierbare Abwehrbewegungen. Dies gilt aber nicht nur für die Remonte, sondern ebenso für das erwachsene Pferd. Jede Dauerverkrampfung bedeutet gefährlichen Verschleiß. Ein Pferd, das nach zwei Monaten Ausbildung einen lockeren Wiegeschritt oder sogar den »Piaffiertrab« regelmäßig geht, ist dagegen gut gegen anormalen Verschleiß gefeit.

ERHÖHTE MOBILITÄT DER HINTERBEINE: SCHULTERHEREIN

Vorausbemerkung: Travers und Schulterherein sind einander verwandte Lektionen. Es ist günstig, zunächst im Travers die Längsbiegung zu gewinnen. Beim energischen Zurücknehmen der Kruppe zur Bande bieten die meisten Pferde näherungsweise die Schulterherein-Stellung an.

Linke Hand: Ich lasse Dürer im kleinen Trab mit der Kruppe nach innen hereinschwenken, um ihn dann wieder zum Hufschlag

zurückzunehmen. Nach Pause mehrfache Wiederholung. Zurückschwenken unter Wirkung der linken, inneren Leine, die ich gegen den
linken Hinterschenkel anklatschen lasse. Die Schwenkbewegung
erleichtert erhabene Tritte. Sie verbessert Mobilität und Geschmeidigkeit.

Ich verlange das Hin- und Herschwenken repetierend entlang der
langen Seite und gehe hinter dem Pferd, seine Bewegung übertreibend,
hin und her. Der Hengst zeigt dabei einige Tritte, die bereits Passa-
gecharakter haben.

Auf der linken Hand tritt er mit der Kruppe nur allzu gern nach
links. Ich benütze dies, bin mir aber bewusst, dass er später daraus
eine Waffe gegen den Reiter entwickeln kann. Um dem vorzubeugen,
ist es wichtig, bald zum Schulterherein auf der linken Hand zu kommen. Ich hätte damit schon früher beginnen sollen! Das Kruppe-
Schwenken ist die Vorübung.

Nächster Tag:
Auch im Freien klappen alle Übungen, trotz Störung durch Spa-
ziergänger, erstaunlich gut. Meine Alpha-Position hat sich gefestigt.

Ich lege jetzt Wert darauf, dass Dürer immer wieder auf ver-
schiedenem Boden geht: harter Boden, Sandboden, Wasserlachen, die
spiegeln, trockener und nasser Grasboden. Hinterhergehend lege ich
jeden Tag einige Kilometer zurück.

Es geht mir darum, dem Hengst möglichst viele Seherlebnisse zu
bieten. Dazu gehört auch die Begegnung mit anderen Pferden während
der Arbeit.

Nächster Tag:
Ich habe die letzten Tage die Lektionenarbeit etwas zurück-
gestellt und Dürer in freieren Gangarten bewegt, sei es auf dem Zirkel
oder hinterherlaufend auf geraden Linien. Wenn im Trab dabei die
Leinen durchhängen können, ohne dass das Pferd schneller wird und
wegläuft, ist dies ein gutes Zeichen für beginnende Versammlung.

Schon um selbst nicht außer Atem zu kommen, lege ich immer
wieder den verkürzten Kadenztrab ein, den mir Dürer in Gelassenheit
immer wieder anbietet. Er soll erkennen, dass dieser erwünscht ist,
daher leichtes Touchieren der Hinterbeine und viel Loben – Gerte
schneller werdend. Das flinke Abfußen ist das A und O der Versammlung.

Nach weiterer Verkürzung und wenigen besonders gelungenen
Tritten Übergang in den freien Trab.

ACHTUNG: Im Freien ist es ratsamer, die Leinen in die Trensenringe einzuschnallen. Man muss dann die Leinen feinfühlig führen und darf während der Arbeit nicht vergessen, dass sie mit dem Gebiss verschnallt sind. In diesem Stadium ist es gut, wenn das Pferd die Anlehnung am Kappzaum sucht. Somit ist es nicht nur zulässig, sondern angeraten, die Leinen leicht durchhängen zu lassen und sie nur dann, wenn das Pferd eilig wird, jeweils kurz anzunehmen.

Nächster Tag:

Arbeit in der Halle. Erster Versuch: Schulterherein rechts nach vorausgegangenem Kruppe-Schwenken aus dem Rechtstravers und etablierter Längsbiegung.

Ich fürchte, dass diese Übung auf der linken Hand schwierig werden könnte, und fange daher auf der rechten an. Die Erfahrung hat mir gezeigt: Pferde, die sich im Rechtstravers schwer tun, erlernen das Schulterherein auf der rechten Hand leichter als auf der linken. Dies gilt sinngemäß auch umgekehrt.

Schritt. Die rechte Leine weist den Weg nach rechts bei gleichzeitigem Antippen des rechten Hinterschenkels. Die linke Leine verhindert das Hineinlaufen in die Bahn.

Zunächst soll der Hengst erkennen, was ich von ihm haben will. Die ersten Versuche misslingen. Ich mache nicht weiter, weil es zum Zerwürfnis kommen könnte. Er würde mich besser verstehen, wenn ich ihn einen Schritt von der Bande entfernt am Kopf führen würde. Ich würde, selbst rückwärts gehend, dabei seinen rechten Hinterschenkel touchieren. Dieses Verfahren möchte ich nur im Notfall anwenden. Es zeigt dem Pferd, wie es sich der korrekten Biegung durch Schenkelfliehen bei unzulässigem Übertreten der Hinterbeine entziehen kann. Schenkelweichen ist eine Kasernenübung, die nichts mit Dressurreiten zu tun hat.

Es ist besser, von Anfang an darauf zu achten, dass beim Schulterherein die Vorderbeine deutlich, die Hinterbeine dagegen wenig, besser gar nicht, schränken. Wenn die Schränkung hinten und vorne gleich ist, fehlt die Längsbiegung. Wer vom Schenkelweichen ausgeht, läuft Gefahr, sein Pferd falsch zu prägen. Der spätere Übergang zum Schulterherein wird voraussehbar zur Korrektur. Sie gelingt oft nicht. Das Pferd wird irritiert und unnötig belastet. Wo sonst im Sport, in der Technik, der Erziehung, der Kunst geht man noch heute bewusst vom Falschen aus, um zum Richtigen zu kommen?

Nächster Tag:

Ich benütze eine ca. 2 m lange Gerte. An ihrem Ende befestige ich ein Taschentuch. Im Schritt, zunächst im Rechtstravers, halte ich die lange Gerte schräg nach rechts oben. Der Hengst hat das Taschentuch im Auge.

Nach einigen Runden führe ich ihn mit der rechten Leine eine Kleinigkeit vom Hufschlag weg und begrenze diese Bewegung unter Mitwirkung der äusseren Leine mit der langen Gerte. Ich bringe ihr Ende ziemlich nahe an den Kopf des Hengstes. Wenn er in der Vorwärtsbewegung stockt, kleines Anklatschen beider Leinen gegen die Hinterschenkel. Der Hengst reagiert richtig. Es gelingen einige Schritte, die zwar noch nicht als »Schulterherein« bezeichnet werden können, aber doch in diese Richtung gehen. Der Hengst tritt mit dem inneren Hinterbein nur ein klein wenig über das äußere, Vorne großer Übertritt. Es gilt: Je größer der Unterschied, desto stärker die Längsbiegung! Wichtig ist zunächst, dass der Hengst mich verstanden hat und nicht mehr missverständlich vom Hufschlag weg in die Bahn hineindrängt. Der Taschentuchtrick hatte auch bei Dürer die gewünschte Wirkung! Die zuvor durch die Traversübung erzielte Längsbiegung ist jetzt in Schulterherein umgemünzt.

Nächster Tag:

Ich habe in den letzten Tagen wieder alle Lektionen hintereinander durchgenommen. Fortschritte im Schulterherein. Ich brauche die überlange Gerte nicht mehr und muss mich wegen des Taschentuchs

Links: Erstes Schulterherein auf der rechten Hand. Lange Gerte mit Taschentuch zur besseren Verständigung. Ein kleiner Zirkustrick vermeidet Missverständnis und Aufregung. So versteht der Hengst, dass er entgegen seiner Biegungsrichtung auf dem Hufschlag bleiben soll.
Rechts: Schulterherein links als Kandarenhandarbeit. Das Hereindrängen in die Bahn kann man auch durch Körperkontakt verhindern.

auch nicht mehr belächeln lassen. Auf das Kommando »Schulter« geht der Hengst mit der Schulter nach innen und bleibt mit der Hinterhand auf dem Hufschlag.

Ich habe mir vorgenommen, die Traversübungen eine Zeitlang zu vergessen. Sie könnten den Hengst verwirren, denn das »Schulterherein« ist doch die entgegengesetzte Übung. Ich folge meinem Gefühl, ohne eine theoretische Begründung geben zu können. Travers und Renvers helfen zur gebogenen Kardinallektion Schulterherein und damit zu einem Mehr an Versammlung.

Eine neue Forderung kann den Geist des Pferdes stark belasten, häufig sogar verwirren. Dabei kann es vorkommen, dass erst vor kurzem Erlerntes überdeckt und fraglich wird. In einem solchen Fall es nicht erzwingen! Was vorher schon da war, kommt wie von selbst wieder, sobald die neue Lektion »verdaut« ist.

Nächster Tag:

Erster Versuch »Schulterherein links«. Ich habe mich getäuscht. Der Hengst macht sofort mit. Auf der linken Hand fällt ihm die Schulterherein-Stellung sogar leichter als auf der rechten. Wieder ein Fragezeichen ohne einleuchtende Antwort!

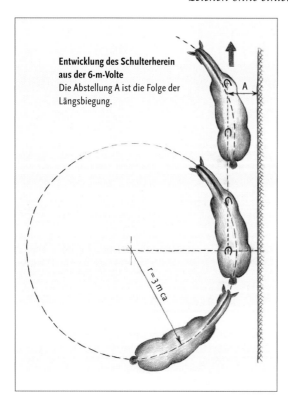

Entwicklung des Schulterherein aus der 6-m-Volte
Die Abstellung A ist die Folge der Längsbiegung.

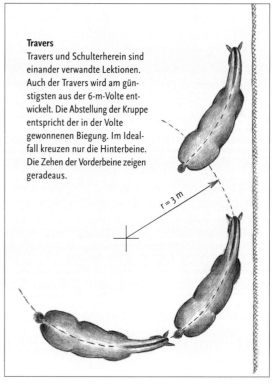

Travers
Travers und Schulterherein sind einander verwandte Lektionen. Auch der Travers wird am günstigsten aus der 6-m-Volte entwickelt. Die Abstellung der Kruppe entspricht der in der Volte gewonnenen Biegung. Im Idealfall kreuzen nur die Hinterbeine. Die Zehen der Vorderbeine zeigen geradeaus.

Ich habe schon einige Pferde an der Hand ausgebildet. Die Über-
raschungen werden dennoch nicht weniger.

Nächster Tag:

Schulterherein links und rechts gefestigt; gelingt jetzt auch im
Arbeitstrab. Schulterherein ist wohl die wichtigste Übung, um Ver-
sammlung, Geschmeidigkeit und Kadenz zu gewinnen. Wichtiger als
der Travers, aber deutlich schwieriger. Ich achte jetzt noch mehr dar-
auf, dass die Hinterbeine eng aneinander vorbeigehen. Die Zehen
müssen auf die Linie des Hufschlags gerichtet sein. Von hinten muss es
so aussehen, als ob die Hinterbeine normal geradeaus gehen würden.
Ich komme diesem Ziel langsam näher, indem ich die Abstellung der
Schulter verringere und mehr meine eigene Grundregel respektiere,
dass das Maß der Abstellung die Längsbiegung sein soll.

Für eine gute Ausführung müssen die Hüften des Pferdes recht-
winklig zur Bande gestellt sein. Die Biegung soll am Becken beginnen
und gleichmäßig durch den Pferdekörper gehen, vom Becken bis zu
den Ohren (siehe Skizze Seite 88).

Ich achte darauf, dass Dürer nicht zu sehr nach innen gestellt
ist. Eine mäßige Verkürzung des inneren Oberzügels genügt. Dieser ist
in den inneren Ring des Kappzaumes eingeschnallt. Der äußere soll
locker sein. Es gilt dem entgegenzuwirken, dass das Pferd beim Schul-
terherein nur den Hals ab dem Widerrist nach innen schwenkt, aber
ansonsten gerade bleibt. Dies wäre ein grober Fehler. Ein solches
»Schulterherein« wäre für die weitere Ausbildung geradezu schädlich.

Die Probe für die korrekte Ausführung der Übung ist einfach:
Wenn die hinteren Zehen geradeaus weisen, die vorderen dagegen
nach innen, dann stimmt die Längsbiegung!

Ich nehme mir vor, in den nächsten Wochen das Schulterherein
im Schritt und im Trab in den Vordergrund zu stellen. Ein Pferd, das
Schulterherein vollendet geht und gelernt hat zu piaffieren, ist ganz in
die Hand des Reiters gestellt. Ihm werden, von dieser Grundlage aus-
gehend, alle übrigen Lektionen in den Schoß fallen!

Die Empfehlung, den äußeren Kappzaum-Oberzügel durchhängen zu lassen, hängt mit der Wirkungsweise des Kappzaums
zusammen. Sein gepolsterter Nasenriemen umfasst den Beginn
der Pferdenase fest und formschlüssig. Meine Erfahrung finde
ich in Ridinger-Stichen bestätigt. Die alten Meister wandten den
Kappzaum meistens nur einseitig zur Bearbeitung der schwierigeren Seite an. Hierauf sei wegen der Bedeutung des Punktes
noch einmal hingewiesen (siehe Abbildung Seite 77).

HANDARBEIT AUF KANDARE

Schon vor dem ersten Reiten, wenigstens aber im ersten Jahr, sollte das Pferd mit der Kandare vertraut gemacht werden.

Man beginnt mit Übungen in der Stallgasse. Wichtig ist, schon beim ersten Mal ein Kandarengebiss zu benützen, das genau passt. Die Stange darf nur 5-8 Millimeter breiter sein als das Pferdemaul. Wenn die Stange zu lang ist und einseitig oder beidseitig zu weit aus der Maulspalte herausragt, kommt es zu leicht zu Verkantungen und Seitenverschiebungen. Wichtig ist aber, dass die Mitte der Zungenfreiheit genau über der Mitte der Zunge liegt. Eine einseitig verschobene Zungenfreiheit bereitet dem Pferd Schmerzen. Es versucht auszuweichen und stellt den Kopf schief. Auch die Wirkung der Kinnkette ist bei zu langer Stange verschärft und wird beim kleinsten Handfehler asymmetrisch.

Jedes Pferdemaul ist anders. Der Ausbilder muss dem Pferd ins Maul hineinsehen, bevor die Kinnkette angelegt ist, und sich davon überzeugen, dass die Zunge in der Ausnehmung der Kandare genügend Platz hat. Auf keinen Fall darf die Ausnehmung zu breit sein und über die Laden hinausreichen. Diese werden sonst unkalkulierbar belastet.

Es gibt Stangengebisse mit abruptem Übergang der Zungenfreiheit. Diese sollte man bei engem Ladenabstand nicht verwenden. Schon beim kleinsten Handfehler reitet die Stange mit

A: Heute übliches Kandarengebiss, Unterbaum 7 cm
B: Kandarengebiss entsprechend HSH, Unterbaum auf 10 cm verlängert, für Führung mit 2 Fingern der linken Hand.
C: Kandarenstange für Pferde mit breiter Zunge und schmalem Zungenkanal. Zunge hat die Tendenz, die Laden zu überdecken. Unterbaum 10 cm.
D: So nicht! Übergang der Zungenfreiheit kantig. Schon bei geringer seitlicher Verlagerung »reitet« die Kante auf einer Lade.

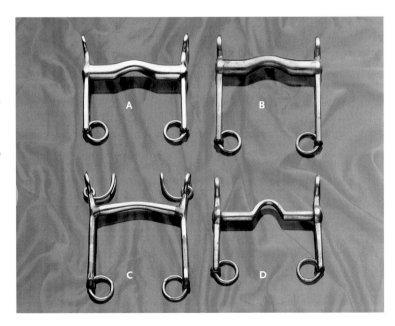

der Kante auf der Lade. Ich bevorzuge Stangen mit weichem Übergang der Zungenfreiheit

Auf die Laden sollen die geraden Partien links und rechts neben der Zungenfreiheit wirken. Je eindeutiger die diesbezüglichen Verhältnisse, desto besser! Die Unterlegtrense – sie ist die erste Geige! – soll ziemlich hoch liegen, so dass sich an den Maulwinkeln eine Falte bildet. Diese tut nicht weh.

Es darf nicht sein, dass das Gelenk der Unterlegtrense bei angenommenen Zügeln mit der Stange kollidiert! In der Regel ist es am günstigsten, wenn die Stange in der Höhe der Kinnkettengrube liegt. Die Kinnkette wird beim sensiblen Pferd nicht sogleich eingehängt.

▸ Links an der Schulter des Pferdes stehend, nehme ich die Zügel zunächst in 2:2-Führung auf. Die Kandarenzügel halte ich nur mit Mittelfinger und Zeigefinger. Die Trensenzügel gehen um alle vier Finger herum. Die Kraft von zwei Fingern ist ausreichend, um die Kandare genügend zur Wirkung zu bringen. Bei besonders sensiblen Pferden genügt der Zeigefinger. Meine Hände liegen links und rechts vom Widerrist. Ich nehme beide Zügelpaare an und lasse besonders die Kandarenzügel ruhig anstehen. Dann gilt es geduldig zuzuwarten, bis das Pferd sich von selbst abstößt und den Hals rund macht. In diesem Moment müssen die Hände ganz leicht werden und ein klein wenig spielen. Ausgiebig loben!

▸ Nächste Übung: Die mittellange Gerte, ca. 90 cm, in die rechte Zügelhand. Bei angenommenen Zügeln tippt man gegen die spätere Schenkellage. Stimme: »Lang, lang, lang«. So die Halsdehnung nach tief unten wiederholt verlangen. Sobald die Nase in der Nähe des Bodens ist, die Zügel ganz freigeben und Hafer anbieten. Beim Strecken des Halses mit beiden Händen mitgehen (siehe Seite 49, 51 und 96).

Alles, was für diese Übung auf Trense bzw. mit Stallhalfter gesagt wurde, gilt auch für die Kandare. Das Pferd soll verstehen, dass sein Nachgeben das Leichtwerden der Reiterhand zur Folge hat. Dies ist das A und O der HSH-Frühprägung.

Das A und O der HSH-Frühprägung

In den nächsten Tagen lässt man sich wieder und wieder unter Gertenaufforderung die Zügel aus der Hand kauen. Dann kann man dazu übergehen, das Nachgeben durch kleine, spielerische Zügelanzüge zu fordern. Die schnell repetierend tippende Gerte hilft bei Bedarf nach.

Schon kurze Zeit danach, sobald das Nachgeben in der vertikalen Ebene gesichert ist, gehe ich dazu über, auch seitliche Biegungen zu verlangen. Bei der Biegung nach links gehen beide

Kandarenarbeit im Stehen: Noch bevor das Pferd geritten wird, wird es mit dem Stangengebiss vertraut gemacht. Es lernt: Wenn ich nachgebe, gibt die Reiterhand nach.

Der Hengst lernt, dem einseitigen Anzug der Trense nachzugeben. Je geringer hierbei die Zügelspannung, desto besser.

Immer wieder das obligatorische Zügel-aus-der Hand-kauen-lassen. Die Remonte darf dabei mit der Stirnlinie hinter der Senkrechten sein. Wichtig ist der entspannte Halsbogen. Auslösung durch tippende Gerte gegen eine vereinbarte Stelle.

Zügelhände nach rechts; bei der Biegung nach rechts entsprechend nach links.

▸ Dann auf die 3:1-Führung übergehen. Damit nicht lange zuwarten! Wenn das Pferd die seitliche Biegung nicht annehmen will, diese zunächst ohne Kandarenwirkung mit der Unterlegtrense allein fordern. Die richtige Reaktion des Pferdes hängt einzig von der Geduld des Ausbilders ab. Ich habe noch kein Pferd erlebt, das nicht nach wenigen Minuten mitgemacht hat. Für diese Übungen braucht man ca. 5 Minuten am Tag. Sobald das Pferd auf Kandare sicher nachgibt, beginne ich mit der Handarbeit auf Kandare in der Bahn.

▸ Die Aufstellung erfolgt an bekannter Stelle, linke Hand. Der Reiter steht neben dem Pferd in Höhe des Sattels. Seine rechte Hand stützt sich auf diesem oder, bei nicht gesatteltem Pferd, auf der entsprechenden Stelle des Rückens ab. Sie hält alle vier Zügel – leicht durchhängend, die Gerte in der Linken. Mit ihr und der Stimme fordert er sein Pferd zum Gehen auf.

So legt man eine oder bei Nervosität des Pferdes einige Runden im Schritt zurück. Weder das Trensengebiss noch die Stange anstehen lassen, »Girlandenzügel«!

▸ Danach, beim nächsten Stehen, nimmt man die Gerte, wie in der Stallgasse bereits praktiziert, in die rechte Hand. So werden wieder eine oder zwei Runden zurückgelegt. Kommando mit Stimme und Gerte. Zügel immer noch als Girlande. Nur wenn das Pferd nach innen drängt, den äußeren Trensenzügel ein wenig wirken lassen.

▸ Dann: Wieder das ruhige Stehen an gewohnter Stelle und die Zügel aufnehmen. Nicht zu vorsichtig und zimperlich, genau so, wie es bereits in der Stallgasse praktiziert wurde. Bei Gegendruck reagiert man durch schnell repetierendes Touchieren der Gerte, nicht zu weit weg vom Bereich der Schenkellage.

Hierbei ist es günstiger, die Zügel in 2:2-Führung in beiden Händen zu halten. Die linke Hand darf anfänglich etwas tiefer sein. Mit der rechten wie gewohnt touchieren. Eine geringe Beizäumung mit tiefem Genick fordern. Dann mit der Gerte bei gleichzeitigem Kommando »Scheeritt!« etwas energischer werden. Zwei, drei nicht zu harte Schläge genügen, um das Pferd antreten zu lassen.

Der Reiter hat Körperkontakt mit dem Pferd. So werden einige Runden zurückgelegt. Wenn es gegen das Gebiss drückt, sogleich das Nachgeben mit der Gerte und Stimme verlangen. Falls es hinter den Zügel geht, aber dennoch fleißig genug vorwärts schreitet – dies zunächst hinnehmen. Allenfalls etwas mehr treiben.

Versionen der Kandaren-Handarbeit

Die im weiteren Verlauf der Frühausbildung immer wieder eingeschobene Kandaren-Handarbeit hilft entscheidend mit, dem Pferd die französische »Légèreté« zur Gewohnheit zu machen. Sie fängt im Maul an und findet ihren Ausdruck im schwingenden Rücken, der die Bewegung der Gliedmaßen geschmeidig und leicht macht. Im Maul fängt alles Gute an; leider aber auch alles Schlechte!
Einige Abbildungen mögen besser als Worte die Ziel-richtung der HSH-Kandaren-Arbeit widerspiegeln.

Oben: Zügelführung bei besonders feinfühligen Pferden. Die rechte, sich auf dem Pferderücken abstützende Hand ist sicher und ruhig. Das »Feinmachen« des Pferdemauls geschieht, indem man den Kandarenzügel nur mit dem Zeigefinger der rechten Hand hält. Ein weiteres Verständi-gungszeichen ist das leichte Antippen mit der Gerte gegen die Schulter oder an der Schenkellage, so lange, bis das Pferd nicht mehr drückt und im Maul leicht wird; dann vibriert und spielt der Zeigefinger. Die Trensenzügel sind in der Gertenhand. Die Kandarenhand hat nachgegeben, so weitgehend, dass das Pferd allein am Trensengebiss geht. Das Stangengebiss darf nicht oder kaum wirken, solange die Beizäumung genügt oder wie hier überbetont ist. Die Stirnlinie ist hinter der Senkrechten. Solange das Gesamt-bild stimmt, ist dies bei der HSH-Arbeit des jungen, noch ungerittenen Pferdes eher von Vorteil.

Mitte: Schritt bei alleiniger Wirkung des Kandarengebisses, welches das Pferd als »Grenze« der Beizäumung versteht. Im Idealfall hängt auch der Kandarenzügel eine Kleinigkeit durch. Auch dann spürt das Maul die Reiterhand.

Unten: Kleiner Trab. Um besser mitgehen zu können, kann man hierbei die Kandarenzügel mit der linken Hand – so wie später vom Sattel aus – führen. Die rechte hält die Trensenzügel. Sie sollen vorherrschen. Die Gerte treibt nach Bedarf, vorzugsweise dort, wo später der Reiterschenkel liegt.

Schritt mit »Girlandenzügel«! Die Schritte entlang der langen Seite zählen. Nicht mit der aufgesessenen Arbeit beginnen, bevor nicht die individuelle minimale Schrittzahl erreicht ist! Nach 1-jähriger Handarbeit ist der Remonte die Kandare nichts Neues. Sie lässt auf Verlangen den Hals in gleicher Weise fallen wie bei der Handarbeit auf Trense.

Nach einigen Tagen geht der Reiter neben der Kruppe, alle vier Zügel in der rechten Hand, die auf dem Sattelkranz oder bei genügend langem Zügel auf der Kruppe aufliegt. Gerte jetzt in der linken Hand. Immer wieder das beigezäumte Pferd – die Kandare darf jetzt kurzzeitig anstehen – mit Stimme antreten lassen. Die Gerte tippt dabei gegen die Schulter. Dies wird sofort verstanden.

So absolviert man dann und wann, unabhängig von der normalen Handarbeit, einige Runden im Schritt. Nach jeder Reprise bei vorgehender rechter Hand die Zügel aus der Hand kauen lassen. Stimme: »Lang, lang, lang!« Bis jetzt spielt sich alles auf der linken Hand ab. Erst später gibt es auch bei der Handarbeit auf Kandare den obligatorischen Handwechsel.

Wozu dient diese Übung?

Das Nachgeben, wie es in der Stallgasse gelehrt wurde, ist wichtigstes Ziel der Frühprägung. Dieses Verhaltensmuster muss dem Pferd in Fleisch und Blut übergegangen sein, bevor der Ausbilder es erstmalig besteigt und reitet. Später, beim Lehren der Passage, ist es von Vorteil, wenn der Reiter neben der Kruppe, sich gegen diese anlehnend, gehen kann. Daran sollte man das Pferd schon möglichst früh gewöhnen.

Diese Kandaren-Übungen brauchen nicht den breiten Raum einzunehmen, wie dies früher in Frankreich praktiziert wurde. Es ist aber angezeigt, die Handarbeit auf Kandare wenigstens so lange zu verfolgen, bis das Pferd in den folgenden Übungsvarianten gefestigt ist:

▪ Vertikale Biegung, Kopf in der Senkrechten – 1. Reaktion unter Mitwirkung der Stange, 2. Reaktion auf die Stange allein ohne Mitwirkung der Trense. Diese Übungen im Stehen und im Trab!

▪ Seitliche Biegungen im Stehen nach links und rechts bei entspannter Außenseite des Halses und umgekipptem Mähnenkamm. Abweichung der gedachten Ohrenachse von der Geradeausstellung ca. 45°. Dies bei gleichsinniger Stellung des Stangengebisses. Dieses passt sich an. Einleitung durch die Unterlegtrense. Diese Übung ist dem Pferd nicht ganz neu. Es kennt sie von der früheren Kappzaumarbeit her (siehe Seite 37).

▪ Zügel aus der Hand kauen lassen im Stehen. Ausgehend vom geraden Hals sowie vom seitlich gebogenen Hals – wie oben.

»Gefestigt« heißt, dass das Pferd keinerlei Widerstand leistet und schon bei sanfter Aufforderung augenblicklich nachgibt.

Ein so vorbereitetes Pferd wird sich später beim Reiten kaum verkanten und auch nicht aus Nervosität und Ängstlichkeit die Zunge hochziehen. Die Kandarenarbeit ohne Reitergewicht zahlt sich aus. Es genügen kurze Reprisen von 5 bis maximal 10 Minuten. Die Devise lautet: Wenig, aber oft.

Die Devise lautet:
Wenig, aber oft.

GALOPP-PIROUETTE

Trab an der Longe gibt es jetzt kaum mehr. Ich bin ohnehin nie der sich nur um seine Achse drehende Mittelpunkt des Kreises gewesen und habe mich lieber auf kleinerem Radius als mitmachender Spielpartner mitbewegt und dabei dem Pferd auch die Möglichkeit gegeben, sich mit meiner Gestik vertraut zu machen. Es genügen jetzt – unter Berücksichtigung des Koppelgangs – für die körperliche Auslastung die Trabreprisen der eigentlichen Handarbeit. Nach dieser lasse ich Dürer jeweils 5 Minuten auf der linken und rechten Hand galoppieren, wobei ich mehrmals den Zirkel verkleinere. Dicht innen an der Kruppe galoppiere ich mit.

Den Kappzaum verwende ich nun im Wechsel mit der Trense. Dürers seitliche Halsbiegung ist jetzt nach beiden Seiten nahezu korrekt. Er legt sich nicht mehr einseitig aufs Gebiss. Dank des Kappzaumes hat er schnell gelernt, die äußere Halsseite zu dehnen. Ich gehe nun daran, die Aufrichtung zu verbessern und verkürzten Galopp zu verlangen.

Das Antippen des inneren Hinterbeines im Takt der Bewegung wird vom Pferd sogleich verstanden. Voraussetzung für diese Art der Gymnastizierung ist ein gutes Vertrauensverhältnis zwischen Pferd und Lehrer. Er soll so bald wie möglich die Zirkelmitte verlassen und dicht an der Hinterhand seines Pferdes agieren.

Sobald das Pferd gelernt hat, seine Hanken vermehrt zu beugen, und ihm dies zur zweiten Gewohnheit geworden ist, wird sich die höhere Haltung von Kopf und Hals wie von selbst einstellen. Ich werde dann den Unterzügel länger einstellen und später sogar ganz entfallen lassen. Er ist der Notbehelf des Anfangs. Formalisten werden diesem Bild nicht zustimmen. Sie lassen jedoch die schmerzfreie Wirkung des Kappzaums außer Acht. Mit ihm ist frühes Formen nach dem Maß des Pferdes statthaft, nicht aber mit einem wie auch immer gearteten Gebiss.

Galopp mit langem, tiefem Hals, wie man ihn zuweilen an der Longe vorgeführt bekommt, vermeide ich. Er bringt keinen Fortschritt und sieht nicht gut aus. Warum sollte man, wenn man doch ein konträres Ziel anstrebt, das junge Pferd auf die Vorhand bringen? Das Pferd soll in allen Stadien der Ausbildung auch für das Auge des Nichtfachmanns schön sein. Der tief nach unten gedehnte, lange Hals bedeutet besonders im Galopp eine erhebliche Mehrbelastung der Vorhand. Dass diese Haltung mit Reitergewicht heute da und dort rundenlang und dies monatelang im besten Glauben praktiziert wird, sollte den modernen Ausbilder nicht davon abhalten, kritische Überlegungen anzustellen.

In den zahlreichen Fachzeitschriften gibt es immer wieder gute Momentaufnahmen der vorderen Einbeinstütze im Galopp. Die extrem durchgedrückten Fesselköpfe sprechen für sich. Sie zeigen den Einfluss des Reitergewichts. Man sollte sich niemals unbedacht der Meinung der Mehrheit anschließen. Sie ist auf künstlerischen Gebieten meistens falsch.

Die Voraussetzung für die Galopp-Pirouette ist, dass das Pferd die Schritt-Mehrfachpirouette wenigstens bis zum Wiegeschritt gehend perfekt beherrscht. Ideale Ausgangsbasis wäre die Pirouette in der Piaffe.

Erste Stufe:

▸   Das Pferd an der Hand auf dem Zirkel – ca. 16 m Durchmesser – an die Doppellonge nehmen. Vorteilhaft ist beispielsweise ein mit einer 1 m hohen Holzumzäunung umrandeter Zirkel.

Der gleiche Hengst vier Monate später. Die »Kanonenkugel« (siehe Seite 214) hat sich gedreht! Die gebeugten Hinterbeine sind geübt, Last aufzunehmen. Vorhand und Halsung sind entsprechend angehoben.
Es gibt drei Kreise:
a) der kleine Kreis der Hinterbeine des Pferdes,
b) der große der Vorderbeine,
c) der des Ausbilders.
Das Pferd stellt sich bei kaum wirksamen Leinenhilfen auf den Kreis des Tanzpartners ein. Wenn dieser den Radius verringert, springt das Pferd die Pirouette kleiner; die Kreise sollen »atmen«.

Der Reiter steht nahe am Pferd. Die äußere Leine ist im Sattelgurt dicht unter dem Sattelblatt eingeschnallt. Die mittellange Touchiergerte in der Hand der äußeren Leine. Das Pferd genügend kurz ausgebunden, der zum Kappzaum gehende Oberzügel herrscht vor. Der Unterzügel – zur Trense gehend – begrenzt die Aufrichtung (siehe Seite 37).

▶ Den Schritt verkürzen, möglichst bis zum Wiegeschritt. Das Pferd immer wieder zum Stehen durchparieren. Bei falschem Stand Hinterbein touchieren. Extreme Aufmerksamkeit verlangen.

▶ Nach 5 Minuten Kommando zum Angaloppieren, zuerst mehrmals aus dem Schritt, dann aus dem Stehen. Immer nur wenige Galoppsprünge zulassen. Gegebenenfalls zweite Gerte in die Hand der inneren Leine. Bei manchen sehr eifrigen Pferden kann die von hinten treibende Gerte anfänglich entfallen.

Beim Durchparieren die innere, genügend lange Gerte vor die Brust des Pferdes quergestellt, bis zur Umzäunung hinreichend, in ca. 1 m Abstand von der Brust. Diese Geste sollte das Pferd schon von früheren Halteübungen kennen; ansonsten ist dies als Übung aus dem Schritt nachzuholen.

Immer nur wenige Galoppsprünge verlangen. Damit der Galopp gesetzter wird, soll das Pferd viel angaloppieren. Der erste Galoppsprung bringt am meisten, ist aber für ein junges Pferd anstrengend. Ich hüte mich daher beim ersten Probieren, diese Lektion oft zu repetieren. Bei jeder Tagesreprise einmal mehr angaloppieren genügt. Wird das Pferd unruhig, lässt man es vor dem nächsten Angaloppieren etwas länger stehen und bietet Hafer an. Nach vier Wochen langsamer Steigerung darf man getrost sein Pferd auf jeder Hand ein Dutzend Mal anspringen lassen.

Ziel: Einige wenige sehr gesetzte Galoppsprünge zwischen zwei ganzen Paraden. Bei manchen Pferden ist bei dieser vorbereitenden Übung die äußere Leine nicht erforderlich. Diese hat den Zweck, durch wechselnde Anlage gegen die Unterschenkel die Hinterbeine heranzuhalten. Besonders das innere soll weit vorschwingen; Dauer der Reprise max. 10 Minuten.

Bei Nervosität kleine Schrittpause einlegen und zum Kappzaum zurückkehren. Mit ihm kann man mehr Beizäumung und Seitenbiegung verlangen, ohne befürchten zu müssen, dass die Nerven flattern und Verspannung eintritt.

Die nächsten Tage:
▸   Das Gleiche wiederholen: Die Anzahl der Galoppsprünge von Mal zu Mal vergrößern. Dies entlang der Umzäumung.

ACHTUNG: Nur so viele Sprünge zulassen, wie sie das Pferd in gesetzter Haltung ausführen kann. Auf die Beugung der »Hanken« kommt es an.

▸   Zum Schluss das Pferd in die kleine Volte nehmen. Jetzt muss die äußere Leine auch verwahren. Bei Nervosität wieder auf den großen Zirkel gehen. Das Wichtigste bei diesen Reprisen ist der ruhige, gesetzte Galoppsprung. Beim Durchparieren darf das Pferd vor dem Stehen kurz im Schritt gehen.

Die nächsten Tage:
▸   Das Pferd im Galopp in die 8-m-Volte nehmen. Jetzt mit mehr Innenstellung, den inneren Oberzügel mehr als sonst verkürzen. Mit der äußeren Leine den Travers-Galopp verlangen. Es ist gut, wenn man dabei die innere Leine kaum braucht. Sie soll durchhängen. Die Volte immer wieder bis zur Umzäunung vergrößern. Das Pferd an dieser im Travers entlang galoppieren lassen.
▸   Dann wieder den Zirkel verkleinern. Der Reiter geht dicht am inneren Hinterschenkel. Die äußere Hand immer wieder auf die Kruppe legen. Mit ihr den Takt durch auf- und abschwellenden Druck bestimmen. Dabei mit dem Pferd sprechen. Loben und wieder loben bei jedem guten Ansatz.

Mit der schlechteren Seite beginnen. Einmal die Hand wechseln genügt. Die Gesamtreprise muss – Schrittpausen nicht gerechnet – in längstens 15 Minuten beendet sein.

Die nächsten Tage:

▸ Falls noch nicht gesichert, die Reprisen der Vortage wiederholen.

▸ Wieder und wieder das ruhige Angaloppieren aus dem Schritt und später aus dem Stehen üben. Besonders bei Pferden, die eine extrem gute Trabveranlagung haben, kann es sein, dass die beschriebene Vorbereitung für die Galopp-Pirouette über mehrere Wochen ausgedehnt werden muss. Bei Nervosität alle anderen Lektionen fallen lassen und dafür spazieren gehen.

Nächste Phase:

Mit der eigentlichen Pirouettenarbeit anfangen. Der Boden darf nicht tief sein. Das Pferd gut nach innen stellen. Kappzaum. Zu Anfang soll der innere Zügel vorherrschen.

▸ Mit dem Traversgalopp der Umzäunung entlang beginnen. Dann im Schritt in die Mitte des Zirkels gehen – Mehrfachpirouette, größer als sonst.

Linke Hand. Ich stehe hinter der Kruppe des Pferdes. Die äußere Leine umhüllt den äußeren Schenkel. Meine rechte Hand – mit Gerte ist nahe hinter der Kruppe. Die Leine der linken Hand geht geradlinig zum inneren Trensenring. Nach einigen guten Pirouetteschritten gebe ich mit Stimme und Gestik das Kommando zum Galopp. Der Ausbilder soll auch galoppieren. Es wird dann bald so weit kommen, dass das Pferd allein auf die Gestik anspricht. Es gelingen mehrmals 3 bis 4 Pirouetten-Galoppsprünge.

Verkleinerter Kreis des Ausbilders und des Pferdes, nahe der Pirouette. Nach guter gegenseitiger Abstimmung kann man dazu übergehen, beide Leinen in eine Hand zu nehmen, um mit der anderen besser touchieren zu können. Bei geringer Umschlingung der Außenleine um den äußeren Hinterschenkel darf diese ausnahmsweise in den äußeren Trensenring eingeschnallt sein. So bleibt das Pferd besser auf dem kleinen Kreis.

Auf der rechten Hand ist Dürer noch unbeholfen. Ich lasse ihn selbst probieren. Er reagiert willig, und darauf kommt es an! Ich insistiere nicht. Einmal hat er richtig angesetzt, das genügt!

Früher hätte ich versucht, mich durchzusetzen und hätte weitergemacht, um auch rechts einige Pirouettensprünge zu bekommen. Heute bin ich schon mit einem ansatzweisen Versuch zufrieden, weil ich weiß, dass Dürer vielleicht schon morgen wie von selbst die Aufgabe meistern wird. Immer wenn es um die Nerven geht, ist Warten der beste Helfer!

Immer wenn es um die Nerven geht, ist Warten der beste Helfer!

In jeder Arbeitsstunde habe ich 5 bis 10 Minuten Zeit, ein heißes Eisen anzupacken. Was darüber hinausgeht, schadet.

▶   Am nächsten Tag gleiche Übung auf der linken Hand. Dann wieder den Kurzversuch auf der rechten. Dürer bemüht sich, zweimal klappt es ganz gut. Der Hengst setzt gut zur Pirouette an, wird aber wieder nervös. Es wäre falsch, weiterzumachen.

Die ersten Pirouettenversuche im Galopp können ein sensibles Pferd nervlich stark belasten. Daher sollte man auf keinen Fall den Erfolg erzwingen wollen. Wer ungeduldig ist und Zeit hat, darf aber mit gutem Gewissen sein Pferd ein zweites oder sogar ein drittes Mal an einem Tag zur Wiederholung aus dem Stall oder – noch besser – von der Koppel holen. Die Kurzübung sofort beenden, wenn das Pferd auch nur eine erste gute Bewegung zeigt.

Mit verschiedenen Pferden habe ich erlebt, dass sie nach wenigen Reprisen mit bescheidenem Erfolg mit einem Schlag in der Lage waren, erstaunlich gut zu pirouettieren, allerdings auf einem noch relativ großen Durchmesser.

Lieber groß und dafür gut gesprungen

In diesem Stadium sollte man sich nicht darum bemühen, schon eine kleine Pirouette zu bekommen. Lieber groß und dafür gut gesprungen. Bei zu frühem Verkleinern besteht die Gefahr, dass das Pferd zu sehr in den Vierschlag kommt; es lernt eine Erleichterung, die nicht gut aussieht – den so häufig auf Turnieren vorgeführten »Humpelgalopp«. Diesen nicht zulassen.

Auch nicht einen zu sehr verlangsamten Galopp gestatten. Bei diesem gibt es zu leicht Taktfehler, weil er mehr Kraft braucht. Lieber das Pferd etwas zu schnell repetieren lassen. Fleiß erhält den Takt und verringert die Belastungsdauer.

ACHTUNG: Fleiß heißt hierbei auch geringer Winkelgewinn pro Sprung. 5 Galoppsprünge für eine Umdrehung sind das Minimum. Besser auf 6 kommen!

In der ersten Lernphase zeigt sich bei den meisten Pferden eine betonte Einseitigkeit, selbst bei bester Vorbereitung. Dies ist kein Grund, besorgt zu sein. Die anfänglich schlechte Seite wird im Laufe der Zeit in der Regel zur »Schokoladenseite«. Hierfür habe ich noch keine schlüssige Erklärung gefunden.

Für die Pirouette an der Hand braucht man in der Hand der äußeren Leine einen ca. 50 cm langen Stock. Eine lange Gerte wäre hinderlich. Mit diesem das innere Hinterbein lebhaft machen; es takten! Dies kann auch durch Handschläge auf die Kruppe geschehen. Bei manchen Pferden helfen taktende Handschläge von hinten gegen die untere Partie des Oberschenkels.

▸ Die Pirouette immer wieder vergrößern und verkleinern und auch oval verlangen. Kurze Reprisen, viele Pausen! Zur Schulung ist die gestreckt ovale Ausführung von ganz besonderem Vorteil: Das Pferd lernt, wie es mit Geschick in die Pirouette hinein und wieder herauskommt. Hauptsächlich der letztere Übergang sollte frühzeitig »geprägt« werden. Manche Pferde habe mit diesem Probleme!

Große Pirouette. Die Reiterin verzichtet bewusst auf Hilfengebung und bemüht sich nur, nicht zu stören. Das Pferd hält sich noch an den Bodenpartner. Er fungiert als Animator und Taktgeber durch Anschlagen mit der Hand gegen den Innenschenkel des Hengstes.

SPANISCHER SCHRITT

Der Spanische Schritt ist als Dressurlektion umstritten. Wenigstens muss man sehen, dass er nicht zur Versammlung beiträgt. Darf ich diese Lektion verdammen, ohne eigene Erfahrungen gemacht zu haben?

Ich bin mit Dürer schneller voran gekommen als mit anderen Pferden. Um Rucken und Gelenke zu schonen, möchte ich erst Ende

Dezember mit dem Reiten beginnen. Weshalb dann nicht eine zusätzliche Lektion einfügen? Spielerisch habe ich heute damit begonnen.

Ich hebe mehrmals hintereinander das linke Vorderbein des Hengstes nach vorne an. Dabei umgreife ich mit der linken Hand, vor Dürer stehend, die Röhre unterhalb des Vorderfußwurzelgelenkes. Ich ziehe das Bein möglichst weit nach vorne heraus, wobei meine Hand bis zum Fesselkopf gleitet. Bei erhobenem Bein lobe ich ihn.

Dann, nach einer zur Ablenkung eingeschalteten Piaffe-Vorwärts-Lektion Wiederholung mit kurzer Gerte in der rechten Hand. Beim neuerlichen Anheben des Beines mehrfaches Touchieren der Schulter. Der Hengst ist dabei ausgebunden. Kurzer Oberzügel, Unterzügel etwas länger als sonst. Um das Vorderbein besser anheben zu können, ist eine hohe Aufrichtung günstig.

Schon bei der dritten Reprise – noch am gleichen Tag – spielt Dürer mit. Er hebt beim Touchieren der Schulter das Bein an, bevor ich mit der Hand richtig zufasse. Er kommt mir zuvor. Ich lobe ihn!

Nächster Tag:

In den nächsten vier Tagen übe ich die neue Lektion aus dem verkürzten Schritt heraus. Ich gehe in Schulterhöhe neben dem Hengst. Einen kurzen Führungszügel habe ich in den mittleren Ring des Kapp-

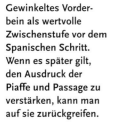

Gewinkeltes Vorderbein als wertvolle Zwischenstufe vor dem Spanischen Schritt. Wenn es später gilt, den Ausdruck der Piaffe und Passage zu verstärken, kann man auf sie zurückgreifen.

zaumes eingeschnallt. Ich halte ihn ganz kurz gefasst mit der rechten Hand ganz nahe am Pferdekopf. Kurze Gerte in der linken Hand.

Kurzes Antippen gegen die linke Schulter genau im Moment des Abfußens. Ich stelle gleichzeitig mit der Zügelhand den Kopf des Hengstes nach rechts. Die linke Schulter wird dadurch entlastet. Nachdem der Hengst 3- bis 4-mal meine Hilfe befolgend das linke Bein angehoben hat, bringe ich ihn in den Stall zurück. Ich lasse ihn gesattelt, nur die Zügel sind etwas verlängert.

Nach ca. 1 Stunde Wiederholung der gleichen Prozedur, wobei ich ihn bei guter Ausführung der Übung reichlich lobe. Hengste imponieren gerne mit großen Bewegungen der Vorderbeine. So auch Dürer. Er bringt das Vorderbein bis in die Waagrechte und wiederholt die Übung x-mal unaufgefordert.

Die Abbildungen geben den weiteren Verlauf dieser Ausbildung wieder. Für die Förderung der Passage und des versammelten Trabs ist es nur von Vorteil, wenn das Pferd wahlweise auch das gewinkelte Vorderbein anbietet. Die beiden Aufnahmen zeigen, dass sich der Hengst an die Gestik seines Ausbilders hält. Wenn ich die Kniereaktion haben will, touchiere ich dazu die Schulter etwas weiter oben. Es genügt irgendein Unterschied in der Hilfengebung, den man sich einfallen lassen muss.

Spanischer Schritt, das Pferd im Gleichklang mit seinem Partner. Ein Hauch dieser Gestik lässt sich vorteilhaft auf den starken Schritt übertragen! Hierzu genügt es, bei der ersten Schulung vom Sattel aus mit der Gerte gegen die Schulter des Pferdes zu tippen. Die so vergrößerte Aktion wird bald zur guten Gewohnheit.

Nächster Tag:

Gleiches Verfahren mit dem rechten Vorderbein. Das Anheben mit der Hand war nur einmal nötig. Schon beim ersten Anticken der Gerte musste ich wegspringen, um nicht von Dürer getroffen zu werden. Ich stand zu sehr im toten Sehwinkel!

Nächster Tag:

Spanischer Schritt wie aus dem Bilderbuch! Dürer hat Freude an dieser Lektion. Sie macht ihn stolz. Keine andere hat er so schnell erlernt! Und ich bin um eine Erfahrung reicher. Der Spanische Schritt ist nicht nutzlos. Er ist eine Bereicherung und willkommene Abwechslung. Sicherlich auch geeignet, die Schulterfreiheit zu erhalten. Man muss bei dieser Übung gut auf das Vorwärts achten. Nur dann erhält man die gewünschte Gestik.

Der Spanische Schritt bringt Dürer in Hochstimmung. Nach dieser Lektion piaffiert er wie ein Weltmeister! Die deutschen Dressurheiligen sind im Unrecht, wenn sie den Spanischen Schritt belächeln. Er passt zu einem Hengst. Und was dem Pferd Freude macht, kann nicht unnatürlich sein!

Was dem Pferd Freude macht, kann nicht unnatürlich sein!

Pferde sind – so wie ihre Reiter – Stimmungen unterworfen. Wenn der Spanische Schritt geeignet ist, die Pferdelaune zu verbessern, dann ist er schon aus diesem Grund eine gute Lektion. Klassisch hin oder her – was das Pferd sagt, ist mir wichtiger!

► Fazit der 1. Lernphase

Erziehung und Ausbildung gehören zusammen. Einem Pferd, das gegen Ende des 5. Lebensjahres ohne gute Kinderstube ist, wird dieses Manko lebenslänglich anhaften. Wenn es bis dahin dem Reiter nicht gelungen ist, sein Pferd zum Partner zu machen, wird es kaum mehr wirklich Vertrauen fassen. Was am Anfang misslingt, ist später schwerlich korrigierbar.

GEISTIGE BEANSPRUCHUNG

Fehlentwicklungen sind in den meisten Fällen vom Ausbilder verursacht. Bei extrem sensiblen Pferden sollte die beschriebene erste Ausbildungsphase länger dauern. Solche Pferde können sehr talentiert sein. Es kommt vor, dass eine hohe Begabung monatelang durch Nervosität verdeckt und kaum erkennbar ist. Oft hört man sagen: »Genie und Wahnsinn« lägen dicht beieinander. Ich füge hinzu, dass der »Wahnsinn« meistens vom Reiter hervorgerufen wird. Wer sich allerdings der Mühe unterwirft, ein sensibles Pferd ein Jahr an der Hand nach der HSH-Methode auszubilden, bevor er mit dem Reiten beginnt, wird sich wundern, wie ruhig geniale Pferde werden können.

Bei Pferden, die sich aus Mangel an Selbstvertrauen wiederholt widersetzen, ist man gezwungen, dann und wann Lernpausen einzulegen und sich damit zu begnügen, das gesichert Gewonnene zu wiederholen. Beispiel: Ein Tag in der Woche, ohne die anstehende neue Lektion zu berühren. Ich habe schon erlebt, dass ein Pferd eine Angstlektion nach krankheitsbedingten Stehtagen unvermittelt anbot und vollkommen korrekt ausführte. Die »Denkpause« war hilfreich.

Lernpausen einlegen

Bei guter Veranlagung ist es nach meiner Erfahrung von entscheidendem Vorteil, mit dem »großen Einmaleins« möglichst früh zu beginnen. Das kleine ist als Gratisgabe im großen enthalten. Diese These – es sei doppelt unterstrichen – ist vertretbar unter der harten Voraussetzung, dass sich der Reiter besonders in den ersten Jahren der Ausbildung der Mühe einer regelmäßigen Handarbeit zu Fuß unterwirft.

Gegen Ende des 2. Ausbildungsjahres sollte gemäß der HSH-Methode ein gut veranlagtes Pferd auch im Galopp so weit gefördert sein, an der Hand eine, wenn auch zu große, Pirouette ruhig zu galoppieren. Bei systematischem, schrittweisem Vorgehen sind Beinschäden nicht zu befürchten.

Oft hört man sagen, man solle seinem Pferd Zeit lassen. Ich meine, dass dies in erster Linie für die körperliche Belastung gilt. Spielerisch lernen soll das noch nicht erwachsene Pferd dagegen möglichst viel. Manche meinen, Ausbildung müsse mit viel Schweiß verbunden sein, und vergessen, dass sich auch beim Pferd das Lernen im Kopf abspielt. Der Remonte zu wenig Kopfarbeit abzuverlangen ist geradezu falsch. Die geistige Entwicklung, die in der Herde natürlich vonstatten geht, muss im Stall ihre Fortsetzung finden.

Je besser die geistigen Anlagen sind, um so wichtiger ist dies. Geistige Unterbelastung führt unweigerlich zu seelischen Defekten, oft zu Verhaltensstörungen, wenn Warnsignale nicht beachtet werden. Es ist die Pflicht des Reiters, an die Stelle des abgebrochenen Lebens in der Herde eine lebendige Partnerschaft zu setzen.

Geistige Unterbelastung führt unweigerlich zu seelischen Defekten.

Ohne Kopfarbeit – ich meine beide, das Pferd und seinen Reiter – kann sie sich nicht entwickeln. Ohne Strom kann die Lampe nicht brennen. Der Strom muss jeden Tag hin und her gehen. Je intensiver, desto besser.

Die Remonte sucht die Anlehnung an den Ausbilder. Dieser

erlangt zu Fuß schneller das Vertrauen und wird zum Spielpartner. Vom Sattel aus ist es viel schwieriger, sich beliebt zu machen. Darauf kommt es aber in erster Linie an.

Ich glaube, meine Pferde schonend und vorsichtig vorzubereiten; werden sie doch ein volles Jahr ohne die Last des Reiters an der Hand gearbeitet. Dann allerdings sitze ich auf und reite vom Fleck weg Lektionen, die üblicherweise 4-jährigen Pferden nicht abverlangt werden. Spätestens an diesem Punkt scheiden sich die Geister.

Ja, es ist richtig, einem Pferd Zeit zu lassen, aber genauso wichtig ist es, diese nicht unnütz verstreichen zu lassen. Denn »was Hänschen nicht lernt, lernt Hans nimmermehr«.

Durch Spiel die Lernfreude wecken

Die HSH-Methode geht davon aus, dass durch Spielen die Lernfreude geweckt wird. Spielen und Lernen sind in der Tierwelt sinnvoll verquickt. Für den denkenden Reiter ist diese Symbiose der Angelpunkt seiner Überlegungen. Sein wichtigstes Bestreben muss es immer sein, die Lernfreude seines Pferdes lebendig zu halten. Sie ist das A und O der Ausbildung! Wenn er darin erfolgreich ist, darf er sich manchen anderen Fehler gestatten. Man denke an den einen oder anderen Starreiter, der im Alter nicht mehr gut sitzend von seinem Pferd dennoch alles bekommt.

HSH UND DIE BEGABUNG DES PFERDES

Exterieurfehler sind mit geübten Augen leicht feststellbar. Ist aber die Lernfähigkeit und Willigkeit genauso gut wie das für gut erachtete Exterieur? Dies lässt sich beim Kauf eines Pferdes nicht sicher feststellen.

Auktionen sind aus kommerziellen Gründen unverzichtbar. Form und Modus müssten aber unter dem Aspekt der Pferdegerechtigkeit modernisiert werden. Wäre es nicht möglich, 3-jährige Pferde an der Hand oder an der Longe gehend vorzustellen und die Grundausbildung an der Hand als Voraussetzung für eine höhere Wertschätzung den Züchtern dringend nahe zu legen? Eine verfeinerte Ausbildungsmethode könnte sehr wohl den Finanzen gut tun.

Kritik an den Auktionen gibt es schon lange. Sie verstärkt sich zu Recht. Bis heute fehlt die Reaktion. Ein frühgeprägtes Pferd wäre besser zu verkaufen als eines mit nicht auszuschließenden Frühschäden. Man sehe sich auf Turnieren die Pferdebeine an. Wie oft hört man: »Dieses Überbein, diese Galle hat er schon immer gehabt, die habe ich mitgekauft.« Wie viele Pferdebeine haben schlechte Röntgenbilder, weil es beim Anreiten zu viele schlechte Momente gab? Man sollte auch die wirtschaftliche

Seite dieses Dilemmas nicht unterschätzen. Nach einigen HSH-Lernstunden kann man den Wert eines Pferdes einschätzen und seine individuellen Vorzüge im Verkaufsgespräch zur Geltung bringen. Es gibt erstaunliche Unterschiede, besonders in der Lernfähigkeit und Intelligenz.

Niemand ist vor einem Fehlkauf ganz gefeit. Ohne Glück kommt man nicht zu einem Pferd mit Grand-Prix-Veranlagung. HSH hat diesbezüglich den Vorteil, schon nach wenigen Monaten ein Pferd mit ungenügender Veranlagung erkennen und für den Hochleistungssport ausscheiden zu können. Es wäre nicht nur Zeitverschwendung, vielmehr in manchen Fällen geradezu tierquälerisch, einem ungeeigneten Pferd höhere Dressurlektionen beibringen zu wollen. Niemals sollte man einem Pferd etwas beibringen wollen, was ihm zu schwer fällt. Einem begabten Pferd darf man ohne Gewissensbisse viel, einem unbegabtem dagegen darf man nur wenig abverlangen. Auch aus wirtschaftlichen Gründen ist besonders für den Berufsreiter die Früherkennung wichtig. Der gute Kopf ist wichtiger als der Gang! Die ersten Monate Handarbeit sind wie ein Intelligenztest.

DÜRERS JAHRESBILANZ

▸ *Der Hengst wird jetzt bald 4-jährig. Er ist noch ca. 3 cm gewachsen und hat an Ausdruck und Muskulatur gewonnen. Ins Auge fällt die gut ausgebildete Sattellage. Nach einem Jahr ausschließlicher Bodenarbeit beherrscht Dürer wenigstens im Ansatz die folgenden Lektionen:*

▸ *»Nachgeben« in der Stallgasse*
▸ *Ruhiges Stehen mit geschlossenen Hinterbeinen*
▸ *Hals absenken auf Sporen- und Stimmhilfe*
▸ *Die Zügel aus der Hand kauen, alternativ ausgelöst durch:*
  die Hand, die Stimme, die Gerte
▸ *Schaukel klein und groß*
▸ *Freier Schritt mit weitem Übertritt*
▸ *Versammelter Schritt*
▸ *Wiegeschritt entlang einer langen Seite mit extrem geringem Raumgewinn*
▸ *Schrittpirouette*
▸ *Travers und Renvers im Schritt und Trab*
▸ *Zickzack-Traversale im Ansatz*
▸ *Schulterherein im Schritt und Trab*
▸ *Alle Übergänge von einer Gangart zur anderen*

- *Piaffiertrab, kleine Passage*
- *Kleine Vorwärtspiaffe – im Ansatz*
- *Im Galopp und Trab Zirkel vergrößern und verkleinern – bis zur 10-m-Volte.*
- *Kleine Tempounterschiede – »Ziehharmonika« im Trab*
- *Versammelter Galopp in der Volte*
- *Angaloppieren aus der Schrittpirouette*
- *Übergang Trab – Galopp – Trab in kurzem Wechsel*
- *Biege- und Dehnungsübungen im Stehen auf Trense und Kandare*
- *Spanischer Schritt*
- *Die Handarbeit wurde immer korrekt gesattelt durchgeführt. Somit hat sich die Gurtenfurche an der richtigen Stelle gebildet.*

Dürer hat in einem Jahr mehr gelernt als andere Pferde, die ich vorher ausgebildet habe. Er ist dennoch nervlich in guter Balance. Das Verhältnis Pferd – Ausbilder stimmt. Wegen seines Unterhalses war ich anfänglich besorgt; zu Unrecht, wie es sich jetzt zeigt. Der Hals hat sich in der gewünschten Weise gerundet. In Beizäumung tritt die Unterlinie nicht mehr nach vorne heraus. Die Ganaschen sind frei.

Ist diese Umformung das Resultat der Handarbeit? ich meine, ja. Ich habe, meinem Vorsatz treu bleibend, Dürer ein ganzes Jahr an der Hand gearbeitet und werde ihn nun zum ersten Mal reiten.

Teil II
Anreiten und begleitende Bodenarbeit

▸ Gewöhnung an das Reitergewicht

Acht Monate vorbereitende Arbeit an der Hand sind gut. Ein Jahr bringt noch mehr Sicherheit. Wer so lange durchhält, wird von seinem Pferd reichlich belohnt. Die Remonte ist nun genügend gekräftigt. Rücken und Beine einer tragenden Stute sind höher belastet, ohne Schaden zu nehmen. Man darf somit davon ausgehen, dass das Gewicht des Reiters keine Beanspruchung ist, die wesentlich über dem liegt, was die Natur »eingeplant« hat. Der Reiter sollte aber beachten, dass die zusätzliche Belastung einer Mutterstute von Null bis zum Maximum langsam in vielen Monaten anwächst. Muskeln, Sehnen und Bänder haben Zeit, sich anzupassen. Dabei verlagert sich der Schwerpunkt in Richtung Hinterhand.

Die zusätzliche Beanspruchung durch das Gewicht des Reiters erfolgt dagegen spontan von einem Tag auf den anderen. Dementsprechend muss der Reiter alle Vorsicht walten lassen, um eine bleibende Schädigung, besonders des Rückens und der Vorderbeine, zu vermeiden; je schwerer er ist, desto mehr. Durch ihn wird unweigerlich der Gesamtschwerpunkt in Richtung Vorhand verlagert.

Es ist falsch, wie so oft praktiziert, während der ersten Wochen weiter vorne zu satteln als normal. Ganz im Gegenteil sollte man von allem Anfang an darauf achten, dass sich die Sattellage genügend entfernt vom Rand des Schulterblattes bildet. Wer falsch sattelt, darf sich nicht darüber wundern, dass die Sattellage an der falschen Stelle entsteht.

Unter Beachtung dieser Gesichtspunkte ist ein sehr langsamer Übergang von der Handarbeit zum Reiten angezeigt.

Vorgehensweise als Beispiel in Stichworten:

1. Woche:	40 Min. Handarbeit, danach 5 Min. Reiten im Schritt.
2. und 3. Woche:	40 Min. Handarbeit, 10 Min. Reiten im Schritt.
4. bis 8. Woche:	30 Min. Handarbeit, 15 - 20 Min. Reiten im Schritt.
8. bis 16. Woche:	20 Min. Handarbeit, 15 Min. Reiten im Schritt, maximal 5 - 10 Min. Reiten im Trab.
4. + 5. Monat:	10 Min. Handarbeit, 15 Min. Reiten im Schritt, 15 Min. im Trab, 5 Min. im Galopp.
6., 7.+ 8. Monat:	Im Wechsel 1 Tag Handarbeit, 1 Tag Reiten: 20 Min. Schritt, 15 Min. Trab, 5 Min. Galopp.
Danach:	Handarbeit 2 x in der Woche, die anderen Tage: 20 Min. Schritt, 20 Min. Trab, 10 Min. Galopp, zwischen den Reprisen kurze Schritteinlagen.

Manche Pferde brauchen etwas mehr, andere weniger Arbeit. Es ist nicht schwierig, dies zu erkennen. Angepasste Fütterung hilft. Wenn ein Pferd zu leicht erregbar ist, die Haferration drastisch verkleiner! Dürer haben 4 kg pro Tag genügt. »Plenum venter non studet libenter« – ein voller Bauch studiert nicht gern. Gilt für Mensch und Pferd! Dann und wann einen Hungertag einlegen! Mancher Ausbilder müht sich nur deshalb vergebens, weil er seine Pferde der Mode folgend überfüttert.

Angepasste Fütterung hilft.

Das weitere Programm richtet sich nach dem Pferd. Die Handarbeit sollte man wenigstens einmal pro Woche beibehalten. Wer in dieser Weise vorgeht und die Belastung seines Pferdes in bedachten Schritten langsam steigert, wird wegen Beinschäden mit dem Tierarzt wenig zu tun haben. Es wird weder zu Gallen noch zu den Remonten-Überbeinen kommen.

Auch wenn nun die Ausbildung das Pferd mehr auslastet, soll es täglich in Gesellschaft mit anderen Pferden einige Stunden auf der Koppel verbringen. Je weniger Zeit es in der Box eingesperrt ist, desto besser.

▶ Anreiten: mit welcher Zäumung?

Ich zäume meine Pferde von Anfang an auf Kandare. Sie sind durch die Handarbeit darauf vorbereitet. Der Meinung, das Trensengebiss allein sei für das Pferd angenehmer, kann ich mich nicht anschließen. Der Prüfstandversuch bringt allzu deutlich dessen Nussknackerwirkung zu Tage. Für die Beizäumung ist das technisch bessere Instrument das Stangengebiss. Dies gilt allerdings unter der Voraussetzung der geometrisch korrekten 3:1-Führung (siehe Seite 114 und 161 ff.).

Das allein auf Trense gezäumte Pferd viele Runden lang mit Kreuz und Schenkel bei fest aushaltender Hand gegen das Gebiss zu reiten, bis es sich abstößt und nachgibt, ist keine empfehlenswerte Methode. Sie mag in der alten Reiterkaserne ihre Berechtigung gehabt haben. Ich lehne sie ab. Das gemäß HSH vom Boden aus geschulte Pferd drückt nicht gegen das Gebiss. Die sanfte Hand, der vibrierende Schenkel, allenfalls ein zusätzliches Antippen der Gerte sind Hilfen für die verlangte korrekte Kopf- und Halshaltung, die normalerweise augenblicklich befolgt werden.

Zwei Finger statt der Fäuste

Nicht zwei Reiterfäuste regieren die Kandare. Ihre Zügel werden vom Zeige- und Mittelfinger der linken Hand geführt. Und diese spielen unabhängig von den getrennt gehaltenen Trensenzügeln. Zwei Finger statt der Fäuste; dazwischen liegen Wel-

Die für das Stangengebiss geometrisch betrachtet korrekte 3:1-Führung

Von dem, was die Hand gibt, erhält das Pferd immer nur die Hälfte.

ten! Dies gilt sowohl für die Wirkung als auch für den geistigen Standort des Reiters. Hier Gewalt und Gedankenlosigkeit, da Feinabstimmung und verständnisvolle Anwendung der genialen Kombination Stange/Trense.

Der für die Handarbeit gemäß HSH vorzugsweise zusammen mit dem Kappzaum verwendete Unterzügel kommt heute vielfach als durch die Trense durchgezogener Schlaufzügel zur Anwendung. Dieser bei der Handarbeit geradezu ideale Zügel hat leider in der Hand des Reiters oft wegen der geometrisch bedingten Weg- und Kräfteverhältnisse, die selbst manchem Berufsreiter nicht geläufig sind, eine fatale Wirkung. Die nachgebende Reiterhand, das A und O des Dressurreitens, ist in Frage gestellt. Von dem, was die Hand gibt, erhält das Pferd immer nur die Hälfte. Dabei ist sie nur halb belastet. Für das Pferd dagegen bedeutet der Schlaufzügel eine Verdoppelung des Drucks auf die Laden und damit auch des Nussknackereffekts des gebrochenen Gebisses. Handparaden mit Schlaufzügel erbringen den Gehorsam des Pferdes mit großer Sicherheit. Die Kehrseite der Medaille ist aber nicht akzeptabel: Sie bedeutet Abstumpfung, Lustlosigkeit und damit die uns von französischer Seite zu Recht vorgeworfene »Mechanisierung« des Pferdes.

Beispiel: Für die Rahmenerweiterung einer Trabverstärkung gehen die Reiterhände 5 cm in Richtung Pferdemaul. Wenn der Schlaufzügel vorher unmerklich gespannt war, teilen sich dem Pferdemaul davon nur 2,5 cm mit, und der vorher die Verbindung haltende direkte Trensenzügel hängt außer Gefecht durch. Sein Weg am Trensenring beträgt 5 cm. Das Pferd kommt vom Trensenzügel auf den Schlaufzügel!

Der Reiter meint, fein zu sein, weil sich dabei die Belastung seiner Hand halbiert. Er wird sich auch allzu leicht dazu verleiten lassen, eine gewonnene Beizäumung mit ständig wirksamem Schlaufzügel erhalten zu wollen. Wenn er außerdem die Schlaufzügel unter den Trensenzügeln durch die ganze Hand durchzieht, statt diese nur mit Mittel- und Zeigefinger zu halten, ist das Unglück nicht mehr fern. Das Maul wird derb und ledern. Bald ist der Weg zur »Légèreté« verschüttet.

Die alten Meister haben ihre Pferde auch mit Schlaufzügel geritten. Zahlreiche Stiche (Ridinger!) belegen aber einen ganz wesentlichen Unterschied und stellen den Schlaufzügelreitern von heute ein bedenkliches Zeugnis aus (siehe Abbildung S. 76 und 77). Die meist einseitig angewandten Schlaufzügel waren mit einem gepolsterten Kappzaum, der bei der Ausbildung junger Pferde bevorzugt wurde, kombiniert. Er wirkte auf den Nasenrücken und nicht aufs Pferdemaul. In dem lag nur das einhändig geführte Stangengebiss, dessen Unter- und Oberbäume oft ein sanfteres Verhältnis aufwiesen als heute. Die Abbildung auf Seite 157 gibt dies wieder.

Die Frühprägung auf das Stangengebiss, selbst ohne Reitergewicht, ist nicht neu. Auch dies ist durch historische Wiedergaben belegt. Die mit zwei Fingern der gleichen Hand gehaltenen, nur leicht anstehenden Zügel sind ein gutes Indiz für angestrebte Feinheit und Leichtigkeit.

▸ Anreiten und erstes Arbeitsprogramm

Das auf Seite 112 angeführte Zeitprogramm dient als Anhalt. Es soll dazu anregen, nach der Uhr zu reiten. Der Reiter muss sich selbst Zügel anlegen und darf nicht zwischendurch mehr verlangen. Stetigkeit ist angesagt, wenn Rücken und Beine gesund bleiben sollen.

Nach der Handarbeit wird das Pferd jedes Mal an die Bande gestellt. Es lernt dort ruhig zu stehen, bevor es in den Stall entlassen wird. Sobald dies Routine geworden und das Vertrauen gesichert ist, sitzt der Reiter jeweils nach der Handarbeit auf, lobt, um sogleich wieder abzuspringen. Derart vorbereitet bleibt auch ein sensibles Pferd stehen und wartet, in den Stall geführt zu werden.

Beispiel eines ersten Reitprogrammes:

1. Woche:

- ▸ Schrittarbeit. Im Stehen das Pferd an den Zügel stellen. Dies an der gleichen Stelle mehrmals wiederholen und jeweils die Zügel aus der Hand kauen lassen. Darauf achten, dass das Pferd geschlossen steht, so, wie an der Hand geübt.
- ▸ Schritt am langen Zügel.
- ▸ Hufschlagfiguren reiten mit überdeutlichen Gewichtshilfen.
- ▸ Absitzen, sobald das Pferd mit geschlossenen Hinterbeinen steht. Schiefes Stehen noch nicht korrigieren.

Nach der normalen Handarbeit und einem ausgiebigen Galopp an der Longe habe ich Dürer erstmalig geritten. Keinerlei Schwierigkeiten beim Aufsitzen, das wir zuvor schon x-mal geübt haben. Ich reite nicht sogleich los, sondern lasse den Hengst beigezäumt einige Minuten stehen und warte, bis er ruhig am Zügel kaut.

Beim Anreiten gebe ich die Zügel hin. Nach einigen Runden Schritt wende ich auf die Mittellinie ab und halte im Mittelpunkt. Wieder lasse ich ihn mit geschlossenen Hinterbeinen mehrere Minuten stehen. Wenn er ein Hinterbein wegstellt, korrigiere ich mit Stimme und Gerte. Er versteht. Es folgt das Zügel-aus-der-Hand-kauen-lassen.

Sobald Dürers Nase fast am Boden ist, springe ich ab. Er ist vollkommen ruhig. Keines meiner durch Handarbeit vorbereiteten Pferde hat sich anders verhalten. So habe ich Dürer mehrere Tage lang nach der Handarbeit kurz im Schritt geritten. Hinzu gekommen sind Schlangenlinien durch die ganze Bahn. Hierbei geht es darum, ihm die Gewichtshilfen verständlich zu machen. Sie sind für ihn neu.

Gewichtshilfen
verständlich machen

2. und 3. Woche:

- ▸ Im Wechsel Schritt am langen und verkürzten Zügel.
- ▸ Versammeltes Stehen, danach im Schritt anreiten, dann Zügel lang. Dies viele Male wiederholen.
- ▸ Travers im Schritt an der Bande.
- ▸ Schultervor, Schulterherein, im Schritt.
- ▸ Saubere Hufschlagfiguren im Schritt.
- ▸ Eine Dressuraufgabe im Schritt durchreiten.
- ▸ Rückwärtsrichten.
- ▸ Oft auf die Mittellinie gehen; mit Grußaufstellung.

4. bis 8. Woche:
- Schrittarbeit wie oben.
- Hinzu kommen Schritt-Traversalen mit gut vorgenommener Schulter.
- Schaukel mit beliebig wechselnder Trittzahl.
- Große Schrittpirouette.

8. bis 16. Woche:
- Schrittarbeit wie oben.
- Hinzu kommen kurze Reprisen im versammelten Schritt.
- Mit dem Wiegeschritt dann und wann wie zufällig beginnen. Andeutungen genügen. Nach guten Tritten spontan Zügel lang.
- Trab auf dem Zirkel. Beim Übergang zum Schritt Zügel lang.

4. und 5. Monat:
- Schrittarbeit wie oben.
- Mehrfach den Wiegeschritt üben. Ziel: Eine lange Seite Wiegeschritt.
- Mehrfach Schrittpirouette aus dem Verkleinern der 10-m-Volte.
- Travers und Schulterherein im kleinen Trab.
- Kleine Tempounterschiede im Trab in kurzen Intervallen, sogenannte Ziehharmonika
- Galopp auf dem Zirkel – nur wenige Runden!

6., 7. und 8. Monat:
- Schrittarbeit, komplettes Programm, wie oben.
- Trab, wie oben; hinzu kommt Travers auf der Diagonalen.
- Flache Trabtraversale mit gut vorausgehender Schulter.
- Galopp wie oben; hinzu kommt Zirkel verkleinern bis zur 8-m-Volte.
- Im Freien spielerisch dann und wann einen fliegenden Wechsel verursachen. Bei Gelingen sofort abspringen und das Pferd in den Stall führen (diesen Versuch deshalb erst zum Schluss der Stunde unternehmen). Bei Misslingen nicht insistieren, sondern zum Abschluss eine einfachere Übung verlangen, z.B. den Wiegeschritt in Richtung Stall. Wenn das Pferd hierbei freiwillig zum kleinen Piaffiertrab übergeht, anhalten und abspringen (es gibt für ein junges Pferd kein besseres Lob!).

Die Wochen danach: Alles wie oben! Hinzunehmen:

▸ »Ziehharmonika« im Galopp. Die kaum sichtbare Andeutung genügt. Nach dem geringen Einfangen sogleich wieder in das Arbeitstempo übergehen. Nicht an den Zügeln ziehen! Stimmenhilfe, wie bei der Handarbeit, unterstützt durch Sitzeinwirkung.

▸ Trab – Galopp – Trab in immer kleiner werdenden Intervallen.

▸ Fliegender Galoppwechsel jetzt auch nach der schwierigen Seite.

▸ Häufiges Angaloppieren in der 8-m-Volte.

▸ Außengalopp immer mehr in den Vordergrund stellen.

▸ Piaffier-Trab oder Passage-Piaffe oder die kleine Passage, je nach Angebot des Pferdes. Nur kurze Strecken. Nicht darum kämpfen. Was das Pferd an der Hand kann, das wird es auch nach und nach unter dem Reiter anbieten; man muss ihm nur etwas Zeit lassen.

▸ Handarbeit im Wechsel mit Reiten

Immer wieder sollte man einen Tag ausschließliche Handarbeit einfügen. Der Rücken des Pferdes erholt sich, und dies ist besonders wichtig, wenn der Reiter kein Leichtgewicht ist.

Handarbeit im Freien: Ich benütze einen 3 m breiten Fußweg für kleine Zickzack-Traversalen im Schritt. Er gibt dem Pferd beidseitig eine optische Anlehnung. Dies ist gegenüber der Reitbahn von beachtlichem Vorteil. Um den gleichen Effekt zu bekommen, müsste man neben der Bande Begrenzungsstangen auslegen.

Die Unterzügel sind bei dieser Übung eine Kleinigkeit länger als sonst. Die Oberzügel hängen durch, die Kopfstellung zeige ich dem Hengst mit den Leinen. Ich gehe zunächst mit tiefen Händen hinter ihm und verlange das wechselseitige Seitwärtstreten mit der langen Gerte. Meistens genügt es, das äußere Hinterbein zu touchieren. Gegebenenfalls die äußere Leine leicht anklatschen lassen. Die Längsbiegung ist bei dieser Vorübung weniger wichtig. Es geht mir um das rhythmische Kreuzen der Beinpaare.

Dürer hat sogleich begriffen, dass er nur bis zum Wegrand gehen darf. Dort angekommen, wechselt er die Traversierrichtung. Was ich anstrebe, ist ein lockeres Hin- und Hertänzeln und das selbstständige Sich-Umstellen des Pferdes.

Zu dieser Fußweg-Übung bin ich mehr zufällig gekommen. Schon zu Beginn der Ausbildung sind wir diesen Fußweg öfters gegan-

gen. Manchmal hatte ich Mühe, den Hengst, hinter ihm hergehend, auf dem Weg zu halten. Es kam immer wieder zu einem ungewollten Hin und Her. Daraus habe ich im Laufe der Zeit eine regelmäßige Übung gemacht. Sie ist eine spielerische Vorbereitung der Zickzack-Traversale. Das früh programmierte Pferd wird später in den Traversalen nicht »klemmen«.

Spielerische Vorbereitung der Zickzack-Traversale

Einige Tage später: Handarbeit, Zickzack-Traversalen im Schritt. Zuvor Travers an der langen Seite auf beiden Händen. Bei den Zickzack-Traversalen gehe ich immer noch auf der Innenseite und zeige dem Hengst mit der inneren Leine den Weg. Beim Changieren wechsle ich die Seite. Dürer stellt sich darauf ein. Bei der Links-Traversale biegt er sich wie von selbst, nach rechts genügt die Seitenbiegung noch nicht.

Reiten: Kandarenzäumung; Schritt. An jedem Paradepunkt pariere ich durch zum Stehen. Dürer ist gut beigezäumt. Dann folgt Zügel-aus-der-Hand-kauen-lassen, hierzu gebe ich wiederholte, deutliche Gertenhilfe (siehe Seite 94), Dürer hat das, was er in der Stallgasse und bei der späteren Handarbeit auf Kandare gelernt hat, nicht vergessen!

Anschließend reite ich – immer noch im Schritt – Schlangenlinien so gut wie ohne Handeinwirkung. Die eindeutige Programmierung der Gewichtshilfen muss vor Beginn der Trabarbeit erfolgen, sonst läuft der Reiter Gefahr, beim Abwenden vom Hufschlag am inneren Zügel ziehen zu müssen. Derartige Grobheiten der Reiterhand verderben das Pferdemaul, oftmals lebenslänglich!

Nächster Tag: Handarbeit: Normales Programm – Schwerpunkt Travers und Zickzack-Traversalen.

Beim Travers habe ich die »zweite Phase« erreicht. Ich gehe jetzt nicht mehr innen, sondern außen, ganz dicht an der Bande. Beim Links-Travers habe ich den inneren Zügel von links nach rechts geworfen. Er geht vom Pferdemaul über die Sitzfläche des Sattels zu meiner linken Hand. Ich gehe im Keilzwickel – gebildet durch Bande und Pferdekörper. Nur so ist es möglich, mit der inneren Leine die Biegung zu fordern und auch zu erlangen.

Die mittellange Gerte touchiert den rechten Hinterschenkel des Hengstes, sei es, um die Abstellung der Kruppe von der Bande zu vergrößern oder um den Fleiß zu verbessern. Je dichter der Ausbilder an der Kruppe ist, desto besser kann er einwirken. Er darf diese Stellung aber erst dann einnehmen, wenn er wirklich sicher ist, das volle Vertrauen seines Pferdes gewonnen zu haben. Im Zweifelsfall ist es besser, die lange Gerte zu nehmen und sich außerhalb der Reichweite der Hinterbeine zu halten.

Travers. Umstellung in der Leinenführung. Zunächst Stangen an Stelle der Bande. Der Ausbilder hat so mehr Übersicht und kann ausweichen.

Reiten: Kandarenzäumung. Schulterherein im Schritt auf der rechten Hand, nachdem der Hengst dies anbietet. Dürer geht diese Lektion jetzt so gut wie bei der Handarbeit!

Zum Schluss Schrittpirouetten auf beiden Händen. Sie gelingen auf Anhieb. Was das Pferd an der Hand erlernt hat, kann es auch unter dem Reiter. Die Stimmenhilfe »kehrt« und der außen verwahrende Sporn haben genügt.

Handarbeit und Reiten sollen zusammenstimmen und das gleiche Hauptthema haben. Die an der Hand geübten Lektionen soll das Pferd am folgenden Tag unter dem Reiter gehen.

ANPIAFFIEREN

Wieder gilt: Beim Reiten nur repetieren, was das Pferd an der Hand bereits gelernt hat.

Beispiel: Das erste Anpiaffieren unter dem Reiter: Die Piaffe an der Hand ist bereits gesichert. Die Zeit ist reif, sie auch unter dem Reiter zu fordern.

Die Vorbereitung am Vortag an der Hand:

▶ Ruhiger Schritt auf dem Hufschlag.

▶ Bei H Wiegeschritt und daraus anpiaffieren.

▶ Eine Runde Schritt, wieder bei H Wiegeschritt und wieder

Beim Reiten nur repetieren, was das Pferd an der Hand bereits gelernt hat.

daraus anpiaffieren. Dies mehrmals wiederholen, bis das Pferd wie von selbst bei H anpiaffiert. Dann von H aus ab in den Stall.

▸ Reiten: Am folgenden Tag den obligatorischen Schritt 15 Minuten im Freien. Nichts verlangen.

▸ Dann in die Bahn. Dort nach einer halben Schrittrunde bei H sofort mit Stimme und Gerte aus dem Wiegeschritt die Piaffe fordern. Einige Tritte genügen. Sogleich abspringen und loben.

▸ Das Pferd eine Runde hinter sich herlaufen lassen. Kurz vor H wieder aufsitzen. Das Pferd betont an den Zügel stellen und nach einigen Wiegeschritten die Piaffe annehmen, die das Pferd in der Regel unaufgefordert anbieten wird.

▸ Diese Prozedur mehrmals wiederholen; immer mit Abspringen nach einigen ausreichend guten Piaffetritten. Es gibt keine bessere Belohnung für das junge Pferd, als es von der Last des Reiters zu befreien, ihm die Freude über das Erreichte zu vermitteln, mit Körperkontakt um es herumzugehen, dabei mit der Hand über die Kruppe zu streichen.

Wenn ein Pferd seinen Kopf über den Hals des anderen legt, bedeutet das Freundschaft. Dies kann der Reiter nachahmen, indem er seinen Arm über den Pferdehals legt und so kurz verharrt. Ein gutes Zeichen ist es, wenn das Pferd die Geste annimmt und den Kopf absenkt.

Eine Geste, die Freundschaft bedeutet.

Pferde sind oft misstrauisch. Ihr Vertrauen zu gewinnen erfordert Geduld und wieder Geduld. Bevor man einen schwierigen Ausbildungsschritt angeht, muss man sicher sein, dass der Partner verstanden hat. Die Vorübungen müssen bereits »in Fleisch und Blut« übergegangen sein. Bei dieser ersten Piaffe unter dem Reiter war die wichtigste Vorübung der Wiegeschritt.

SCHULTERHEREIN

Das Sinnieren vor der Reitstunde ist so wichtig wie diese selbst. Ich möchte mich nicht auf irgendeine Lehre oder Tradition verlassen, am wenigsten auf die deutsche. Je mehr man hierüber liest, desto größer werden die Fragezeichen.

Eines davon ist das Schulterherein. Schon die alten Stiche zeigen unterschiedliche Auffassungen. Wie soll Schulterherein geritten werden, um aus dieser Lektion den höchsten Nutzen zu ziehen? Die Verfasser der militärischen Reitvorschriften taten sich damit schwer. Die von ihnen vertretenen Theorien sind nicht immer schlüssig. Die Heeresdienstvorschriften bringen keine Klarheit. Für die einen ist das Schulterherein die Vorbereitung zum Schenkelweichen, während andere umgekehrt aus diesem das Schulterherein ableiten.

*Wichtig ist die
Zielrichtung.*

Für mich ist die Zielrichtung wichtig. Sie ist heute eine andere als früher. Schon das Vorwort der letzten Heeresdienstvorschrift gibt mit wenigen Sätzen Auskunft. Vorrangig waren der Gehorsam und die Beherrschung des Pferdes. Das heutige Ziel sollte dagegen sein, die Schönheit des Pferdes im Einklang mit seinem Reiter zum Ausdruck zu bringen: Pferd und Reiter, locker, leicht und heiter! Für mich ist dies eine künstlerische Vision.

Und so frage ich mich nur: In welcher Art des Schulterhereins präsentiert sich mein Pferd am schönsten? Welches Schulterherein erbringt den höchsten ästhetischen Ausdruck? Die Antwort, auf die ich im Laufe der Zeit gekommen bin, ist einfach. Sie ist nicht meine eigene. Sie entspricht offensichtlich nicht der Auffassung unserer Dressurrichter, die mir gemessen an ihrer Notengebung verschwommen vorkommt. Unter vielen Beschreibungen habe ich diejenige ausgewählt, die nach meinem Empfinden dem ästhetischen Maßstab am besten gerecht wird. In

Schulterherein. Handarbeit und Reiten sollen das gleiche Thema haben. Pferd und Reiterin sind aufeinander konzentriert.

»meinem« Schulterherein soll das Pferd der 6-m-Volte entsprechend gebogen sein. Die Hinterbeine treten dicht aneinander vorbei, wobei die Hufe geradeaus zeigen. Die Abstellung der Vorhand entspricht der Biegung des Pferdes. Sie ist gewissermaßen die Folge der Biegung. Das innere Vorderbein tritt über das äußere.

Demnach dürfen die Hinterbeine nicht übertreten. Wenn sie es tun, fehlt die Biegung und damit verbunden die Versammlung. Ich meine, dass diese Version theoretisch gesichert ist und dabei dem künstlerischen Gesichtspunkt sowie der Förderung der Versammlungsfähigkeit am besten Rechnung trägt. Der Schwierigkeitsgrad ist allerdings gegenüber dem Schulterherein mit übertretenden inneren Hinterbeinen erhöht.

Es ist gut, eine Idealvorstellung zu haben. Das Schulterherein der Abbildung Seite 122 entspricht ihr noch nicht ganz. Die Tendenz ist jedoch erkennbar. Knie und Zehe des linken Hinterbeines zeigen geradeaus. Es gibt kaum einen Übertritt des rechten Hinterbeines. Schön ist die sanfte französische Anlehnung. Das durch den Sitz bestimmte Pferd nimmt die korrekte Hals- und Kopfstellung ohne einseitigen Zügelanzug selbstständig an. Pferdegesicht und Gesicht der Reiterin entsprechen einander in Richtung und Konzentration.

SCHULTERHEREIN/TRAVERS

Schulterherein und Travers sind wie gesagt verwandte Übungen. Im Travers zeigen die vorderen Zehen geradeaus, beim Schulterherein die hinteren. Die Kontrolle im Spiegel ist sehr wichtig.

Letztere Lektion birgt die Gefahr, dass das Pferd – besonders bei der Handarbeit – sich nur im Hals biegt.

Für den Ausbilder am Boden ist die Bande störend. Beim Schulterherein links ist seine korrekte Position rechts hinter der Kruppe. Man muss daher das Pferd auf den zweiten Hufschlag bringen. Nur so ist es möglich, den linken Zügel in sinnvoller Weise von links nach rechts über den Pferderücken zur linken Hand des Ausbilders gehen zu lassen. Am Pferdemaul ergibt sich, bezogen auf das Mundstück, der gleiche Winkel wie beim korrekten Reiten. Dies bedeutet, dass auch die innere Leine vom Trensenring weg dicht am Hals bleibt. Sobald das Pferd die korrekte Halsbiegung einnimmt, liegt der Zügelwinkel am Maul bei 90°. Der sogenannte sich »öffnende« Innenzügel darf nur ein Notbehelf des Beginns sein. Bei vielen Pferden braucht man ihn nicht.

Im Travers sollen nur die Hinterbeine kreuzen.

Im Travers verlange ich deutlich mehr Halsbiegung als im Schulterherein. Nur die Hinterbeine dürfen kreuzen. Das äußere Hinterbein tritt über das innere. Wenn die Zehen der Vorderbeine fast geradeaus weisen, diejenigen der Hinterbeine aber deutlich nach außen, ist die korrekte Längsbiegung gewährleistet. Wenn dagegen beide Beinpaare gleichgradig übertreten, ist sinngemäß wie beim Schulterherein die Längsbiegung entweder zu gering oder gar nicht vorhanden. Die Übung ist dann zum Schenkelweichen der Reiterkaserne entartet.

Ein sicheres Indiz für fehlende Längsbiegung beim Schulterherein ist auch der verwahrend zurückgenommene innere Schenkel des Reiters. Ein Fehler, der selbst bei guten Reitern häufig zu

Schulterherein. Die zeichnerische Betrachtung ergibt, dass bei idealer Ausführung die Hüftachse mit der Bande einen rechten Winkel bildet. Die Abweichung des ersten Brustwirbels von der Mittellinie des ungebogenen, mittelrahmigen Pferdes beträgt dann etwa 40 cm. Der äußere Vorderhuf geht auf der Linie des inneren Hinterhufes. Bei noch mehr Abstellung ist das Pferd gezwungen, auch mit den Hinterbeinen überzutreten. Dabei besteht dann die Gefahr, dass es die Voltenbiegung aufgibt. Der Ausbildung ist die verstärkte Abstellung kaum dienlich.

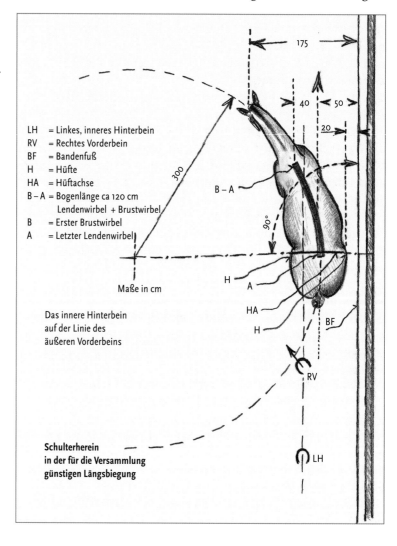

LH   = Linkes, inneres Hinterbein
RV   = Rechtes Vorderbein
BF   = Bandenfuß
H   = Hüfte
HA   = Hüftachse
B–A = Bogenlänge ca 120 cm
        Lendenwirbel + Brustwirbel
B   = Erster Brustwirbel
A   = Letzter Lendenwirbel

Maße in cm

Das innere Hinterbein
auf der Linie des
äußeren Vorderbeins

**Schulterherein
in der für die Versammlung
günstigen Längsbiegung**

beobachten ist. So kann das Pferd nicht um diesen Schenkel gebogen sein. Es ist zwar vom Hufschlag abgestellt, jedoch ist die Abstellung nicht durch Längsbiegung verursacht. Das zu fordernde maximale Maß entspricht beim mittelrahmigen Pferd der 6-m-Volte. Beim Herausreiten aus ihr entsteht unter Beibehaltung der Voltenbiegung das korrekte Schulterherein. Die zeichnerische Prüfung ergibt gemäß der Abbildung Seite 124 eine echte Abstellung der Vorhand von ca. 80 cm. Nur so geritten erfüllt das Schulterherein seinen Zweck, Schubkraft in Tragkraft umzuwandeln.

In Biegung geradeausgehend ist das Pferd zum Erhalt der Balance gezwungen, sich haltungsbedingt ohne weiteres Zutun des Reiters zu versammeln. Es kann nicht anders sein! Die nach vorwärts zeigenden, eng aneinander vorbeitretenden Hinterbeine sind zur Abstützung des Schwerpunktes genötigt, in verkleinerten Tritten sich mehr zu beugen und weiter unter den Körper zu treten. Dabei nimmt das innere Hinterbein, dem der nach innen verlagerte Gesamtschwerpunkt näher liegt als dem äußeren, entsprechend mehr Last auf.

Die Muskulatur passt sich an, wenn der Reiter es versteht, die Dauer der Reprisen sinnvoll zu steigern. Mit kurzen Momenten – jeweils 10 m – beginnen und diese von Stunde zu Stunde ausdehnen. Nach 3 Monaten darf man auf eine Reitstunde verteilt auf beiden Händen ruhig vier- bis sechsmal 40 m verlangen. Dies ist als Anhaltspunkt zu sehen. Der Reiter muss fühlen, welche Steigerung der Übung seinem Pferd am besten bekommt.

Dauer der Reprisen sinnvoll steigern

Ich meine, dass meine Argumentation in die richtige Richtung weist. Sie stützt sich neben den theoretischen Überlegungen hauptsächlich auf Seheindrücke und die ästhetische Empfindung. Wünschenswert wäre eine Computersimulation der Bewegungen, der Kräfteverhältnisse und Belastungen. Sie könnte endgültig Klarheit schaffen über die versammelnde Wirkung des Schulterhereins und aufzeigen, welche Entlastung der Vorderbeine sich ergibt

▸   beim längsgebogenen Pferd, wie oben vertreten
▸   beim falschen Schulterherein mit deutlich übertretendem inneren Hinterbein – Zehenrichtung nach innen.

Es bestehen heute alle technischen Voraussetzungen für eine umfassende, wissenschaftlich fundierte Bewegungsstudie. Solange es sie nicht gibt, stehen auch meine Erklärungen nicht auf ganz gesichertem Boden.

Das heute fast allgemein auch in den höheren Dressurkategorien praktizierte Reiten im horizontalen Gleichgewicht sollte zu denken geben. Gut versammelten Schulschritt oder Trab sieht man selten. Dieser Zustand ist unbefriedigend.

Somit zielt die HSH-Ausbildung schon vom Beginn an auf Versammlung. Schulterherein ist dabei eine Mutterlektion. Es gibt außer der Piaffe keine bessere, um dem Pferd diese zu lehren. Es lohnt sich, hierüber nachzudenken. Dem Pferd zuliebe, der Kunst zuliebe. Nichts, aber auch gar nichts ungeprüft aus der Tradition übernehmen!

KENNZEICHNENDE MERKMALE DER LEKTIONEN AUF ZWEI HUFSCHLÄGEN

Lektion im Schritt u. Trab	Vorderbeine	Hinterbeine	Längsbiegung	Versammlungsgrad	Schulterachse	Hüftachse
Travers	Kein Übertreten, Zehen zeigen geradeaus	Treten über, Zehen zeigen nach außen	Maximal, der Volte entsprechend	Mittelgradig, begrenzt durch Übertritt der Hinterbeine	Im rechten Winkel zur Bewegungsrichtung	Nach außen geschwenkt, innere Hüfte vorgenommen
Renvers	Wie Travers	Treten über Zehen zeigen in die Bahn	Wie Travers	Wie Travers	Wie Travers	Nach innen geschwenkt, innere Hüfte vorgenommen
Traversale	Treten über, rhythmisches Kreuzen	Treten über, rhythmisches Kreuzen	Geringe Biegung	Mittelgradig	Gering vom rechten Winkel zur Bande abweichend, innere Schulter geht geringgradig voraus	Im rechten Winkel zur Bande
Schulterherein	Treten über, Zehen zeigen in die Bahn	Zehen zeigen geradeaus, kein oder nur geringes Übertreten	Maximale Biegung der Volte entsprechend	Maximale Versammlung	Nach innen geschwenkt	Im rechten Winkel zur Bande
Schulterheraus	Treten über, Zehen zeigen nach außen	Wie Schulterherein	Wie Schulterherein	Wie Schulterherein	Nach außen geschwenkt	Im rechten Winkel zur Bande
Schenkelweichen	Treten über	Treten über	Geringe falsche Kopfstellung	Keine Versammlung	Parallel zur Hüftachse	Parallel zur Schulterachse

Die nebenstehende Tabelle spiegelt die Charakteristik und Wertigkeit der Bewegungen im Schritt und Trab auf zwei Hufschlägen wider. Die HSH-Erfahrung lehrt:

▸   dass für das Erlernen der Längsbiegung sich Travers und Renvers am besten anbieten;

▸   dass das Schulterherein dem Pferd leichter fällt, wenn zuvor die Traversübung im Vordergrund stand;

▸   dass das Schulterherein die Versammlung am besten fördert;

▸   dass es sinnvoll ist, erst dann die Traversale in Angriff zu nehmen, wenn das Pferd im Travers und Schulterherein genügend fortgeschritten ist;

▸   dass die steile Traversale im Trab bei maximaler Schränkung wegen der erhöhten Beanspruchung der Beine erst in Angriff genommen werden sollte, wenn das Pferd volljährig ist.

SCHENKELWEICHEN — TRAVERSALE — GEWICHTSVERLAGERUNG

Die Tabelle zeigt, dass das Schenkelweichen nicht so recht ins reiterliche Gesamtkonzept passt. Die Hinterhand schwingt unter der Wirkung des inneren Schenkels und Zügels nach außen. Dies im Gegensatz zu den klassischen Lektionen, bei denen das Pferd um den nicht zurückgenommenen inneren Schenkel gebogen ist. Immer geht es darum, die Kruppe nicht nach außen weichen zu lassen. Gerade dies wird aber beim Schenkelweichen in falscher Prägung dem Pferd nahegelegt!

Die der militärischen Tradition entspringende Übung Schenkelweichen bringt Pferd und Reiter in die falsche Richtung. Es bedarf an sich keiner theoretischen Begründung. Für die Ablehnung genügt schon der unästhetische Anblick. Ich wiederhole: Was beim Reiten schlecht aussieht, ist niemals gut!

Was beim Reiten schlecht aussieht, ist niemals gut!

Der Effekt des Schenkelweichens stellt sich ohne jede Ausbildung ein. Um dies zu prüfen, stelle man sich vor sein Pferd und wende dessen Hals, am Stallhalfter ziehend, nach einer Seite. Das rohe Pferd wird immer mit der Hinterhand nach außen ausweichen, selbst ohne Gerte oder Schenkel.

Die Reitkunst gründet sich aber darauf, dass sich das Pferd um den inneren Schenkel biegt, ohne vor diesem zu fliehen. Ausweichen – besser gesagt, nachgeben – soll es immer nur dem äußeren Schenkel! Bei allen mit Längsbiegung verbundenen Dressurlektionen ist dies das A und O! Weshalb der Remonte während einer Übergangszeit eine nur auf Gehorsam ausgerichtete Übung auferlegen, die sie in eine Richtung bringt, die man später nicht haben will, nämlich mit der Hinterhand auszufallen?

Pferde, mit denen als Remonte das Schenkelweichen praktiziert wurde, müssen später mühselig korrigiert werden. Es können dabei Irritationen und Widersetzlichkeiten auftreten. Die falsche Frühprägung wird immer wieder zum Vorschein kommen.

Das Schenkelweichen wird tatsächlich heute noch in manchen niedrigen Prüfungen verlangt. Weshalb melden sich nicht die Richter zu Wort und sagen, dass sie diese Kasernenhofübung nicht mehr sehen wollen? In der traditionellen Reitvorschrift wird darüber hinaus verlangt, dass der Reiter beim Schenkelweichen innen sitzen soll. Die Verfasser haben offensichtlich im Physikunterricht geschlafen. Sie verstießen gegen den Grundsatz, dass das Pferd, um in gute Balance zu kommen, mit seinem Schwerpunkt dem des Reiters folgen sollte. Um zu einer klaren Vorstellung zu kommen, genügt es, einen Bahnrechen auf dem Zeigefinger zu balancieren. Wenn dieser sich nach einer Seite neigt, muss zum Erhalt der Balance die Unterstützung in der gleichen Richtung nachfolgen.

Ein anderes Beispiel zur Veranschaulichung: Ein Radfahrer, der in sehr langsamem Tempo eine Steigung überwindet, belastet die Pedale abwechslungsweise mit seinem Körpergewicht. Wenn er das rechte nach unten tritt, weicht er von der geraden Linie nach rechts ab. Beim linken Pedal ist es umgekehrt. Er verlegt jeweils die Abstützung seines Schwerpunktes in die Richtung der Verlagerung. Sinngemäß das Gleiche gilt beim Reiten. Der Reiter soll sein Gewicht nach der Seite verlagern, nach welcher sein Pferd gehen soll. Somit müsste man beim Schenkelweichen außen sitzen!

Remonten reagieren auf Gewichtsverlagerungen am deutlichsten. Ihnen machen Sitzfehler am meisten zu schaffen. Das fertig ausgebildete Pferd hat sein Balancegefühl weiterentwickelt. Es kommt auch mit einem falsch sitzenden Reiter zurecht und hat gelernt, trotz falscher Belastung das zu tun, was sein Reiter verlangt. Selbst hochkarätige Reiter liefern hierfür eindrucksvolle Zeugnisse. Das Pferd ist sehr wohl in der Lage, Sitzfehler seines Reiters, wenn sie in immer gleicher Weise wiederkehren, voll auszugleichen. Ich habe schon gut gelungene Galopp-Pirouetten mit außen sitzendem Reiter gesehen. Sie belegen die hohe Qualität des Pferdes und liefern das Indiz, dass der Reiter ansonsten mit seinem Pferd im Einklang ist. Wahrscheinlich kommt es auf das »ansonsten« noch mehr an als auf die korrekte Hilfengebung. Ich stelle dies zur Diskussion, ohne selbst zu einer endgültigen Meinung gekommen zu sein.

Ist es nicht erstaunlich, dass in Ausnahmefällen Reiter, die »wie der Affe auf dem Schleifstein« sitzen, gut gehende Pferde vorführen?! Sicherlich würden aber ihre Pferde bei korrektem Balancesitz noch besser gehen.

Welchen Sitz der Reiter im Schulterherein einnehmen soll, ist aus der Literatur nicht eindeutig zu entnehmen. Wieder liegen die deutschen Verfasser militärischer Reitinstruktionen falsch. Sie sitzen innen statt außen. Das Pferd bewegt sich in die Richtung der Außenseite der Biegung. Somit ist es falsch, die Innenseite vermehrt zu belasten. Der Innensitz ist heute geradezu der übliche und gilt als korrekt. Ich meine, ein Fehler bleibt auch dann ein Fehler, wenn ihn alle begehen. Sich im Dressurreiten nach der Mehrheit oder nach der Meinung von Funktionären zu richten ist riskant.

Ein Fehler bleibt auch dann ein Fehler, wenn ihn alle begehen.

Durch den Innensitz das innere Hinterbein verstärkt zu beugen ist illusorisch. Wie die Beobachtung zeigt, wird es bei einem schweren Reiter im Gegenteil dazu gebracht, sich zu versteifen. Dem Pferd die Balance zu erleichtern ist ein Grundgebot des Dressurreitens. Den »Innensitzern« möchte ich die Frage stellen, mit welcher Hilfe sie vom Schulterherein in die Volte übergehen? Erst bei diesem Übergang wird der korrekt sitzende Reiter zur Innenseite umsitzen. So versteht ihn sein Pferd am besten, so hilft er ihm, in der Balance zu bleiben. Ich gebe zu, dass ein leichter Außensitz bei zurückgenommener Hüfte manchem Reiter nicht besonders angenehm ist. Diesem sei zur Beruhigung gesagt, dass eine kleine Nuance oder sogar der neutrale Sitz genügt. Wichtig ist nur, dass beim Übergang – sei es in die Volte oder in die Traversale – ein genügend großer Unterschied für die Gewichtsverlagerung übrigbleibt.

Die Traversale aus dem Schulterherein zu entwickeln ist ein sehr gutes Verfahren. Gerade bei diesem Übergang ist die Gewichtsverlagerung nach innen von nicht zu unterschätzender Bedeutung. Je mehr Gewicht ein Reiter in den Sattel bringt, desto mehr sollte er darauf achten, bei den Seitengängen sowie im Kreisbogen sein Gewicht der Bewegungsrichtung gemäß nach innen zu verlagern. Man hüte sich aber vor dem Zuviel.

Sitzfehler leichtgewichtiger Amazonen auf großrahmigen Pferden stören die Optik, aber kaum die Gesamtbalance.

Ich wiederhole nochmals, weil es mir höchst wichtig erscheint: Das junge Pferd kann nur dann zur geschmeidigen Körperbeherrschung unter dem Reiter gelangen, wenn er seinen Schwerpunkt mit dem des Pferdes in Einklang bringt und somit der dynamische Gesamtschwerpunkt der jeweiligen Lektion entspricht.

VERSAMMLUNG

Im Falle eines gut veranlagten Pferdes, das systematisch durch Bodenarbeit vorbereitet wurde, ist es unsinnig, sich anbietende Versammlung unterdrücken zu wollen. Vielmehr soll sie der Reiter mit Augenmaß anstreben. Die Reprisen müssen aber kurz sein. Leitwort: Kurz, aber oft.

Kurz, aber oft

Alles, was man von unten oder vom Sattel aus macht, muss zum Ziel haben, die Versammlungsfähigkeit und damit die »Légèreté« zu verbessern. Die Versammlung beginnt mit dem Schritt, und zwar in jeder Stunde – auch mit dem erwachsenen Pferd.

Bei der Bodenarbeit hat der Ausbilder die beste Möglichkeit herauszufinden, wie bei seinem Pferd die Versammlungsgrade zu reiten sind. Im Trab kommt es nicht nur auf den guten Hankenbug und das betonte Untersetzen der Hinterbeine an. Ebenso wichtig ist, dass die Vorderbeine die Masse weit vorne unterstützen. Sie sollen nicht zu weit unter dem Körper zurückbleiben, weil sie dabei vermehrt Last aufnehmen würden. Eine Piaffe mit Vorderbeinen, die in Richtung Schwerpunkt zurückgenommen sind, ist weder schön noch gut. Die Hinterbeine sollen sich dem Schwerpunkt nähern, die Vorderbeine von ihm entfernen. Der Fehler ist vom Boden aus behebbar, indem man sich eine Zeit lang vorzugsweise mit den Vorderbeinen befasst und diese statt den Hinterbeinen touchiert; dies in der Vorwärtspiaffe oder in der Passage-Piaffe. Der Ausbilder geht vorzugsweise – wie bereits behandelt – an der Schulter des Pferdes. Man darf bei dieser »Zirkus-Dressur« ruhig während einiger Wochen die Hinterbeine außer Acht lassen (siehe Seite 194).

Unterständige Vorderbeine nicht zulassen

Das Pferd muss mit dem Oberzügel versammlungsgerecht, genügend hochgehalten, ausgebunden sein. Führungszügel im mittigen Ring des Kappzaums. Die Vorderbeine gut anzuheben und genügend weit vorne abzusetzen kann jedes Blutpferd lernen. Auch im Stehen darf man unterständige Vorderbeine nicht zulassen. Immer mit der Gerte korrigieren, sobald die erste Ausbildungsphase abgeschlossen ist. Während dieser Zeit konnte man den Fehler noch zulassen. Man kann ein Pferd nicht zugleich lehren, mit den Hinterbeinen und den Vorderbeinen richtig zu stehen. Zuerst befasse man sich mit den Hinterbeinen. Erst wenn diese mobilisiert sind, kann man sich auch um die Vorderbeine kümmern. Wer alles gleichzeitig korrigiert, erzeugt Konfusion.

Niemals zwei Fehler gleichzeitig korrigieren wollen

Dies gilt generell: Niemals zwei Fehler gleichzeitig korrigieren wollen.

Und nochmals zur Erinnerung: Versammlung und Biegung

fängt im Stehen an. Was das Pferd im Stehen nicht kann, das kann es auch nicht in der Bewegung. Versammlung ist nicht nur eine Körperhaltung, sondern mit ihr verbundene geistige Konzentration.

Versammlung ist nicht nur eine Körperhaltung.

Gemäß HSH beginnt diese versammelnde Arbeit im Schritt an der Hand und mündet dann in den vielfach behandelten Wiegeschritt, aus dem der kleine Piaffier-Trab oder die kleine Passage oder die Passage-Piaffe hervorgehen, je nach Veranlagung des Pferdes. Diese Gangarten, oder wenn man so sagen will, Zwischengangarten, werden und dürfen den Versammlungsgrad haben, den die meisten Blutpferde von sich aus anbieten. Man bekommt ihn umsonst.

Nach dieser Prägung, deren Wertzeichen der gesicherte Takt bei kleinem Bewegungshub und geringem Schwung ist, trachte man in langsamer Steigerung nach der schulgerechten und jederzeit abrufbaren Versammlung. Dies ist zulässig, solange das Pferd dabei leicht am Zügel steht. Sonst wieder zum geringeren Versammlungsgrad zurückkehren.

Man muss wissen, dass in freier Natur Versammlung mit hohem Wachsein aller Sinnesorgane verbunden ist, oft mit Alarmbereitschaft. Sie wird durch äußere Einflüsse hervorgerufen und von Instinkten kommandiert.

In freier Natur ist Versammlung oft mit Alarmbereitschaft verbunden.

Wenn jetzt der Reiter das Kommando ausübt und das Pferd durch seine Einwirkung die Haltung der Versammlung annimmt, kann diese in Umkehrung des Reaktionsflusses den gleichen Stress erzeugen, der auf der Weide mit der Versammlungshaltung verbunden ist. Der Reiter muss somit sehr vorsichtig vorgehen, um sein Ziel der Versammlung in nervlicher Ruhe zu erreichen. Die gelehrte Piaffe soll ohne den Stress der Versammlung der Weide sein. Ihr Kennzeichen und Maßstab sind stattdessen innere Ruhe und Losgelassenheit.

MUSTERARBEITSSTUNDE

Eine Lernstunde in Richtung Versammlung kann beispielsweise wie folgt beginnen:

▶ Das gesattelte Pferd kommt in die Bahn. Aufstellung in der ersten Ecke der kurzen Wand, Zügel hängen durch, der Reiter steht an der Schulter des Pferdes; dieses steht mit geschlossenen Hinterbeinen. Wenn sie nach hinten herausgestellt sind, muss sofort korrigiert werden – mit Stimme und durch Antippen mit der Gerte.

▶ Der Reiter geht mit dem Pferd zur nächsten Ecke, ohne es am Zügel zu führen. (Es sollte jetzt so weit sein, Klein-Übungen

Rückwärtstreten des in der Ausbildung bereits weiter fortgeschrittenen Pferdes: Die Hanken sind gebeugt. Der Hengst versammelt sich auf Stimmenhilfe in kleinen, kadenzierten Rückwärtstritten. Gute Grundhaltung trotz Girlandenzügel. Je weniger Handeinwirkung, desto besser das Resultat der Ausbildung!

ohne Handeinwirkung auszuführen.) Dort macht er kehrt, und das Pferd folgt rückwärts – dies in möglichst kleinen Tritten – bis zur ersten Ecke. Der Ausbilder geht hierbei in Höhe der Kruppe. Wenn die Hinterbeine am Boden schleifen, Korrektur mit Gerte und Stimme. Falls die Tritte nicht sogleich ganz regelmäßig sind – Wiederholung.

▸　Gleiche Übung auf der anderen Hand.

Wichtig beim Rückwärtstreten ist, dass die Schweifrübe tiefer kommt und sich das Becken neigt. Die Beckenneigung beim gut ausgeführten Rückwärtsrichten entspricht der Neigung des versammelten Pferdes im Trab. Wegen dieses großen Pluspunktes dehne ich das übliche kurze Rückwärtsrichten aus zum Rückwärtsgehen wenigstens entlang einer kurzen Seite der Reitbahn – 20 m –, nach ca. 3. Monaten Verlängerung auf 40 m – lange Seite!

Zielrichtung: Auch die Rückwärtstritte sollen immer kleiner werden. Hieraus entsteht bei regelmäßigem, geduldigem Üben

im Lauf der Zeit wie von selbst die Rückwärtspiaffe und damit auch die Piaffe-Schaukel. In Ruhe ausgeführt, bedeutet sie ein Höchstmaß an Versammlung und Geschmeidigkeit.

Weshalb am Anfang jeder Lernstunde die Vorübung des Rückwärtsgehens? Es ist wichtig, das »Beingefühl« ständig wach zu halten und weiter zu verbessern. Vier Beine willentlich zu koordinieren bereitet auch dem ausgebildeten Pferd immer wieder Schwierigkeiten – hauptsächlich in Stresssituationen. Durch das Rückwärtsgehen in kleinen Tritten werden die »Telefonleitungen« gepflegt. Spannungen werden immer seltener. Das Pferd entwickelt ein sicheres Beingeschick, seine Versammlungsfähigkeit verbessert sich bei geringstem Kraftaufwand.

Das »Beingefühl« ständig wach halten

Spannungen haben meistens mehr mit der nervlichen Steuerung, mit den »Telefonleitungen«, als mit der Muskulatur zu tun. Es geht darum, dass die Muskeln die richtigen Befehle erhalten. Ein Pferd »klemmt« in fremder Umgebung, weil das Programm im Kopf nicht stresssicher geprägt ist.

Gemäß der HSH-Methode ist vor dem Aufsitzen immer eine wenn auch kurze Vorübung an der Hand angesagt. Neben der langen Schaukel kommen in Betracht:

▸ Schrittpirouette
▸ Wiegeschritt
▸ kleine Passage
▸ kleine Piaffe
▸ Spanischer Schritt
▸ Vorwärtspiaffe mit intermittierender Anhebung der Vorhand. Irgendwann bietet jedes Pferd die kleinen Anhebungen von selbst an. Sie sind eine natürliche Folge des Vorwärtspiaffierens; ein Ausweichmanöver, das nichts mit Widersetzlichkeit zu tun hat. Solche Anhebungen annehmen und sie als Wiederholung ins Repertoire aufnehmen! Besonders nützlich ist die schnelle Wiederholung im kleinen Vorwärts, das sogenannte Terre à Terre. Regelmäßig praktiziert ergibt sich bald eine erstaunliche, ins Auge fallende Stärkung der Kruppen- und Rückenmuskulatur bei entsprechend verbesserter Versammlungsfähigkeit. Nie sollte man in die Bahn kommen und sofort aufsitzen!

▸ Aufgesessen stellt man das Pferd an den Zügel und lässt es einige Sekunden stehen – gesammelt und aufmerksam. Beim Anreiten die Zügel ganz hingeben, wenigstens zwei Runden Schritt – Tempo nach Belieben des Pferdes.

Die Zügelanlehnung wird hergestellt bei noch langem Hals. »Zählschritt« an den langen Seiten.

Zählschritt

Der Reiter zählt die Schritte des Pferdes – von H nach K oder von M nach F. Bei einer 40er-Bahn sollten es bei einem Pferd mittlerer Größe nicht mehr als 27 Schritte sein. Jedes hat sein eigenes Maß, seine eigene geringste Schrittzahl. Bevor diese nicht erreicht ist, darf man mit der Arbeit nicht beginnen. Der Reiter stellt beim »Zählschritt« fest, in welcher körperlichen und psychischen Verfassung sein Zögling ist, und kann sich danach richten.
Für mich ist der »Zählschritt« eine wichtige Kontrolle. Wenn sich ein Pferd nicht ganz wohl fühlt, überschreitet es seine Norm. Es macht trotz langem Zügel mehr Schritte als an guten Tagen. Zu viele Schritte können auch bedeuten, dass die Losgelassenheit noch nicht erreicht ist. Dann die Handarbeit vor dem Aufsitzen etwas mehr ausdehnen.

Eingeschworene Anhänger der traditionellen Reitlehre haben mir immer wieder prophezeit, dass die verfrühte Versammlung den Schritt verderbe. Dürer ist wieder ein Gegenbeweis. Bei langem Hals genügen ihm von einem Punkt zum anderen 26, manchmal sogar nur 25 Schritte. Dies ist, gemessen an anderen Pferden, gut.

▶   Nach dem Zählschritt starker Schritt mit beginnender Zügelanlehnung auf der diagonalen Linie. Man darf dabei etwas übertreiben. Das Pferd muss wissen, dass auf der Diagonalen stets das Maximum verlangt ist. Einleitung aus der Ecke heraus mit leiser Stimme. Auf dem Turnierplatz bedeutet das fast unhörbare Stimmensignal für das Pferd, dass jetzt nichts anderes verlangt ist als der »Wanderschritt«. Die Hilfe hierzu – vorgehende Hand und Schenkel – muss immer deutlich die Gleiche sein.

▶   Dann am kürzer gewordenen Zügel wechselnde Übergänge vom Mittelschritt zum verstärkten Schritt. Nach wenigen Runden den Schritt kurzzeitig in vermehrter Versammlung reiten. Pause; wieder wenigstens eine halbe Runde Zügel lang – durchhängend –, um das Folgende klar vom Vorhergehenden zu trennen.

▶   Es folgt die Versammlung im »Wiegeschritt«. Im Gegensatz zu früher lasse ich jetzt eine Bewegung zu, die schon in Richtung Piaffe geht. Von Bedeutung hierbei ist, dass es gelingt, diesen Wiegeschritt im Takt zu reiten. Das Pferd soll nicht richtig anpiaffieren! Man braucht hierzu einen genügend großen Spiegel zur Selbstkontrolle. Das Wichtigste aber ist, sich in Geduld zu üben und diese Kleinarbeit täglich zu praktizieren.

Nach ausreichender Ausbildungszeit soll das Pferd eine lange

Seite diesen Wiegeschritt ohne Taktstörung durchhalten können. Am Anfang sich mit ganz kurzen Strecken begnügen. Nach jeder einzelnen Wicgeschrittreprise Zügel lang. Hand weg, Schenkel weg!

Im Wiegeschritt wird die Batterie geladen. Das Pferd ist hoch versammelt. Wenn der Rhythmus gut ist – und dies ist nur eine Frage der Konzentration und Geduld –, wird es nachher bei den Lektionen keine Taktfehler geben; besonders nicht bei Piaffe und Passage.

Handarbeit: Dürer ist auf Trense und Kappzaum gezäumt, Oberzügel im Kappzaum, Unterzügel durch die Trensenringe gezogen (siehe Seite 36). Nach vier Schrittrunden mit langem Hals Aufstellung bei H. Verkürzen der Oberzügel. Unterzügel bleiben lang und ohne Wirkung. Linke Hand, Mittelschritt. Ich gehe mit in Schulterhöhe. Ab der Mitte der langen Seite Übergang zum Spanischen Schritt. Gertenzeichen genügt. Es kommt jetzt darauf an, dass der Hengst beide Vorderbeine in Streckung gleich hochbringt. Antippen der Schulter des weniger aktiven Beines. Meistens ist es das rechte. Vor der Ecke halten in geschlossener Aufstellung.

Dann eine lange Seite bis zum Paradepunkt rückwärts richten. Ich gehe, nur die Hinterbeine im Auge, in Schweifhöhe und achte auf kurze Tritte. Hierzu brauche ich keinen Zügel. Bei H saubere Aufstellung, Verkürzen der Oberzügel um zwei Loch – etwa 4 cm. Der Hengst ist jetzt hoch aufgerichtet. Diese Haltung darf ich nur wenige Minuten verlangen.

Sofortiges Antreten im Spanischen Schritt (siehe Seite 21 und 105). Die höhere Aufrichtung erleichtert das energische Hochbringen der Vorderbeine. Dürer zeigt Feuer und Glanz! Vor der Ecke halten und Verlängerung der Oberzügel. Noch einmal Rückwärtsrichten bis H bei noch kleineren Tritten. Um sie zu verkürzen, Touchieren der Fesselköpfe von hinten.

Bei H saubere Aufstellung und Antreten im kleinen Wiegeschritt.

Ab der Mitte der langen Seite kleine Verstärkung der Touchierhilfen. Der Hengst piaffiert im Vorwärts bis zur Ecke.

Handwechsel: Wiederholung der Übungen in gleicher Reihenfolge auf der rechten Hand. Dabei auch wieder die Oberzügel wie beim Spanischen Schritt verkürzen.

Es folgen die Übungen auf zwei Hufschlägen. Ich beginne mit Schulterherein links, zuerst im Schritt. Schrittverkürzung nach der ersten Bahnrunde und dann Steigerung bis zum Piaffiertrab, den Dürer in guter Kadenz eine lange Seite durchhält.

Verkürzung des inneren Oberzügels bei deutlicher Verlängerung des äußeren für die folgende Traversübung. Letzterer soll durchhängen.

Links: Kleine Piaffetritte vorwärts. Der 3-jährige Hengst Korinth steht am Kappzaumzügel, die Unterzügel hängen durch.
Rechts: Das gleiche Pferd in der Vorwärtspiaffe ganz ohne Gebisseinwirkung als Bestätigung der gewaltfreien HSH-Ausbildung

Nach zwei Schrittrunden animiere ich Dürer zum Piaffiertrab und verlange diesen entlang einer langen Seite. Es folgen 4 Traversalen im »kleinen Trab«. Jeweils an der gegenüberliegenden Seite angekommen, lasse ich Dürer im noch genügenden Abstand von der Bande eine Schrittpirouette drehen. Dieser folgt sogleich die nächste Traversalverschiebung nach links.

Ich nehme das an, was Dürer bietet, solange das Gebotene im Bewegungsablauf stimmt. Einmal geht er fast im Piaffiertrab, dann wieder im kleinen »Takttrab«. Was ich selbst bei guter Ausführung meide und unterdrücke, ist der große Raumgriff mit großer Geste. Zuerst muss die kleine Flamme ruhig brennen. Erst dann darf man sie zum großen Feuer machen! Sonst könnte der Takt verloren gehen.

Umschnallen der Zügel. Gleiche Übungen auf der rechten Hand. Auf dieser betone ich die Traversübung zu Lasten des Schulterherein.

Im Rechtstravers tut sich Dürer immer noch etwas schwer. Er geht mit zu kleiner Abstellung der Kruppe. Das Schulterherein auf der rechten Hand ist dagegen fließend und versammelt wie bei einem Dressurpferd der höheren Klasse.

Es folgt ein kurzer Galopp auf dem Zirkel rechts und links an der normalen Longe. Ich gehe in Kruppenhöhe mit und touchiere das innere Hinterbein.

Die lange Bahnpeitsche benütze ich kaum. Sie ist zu ungenau. Bevor die Peitschenschnur auftrifft, ist das Pferd durch die Bewegung des Ausbilders gewarnt. In der Mitte stehend ist er kein guter Spielpartner. Fast immer kommt die Hilfe zu spät. Mit der langen Longierpeitsche kann man nur allgemein animieren, aber nicht auf den Sekundenbruchteil genau an der richtigen Stelle einwirken.

Ich beende die Handarbeit mit Zirkel verkleinern bis zum Galopp in der Volte, wie immer auf beiden Händen.

Zeitdauer der Handarbeit: ca. 40 Minuten. Dies erscheint viel. Man muss jedoch berücksichtigen, dass das häufige Verschnallen der Zügel zu Recht viel Zeit in Anspruch nimmt. Bei nicht sachgemäßer Einstellung der Zügel ist Handarbeit nicht nur nicht nutzbringend, sondern geradezu schädlich. Wer Handarbeit betreibt, muss Perfektionist sein.

Wer Handarbeit betreibt, muss Perfektionist sein.

Reiten (10 Minuten): Kandarenzäumung. Schulterherein im Schritt auf beiden Händen, dann Travers auf beiden Händen, ebenfalls im Schritt.

Es folgt ein kurzer Zirkeltrab, dann Schulterherein im Trab bei mehr Betonung der linken Hand. Als Abschlussübung versammelter Schritt. Ich steigere ihn langsam bis zum Wiegeschritt. Dann piaffiert Dürer wie von selbst. Ich springe sofort ab und lobe.

Ich reite den Hengst erstmalig auf Kandare mit eingehängter Kinnkette und wiederhole alle Übungen, die wir an der Hand durchgenommen haben. Allerdings nur im Schritt. Alles gelingt, nur bei der Traversale nach links gibt es eine kleine Nervosität. Dürer reagiert auf den rechten Schenkel zu stark. Für einen Moment geht die Kruppe voraus, und er kommt aus dem Takt, weil er übereifrig ist!

Bei der Wiederholung lege ich, um den Fehler nicht nochmals zu riskieren, eine 3/4-Schrittpirouette ein. Nach einigen Schritten geradeaus und sauberem Stehen springe ich ab. Dürer ging in guter Haltung. Er macht zwischen Handarbeit und Gerittenwerden keinen Unterschied.

Wir sind am frühen Morgen allein in der Bahn. Ich spreche viel mit dem Hengst, ganz normal. Ein Extravokabular würde nichts bringen. Auf den Klang der Stimme kommt es an. Manchmal bilde ich mir ein, dass er jedes Wort versteht. Wenigstens hat er mich so genau studiert wie ich ihn. Oft kommt er meiner Hilfe zuvor. Meine Bewegungen, das Schwenken der langen Gerte, sagen dem Hengst, was kommt. Unser Verhältnis hat sich weiterentwickelt. Zuerst hat Dürer nur von mir gelernt, jetzt lernen wir voneinander.

Jetzt lernen wir voneinander.

Ich lasse das Arbeitsprogramm von Dürer mitbestimmen. Wer ein junges Pferd straft, weil es ihm zuvorkommt oder die falsche Übung anbietet, begeht einen Fehler. Zu früh den Sekundengehorsam zu verlangen schadet der freiwilligen Mitarbeit.

Beim Reiten am nächsten Tag – wieder auf Kandare – kommt ein kleiner Trab im Schultervor auf der rechten Hand hinzu. Für diese Übung genügen 2 mal 8 Minuten. Besonders während der ersten Zeit reite ich genau nach der Uhr. Auf keinen Fall darf es dazu kommen, dass am nächsten Tag dem Pferd der Rücken weh tut und sich daher spannt. Für Muskelspannungen gibt es, von Erkrankungen abgesehen, nur zwei Ursachen: Angst und Nervosität oder Schmerzen. Der denkende Reiter versteht es, beides zu vermeiden.

SCHRITTARBEIT ALS GRUNDLAGE

Das Schrittprogramm soll nicht jedes Mal gleich sein. Je nach dem, welche Lektion zur Ausfeilung auf dem Programm steht, lege ich vor dem Wiegeschritt oder danach andere Schritt-übungen ein.

Wer eine gute Hand hat, der möge sein Pferd zunächst im Schritt geraderichten und im Schritt alle Lektionen beginnen, die später im Trab oder Galopp verlangt werden. Auch beim ausgebildeten Pferd ist es gut, das Ausfeilen der Lektionen immer wieder im Schritt vorzunehmen. In dieser Gangart lässt sich ein Pferd am besten fördern und korrigieren und dies ohne Belastung und Anstrengung. Was immer man macht, soll auf Anhieb und ohne Verstimmung gelingen. Diesen Vorsatz vor Augen ist es angezeigt und sehr hilfreich, dem Pferd im Schritt die nachfolgenden Trab- oder Galopplektionen und -figuren anzukündigen.

Der Wert der Schrittarbeit wird heute falsch eingeschätzt. Damit stehen wir im Gegensatz zu den alten französischen Meistern. Sie vertraten die These: »*On dresse un cheval au pas*« (Man bildet ein Pferd im Schritt aus). Sie sind im Vergleich zur deutschen Reiterkaserne das bessere Vorbild.

Beispiel: Die Längsbiegung in der *Trabtraversale* nach rechts soll erstmalig erreicht oder verbessert werden.

Falsch wäre es, diese Übung im Trab x-mal mehr schlecht als recht zu reiten. Nein! Man darf niemals fehlerhaft beginnen, um dann zu versuchen, den Fehler immer mehr zu verkleinern. Bei solchem Vorgehen müssen Hemmungen und Widerstände überwunden werden. Es ist besser, sie zu umgehen!

▸ Im Schritt Travers reiten – zunächst auf dem Hufschlag auf der rechten Hand. Den Hals parallel zur Wand einrichten. Kein Kreuzen der Vorderbeine. Kruppe nur entsprechend der Biegung abstellen. Oder anders ausgedrückt: Die Abstellung der Kruppe ist die Folge der Biegung um den rechten Schenkel. Je stärker die Biegung, desto größer die Abstellung. Das Maximum fordern! Es liegt gleich wie beim Schulterherein bei 80 cm. Die starke Biegung ist der Sinn des Travers!

Kontrolle im Spiegel: Die vorderen Fußzehen zeigen geradeaus, die hinteren nach außen, der sichere Beweis der korrekten Biegung!

»On dresse un cheval au pas.«

Hemmungen und Widerstände besser umgehen!

Dürer in der Trab-
traversale. Die rechte
Schulter der Reiterin
sollte weiter
vorgenommen sein.
Pferd und Reiterin
sind gleichermaßen
konzentriert.
Stimmiger Zusammen-
klang.

▶   Dann: Die gleiche Übung auf dem 3. Hufschlag oder auf der
Mittellinie.

▶   Danach: Im Rechtstravers auf die Diagonale gehen. Der Reiter stelle sich bildlich vor, auf seiner linken Seite sei immer noch
die Wand, an der er entlangreitet, und richte den Hals parallel zu
dieser. Die Traversale noch nicht verlangen und auch nicht
annehmen! Es geht allein um die Biegung. – Travers im Schritt
ist eine Lektion von ganz geringem Schwierigkeitsgrad. Das Pferd
bleibt ruhig.

▶   Nach gelungener Wiederholung aus dem Schritt-Travers wie
zufällig antraben; einige Meter in guter Biegung genügen – und
Zügel lang! Dies mehrmals, an gleicher Stelle, bis das Pferd an
dieser von selbst in den kleinen Trab fällt und dabei die Travers-
Biegung beibehält – immer auf der Diagonalen.

▶   Dann: Eine Diagonale als richtige Trabtraversale reiten. Falls
es mit der visuellen Vorstellung nicht klappt, die Diagonale durch
Stangen markieren. Diese helfen auch dem Pferd.

Jetzt ist das Pferd parallel zur Wand, so dass auch die Vorderbeine kreuzen. Dem Hals, der auf die Diagonallinie gestellt ist,
nachreiten. Die Biegung in der Traversale ist gegenüber dem Travers deutlich geringer. Sie fällt daher leicht und bleibt in genügendem Maße auf Anhieb ohne Gegenwehr erhalten. Hinzugekommen ist unversehens das Schränken der Vorderbeine.

Die in der Traversale geringere Biegung hat ihren Sinn: Bei
extremer Biegung fällt es dem Pferd zu schwer, mit dem äußeren
Hinterbein um das innere herumzukommen. Es kommt leicht zu
dem auf Turnieren oft zu sehenden »Tick«, bei dem die Traversale nicht mehr fließt. Der kleine Bewegungsfehler »tickt« derart
regelmäßig, dass er von manchem Zuschauer erst erkannt wird,
wenn ein nachfolgender Reiter eine korrekt schwingende Traversale mit angemessener Längsbiegung vorführt.

Auch das ausgebildete Pferd, das immer wieder dazu neigen
wird, in der Traversale nach einer Seite die Biegung weniger gut
anzunehmen, kann man auf die beschriebene Weise verbessern.
Man reite auch bei der Korrektur zuerst Travers, um vorab bei
geringerer Parallelität die Biegung zu gewinnen, die sich bei den
folgenden Traversalen von selbst auf das genügende Maß verringert. Es ist unerlässlich, dass der Reiter sich immer wieder den
Unterschied zwischen Travers und Traversale klarmacht.

Prinzip: Eine Lektion in Stufen zusammenfügen.

Die Traversale besitzt zwei Wesensmerkmale:

*Eine Lektion in Stufen
zusammenfügen*

▶   das rhythmische Schränken der Beinpaare,
▶   die geringe, aber gut erkennbare Längsbiegung.

Mit einem jungen Pferd – es sei nochmals gesagt – beginnt
man zunächst mit dem 2. Merkmal und lässt das erste weg.
Wenn die Biegung gelernt ist, fügt man die Schränkung hinzu.

Wer allerdings so ungeschickt war, seinem Pferd zu Anfang
der Ausbildung das ordinäre Schenkelweichen einzutrichtern,
wird Schwierigkeiten haben, ihm eine korrekte Traversale verständlich zu machen. Es wird sich bei den ersten Schränkungsübungen in die falsche Richtung stellen! Und wieder gilt: Mit
»falsch« darf man nicht beginnen. U.U. ist es besser, zunächst
die Traversale »französisch«, wenigstens mit Kopfstellung in die
Bewegungsrichtung bei sehr geringer Längsbiegung, zu reiten.
So fällt das Schränken der Beinpaare am leichtesten.

GALOPP-PIROUETTE UNTER DEM REITER

Nach dem Schrittprogramm und gelungenem, hoch versammeltem Wiegeschritt kann man getrost mit der Galopp-Pirouette beginnen. Falsch wäre es, mit diesem Ziel seinem Pferd nun sofort die ganze Drehung abzuverlangen. Dies würde zu Unlust und Müdigkeit führen. Zunächst genügen einige wenige Travers-Galoppsprünge in der 8-m-Volte. Nicht gleich aufs Ganze gehen, denn jede misslungene Lektion – auch beim Üben – ist ein Rückschritt.

Es kommt einzig auf die Vorbereitung an. Man muss ein Pferd dahin führen, dass es auf leichte Reiterhilfen richtig reagiert. Nicht zuerst etwas falsch machen und dann korrigieren!

Die Schrittpirouette ist die beste Vorübung für die Galopp-Pirouette.

▸ Nach dem Wiegeschritt beginnt man mit normalen Schritt-Vielfachpirouetten – zuerst ziemlich groß, dann kleiner werdend, dies auf beiden Händen. Wiederholung im Wiegeschritt.

▸ Dann: Pause mit durchhängendem Zügel – eine halbe Runde. Man kehrt genau an die gleiche Stelle zurück, wo soeben die Pirouette im Wiegeschritt gelang, und

▸ galoppiert nach Einleitung der Schrittpirouette unversehens an. Dabei den Radius vergrößern und nach 3 – 5 Sprüngen zum Schritt durchparieren. Eine Vierteldrehung genügt. Wichtig ist in erster Linie der »Trillersprung« des inneren Hinterbeines. Dies ein halbes Dutzend Mal wiederholen.

▸ Dann: nach kurzer Schrittreprise das gleiche auf der anderen Hand. Wenn sich das Pferd aufregt, den Radius vergrößern. Nach jedem Erfolg spontan Zügel lang! Die kleinen Pausen wirken Wunder!

Ich bin bereits an anderer Stelle auf die Vorbereitung der Galopp-Pirouette eingegangen, weil vielfach die Vorstellung des korrekten Bewegungsablaufs verloren gegangen ist. Worauf es ankommt, muss vom Reiter immer wieder durchdacht werden. Wie soll er denn diese Lektion gut erarbeiten, wenn seine Vorstellung verwässert ist? Von manchen Richtern wird heute eine kleine »Stallhasen«-Pirouette besser bewertet als eine fleißig galoppierte mit zu großem Kreisradius. Oft wird die Pirouette in einer trabartigen Galoppade vorgeführt, ohne dass der Reiter durch eine Note unter 5 bestraft wird. Hier gibt es Aufklärungsbedarf.

Den »Triller«-Galoppsprung mit voll engagierten Hinterbeinen erhält man nicht dadurch, dass man *viele* Pirouetten schlecht und recht einander folgen lässt. Entscheidend beim Üben ist vielmehr der erste Galoppsprung aus der Schrittpirouette. Um

Entscheidend ist der erste Galoppsprung.

Links: Große Galopp-Pirouette. Eine an der Hand gut gelernte Lektion gelingt später ohne aufwendiges Exerzieren auch unter der Belastung des Reiters.

Rechts: Galoppreiten im Dreieck, an jeder Ecke zwei bis drei Pirouettensprünge

diesen als Triller-Sprung zu üben, genügen wenige Galoppsprünge. In der ersten Phase darf es nur um den korrekten, ruhigen und hoch engagierten Beginn der Lektion gehen. Ein Pferd, das gelernt hat, in die Galopp-Pirouette einzuspringen, das nach einigen Tagen oder Wochen den ersten Pirouettensprung gut ausführt, wird im Laufe der Zeit wie von selbst in der Lage sein, eine Mehrzahl solcher Sprünge aneinanderzureihen.

Diese Vorgehensweise hat auch den Vorteil, dass man das Pferd nicht zu hoch beansprucht und dabei das Ziel ohne Kampf und Rangelei im Laufe der Zeit sicher erreicht. Lieber das Pferd in den ersten Wochen, ja Monaten jeden Tag auf jeder Hand 6- bis 10-mal aus der Schrittpirouette kurz angaloppieren lassen, als schweißtreibend die ganze Übung zu verlangen.

Voraussetzung für eine spätere gute Galopp-Pirouette ist:

▸ sein Pferd aus dem versammelten Schritt angaloppieren und es nach 3 Galoppsprüngen wieder durchparieren zu können;

▸ dass dies fast ohne Handeinwirkung gelingt.

Wer sich mit derart gezielten Kleinübungen begnügt, muss kaum befürchten, seinem Pferd irgendwie zu schaden. Im Gegenteil wird der geduldige Ausbilder schon nach Wochen eine Kräftigung der Kruppenmuskulatur feststellen!

Gemäß der HSH-Methode ist es selbstverständlich, die oben beschriebene Übung wenigstens an jedem 3. Tag als Handarbeit zu wiederholen. Vom Boden aus immer etwas mehr verlangen! Ein Dutzend Mal auf jeder Hand das Pferd in die Pirouette einspringen lassen ist ohne Reiterlast nicht zu viel.

Vom Sattel aus gibt es eine weitere sehr nützliche Vorübung: das *Galoppreiten im Dreieck*. Die Ecken sollen zunächst immer an der gleichen Stelle liegen. An jeder verlangt man 2 bis 3 Pirouettensprünge. Sobald das Pferd die Übung kennt, genügt eine verringerte Hilfengebung. Es ist gut, wenn das Pferd dem Reiter zuvorkommt und aus eigenen Stücken die 1/3-Pirouette versucht. Wieder ist der erste Pirouettensprung der wichtigste!

Man kann dann als nächste Steigerung im Laufe der Zeit zur halben Pirouette übergehen, indem man im Abstand von 4 m im Kontergalopp bis zur Ecke der Bande entlang reitet. Dort verlangt man die halbe Pirouette zur Wand hin in die Ecke hinein. Das Pferd soll sich dabei weitgehend selbst helfen. Nur deutlich sagen, was man will! Um die Wendung zu schaffen, muss es sich auf die Hinterhand setzen. Im Laufe der Zeit den Abstand von der Bande auf ca. 3 m verkleinern.

Begleitende Handarbeit: Galopp in der ovalen Volte. Nach ca. 10 m Travers-Galopp geradeaus jeweils die halbe Pirouette verlangen. Beim Geradeaus »galoppiert« der Ausbilder neben dem Pferd, wobei er darauf achtet, mit der äußeren Leine, die um die Hinterbeine herumläuft, nicht zu stören. Zur Einleitung der halben Pirouette wechselt er seine Position ein wenig und »galoppiert« innenseitig schräg hinter der Kruppe. Das Pferd wird ihm folgen und wenden.

Aber nicht nur das innere Hinterbein touchieren! Eine gute Galopp-Pirouette ist auch dadurch gekennzeichnet, dass das äußere Hinterbein in der Stützphase nicht hinter die Senkrechte kommt. Ich meine dabei die Außenlinie von der Ferse bis zum Fesselkopf. Letzterer soll deutlich nach vorn zeigen. Das äußere Hinterbein ist während seiner Stützphase hoch belastet! Die Handarbeit soll helfen, es systematisch zu kräftigen!

Die Biegung in der Pirouette soll der 6-m-Volte entsprechen. Eine Pirouette ist nichts anderes als Travers in der Volte. Für das bessere Verständnis des Bewegungsablaufes ist diese Vorstellung hilfreich.

Eine Pirouette ist nichts anderes als Travers in der Volte.

Endlos im Travers auf dem Zirkel zu galoppieren, um diesen dann in x-maliger Wiederholung bis zur Pirouette zu verkleinern, sollte man nicht praktizieren. Das Resultat ist Ermüdung und oft die mit vorausgehender Hinterhand gesprungene Pirouette. An der Hand dagegen ist diese Vorgehensweise in vorsichtiger Dosierung nützlich und auch weniger fehleranfällig, weil der Ausbilder von unten eine Unkorrektheit schon im ersten Ansatz besser erkennt und unterdrücken kann.

Oben habe ich bereits erklärt, dass das Reiten im Travers der Versammlung nicht im gleichen Maße dienlich ist wie das Schulterherein. Der Nutzen für die Galopp-Pirouette liegt mehr in der

Übergang vom Galopp-Travers in die Volte und damit in die Pirouette

Absicherung der Längsbiegung. Sobald diese auf die Pirouette übertragen ist und es darauf ankommt, die Pirouette kleiner zu machen, verdient das Schulterherein als Vorauslektion und unterstützende Gymnastik bei weitem den Vorzug. Der erhöhte Versammlungsgrad ist nur unter der Voraussetzung erreichbar, dass die Bewegungsebene der Hüftgelenke mit den darunter liegenden Gelenken im Einklang steht. Nur so stimmt die Balance; nur so kann die Hinterhand ihre ganze Kraft entfalten.

Wie bei jeder Kunst sind auch beim Dressurreiten die kennzeichnenden Merkmale widerspruchslos miteinander verflochten. Die Pirouette ist hierfür ein nachdenkenswertes Beispiel. Aus gut gerittenem Travers wird auf einem immer mehr bis zur Volte verkleinerten Kreis die Pirouette. Und hierbei wandelt sich in fließendem Übergang das Travers zum Schulterherein. Somit darf man getrost die Pirouette auch als um einen Punkt kreisendes Schulterherein bezeichnen. Jedes Hinterbein bewegt sich auf einer eigenen Kreislinie. Die Kruppe ist tief, die Hanken sind gebeugt.

PIAFFE UND PASSAGE —
EINIGE ANREGUNGEN

Handarbeit mit Dürer: Der Piaffiertrab steht jetzt im Vorder-grund. Er liegt zwischen Piaffe und Passage. Man könnte ihn auch als »kleine Passage« bezeichnen. Wichtig sind die »kleine Flamme« und der Takt. Kritiker könnten entgegenhalten, diese Gangart sei »weder Fisch noch Fleisch«. Dagegen stelle ich das in meinen Augen stärkere Argument, dass mein Piaffiertrab die später verlangten Übergänge von der Piaffe in die Passage und zurück anbahnt und erleichtert. Davon abgesehen sieht dieser ganz gut aus. Wieder einmal geht es um die Frühprägung!

Ich beginne mit der Schaukel. Ich achte auf kleine Tritte und unterdrücke dabei nicht die dann und wann angebotene Rückwärts-piaffe. Es folgt der Wiegeschritt auf der langen Seite.

Nächste lange Seite: jeweils Seitwärtsschaukel der Kruppe im Schritt und kleinen Trab. Dürer hat mir geholfen, den Wert dieser Übung zu erkennen. Hierzu bringe ich ihn auf den zweiten Hufschlag, wobei die Zügeleinstellung hinsichtlich der Seitenbiegung neutral bleibt. Ich lasse ihn mit den Hinterbeinen im Wechsel 2 bis 4 Tritte nach links und rechts treten. Die lange Gerte touchiert das jeweilige äußere Hinter-bein. Sie gibt das Kommando zum Seitenwechsel. Auf die genaue Tritt-zahl kommt es mir nicht an. Wichtig ist der kleine Takt bei geringem Raumgewinn. Der Hengst tänzelt mit der Hinterhand hin und her. Die Vorderbeine können auf der Linie bleiben. Diese Übung ähnelt dem Hin- und Herchangieren in den Pilaren (siehe Seite 214).

Ich werde sie in das Programm der nächsten Wochen aufneh-men, weil sie Dürer liegt und seine Beine dabei flinker werden. Das flinke Hinterbein ist die beste Voraussetzung für sicheres Piaffieren.

Immer wieder lasse ich den Hengst auch unter dem Reiter etwas mehr vorwärts gehen in Richtung Passage, um dann wieder in der Ver-kürzung in die Nähe der Piaffe zu kommen. Ich nenne dies die »Zieh-harmonika im Piaffiertrab«. Die Tritte klein und flink erhält man, indem man mit der Touchiergerte unmerklich immer schneller wird. Der Piaffiertrab ist nicht anstrengend. Er stärkt dennoch die Musku-latur der Hinterhand.

»Ziehharmonika im Piaffiertrab«

Ich habe mir für diese Übung, sei es an der Hand oder aufgeses-sen, eine besondere Strecke entlang einer Wiesengrenze ausgesucht. Dürer bietet, auf der Wiese angekommen, unaufgefordert den Piaffier-trab an. Manchmal wird er schief nach der einen oder anderen Seite. Ich lasse dies zu, solange der Rhythmus der Hinterbeine stimmt.

Zwischendurch Wiegeschritt. Er ist sicherer geworden und beginnt »auszustrahlen«. Beim Übergang in den Trab oder Galopp fließt die Versammlung mit; sie überträgt sich!

Piaffiertrab unter dem
Reiter. Wichtig sind der
Takt und die kleinen,
flinken Tritte.

Die Piaffe auf der Stelle soll man beim Üben nicht zu lange ausdehnen – nicht viel länger, als in der Aufgabe verlangt. Lieber öfter die Piaffe in der Pirouette verlangen und die Pirouette dabei groß anlegen. Von einer kleinen Volte ausgehen und diese verkleinern und vergrößern. Für die Gymnastik des Dressurpferdes gibt es keine bessere Übung.

Manche Pferde bieten einen kleinen Kadenztrab an, der sich der Passage nähert. Diesen annehmen, solange er genügend flink ist. Auch er hilft, den Takt zu sichern. Man kann diesen, ohne befürchten zu müssen, seinem Pferd zu schaden, mehrere Bahnrunden verlangen. Schon nach wenigen Monaten des Übens verstärkt sich die Kruppenmuskulatur sichtbar. Alle Lektionen, die ein Mehr an Kraftanstrengung den Hinterbeinen aufbürden, sind gut für die körperliche Entwicklung.

Es ist günstig, das Pferd die Gangstufe wählen zu lassen. Das Maß des Vorwärts ist weniger wichtig als die Bewegungsmanier, die als eine Art »Ziertrab« irgendwo zwischen Piaffe und Passage angesiedelt werden kann. Jede Stufe ist unter der Bedingung gut, dass in ihr erkennbar die nächsthöhere wohnt. Im Laufe der Arbeitsstunden kristallisiert sich heraus, welche einem Pferd am besten liegt. In dieser soll es dann auch alle Lektionen, besonders aber Travers und Schulterherein, absolvieren. Es gilt, das tänzerische Element mehr und mehr zu wecken. Aus Arbeit an der Hand soll Tanz an der Hand werden. Außenstehende könnten den Eindruck gewinnen, ich würde bei jedem Pferd die Methode ändern. So ist es nicht, beruht doch die HSH-Methode wesentlich darauf, das vom Charakter des Pferdes bedingte Angebot zu provozieren und anzunehmen.

Aus Arbeit an der Hand soll Tanz an der Hand werden.

Ein Reiter, der nur fertig ausgebildete Pferde reitet, muss aufpassen, dass sprudelnde Quellen nicht versiegen. Wer sich mit dem Hubschrauber auf den Berggipfel bringen lässt, kennt den Berg nicht so gut wie der Bergsteiger, der ihn im Laufe der Zeit in Kletterrouten erkundet hat.

Der Berg, den ich meine, heißt Piaffe. Um sie sicher zu machen, muss man Übungen pflegen, die zu ihr hinführen. Wer immer nur den gleichen Weg den Berg hoch geht, wird sich wundern, ihn eines Tages verschüttet zu sehen. Und dann gibt es meistens Streit!

Die zu der großen Mutterlektion hinführenden Übungen können sein:
- der versammelte Schritt und der aus ihm sich entwickelnde Wiegeschritt
- das Seitwärtsschwenken der Kruppe im kurzen Wechsel
- der verkürzte Kadenztrab (früher auch »Ziertrab« genannt)
- das Antraben aus dem Rückwärtsrichten mit nachfolgender ganzer Parade
- das verkürzte Schulterherein
- die Schrittpirouette im versammelten Schritt und im Wiegeschritt
- die Levade, wenn sie in guter Form vom Pferd angeboten wird
- die kleine Kadenzpassage.

DAUER DER REPRISEN BEIM REITEN

Oberstes Gebot ist: Nach jeder Reprise eine Pause! Diese ist beim normalen Üben eine halbe Schrittrunde am langen Zügel und während des Reitens einer Aufgabe eine angedeutete »Descente de Main« (siehe Seite 161). Eine ausgesprochene Lernreprise sollte nach ca. 5 Minuten beendet sein. Intensive Arbeit unter dem Reiter darf – die Zeit der Schrittabschnitte nicht gerechnet – nicht länger dauern als 20 bis 30 Minuten. Wer von seinem Pferd mehr verlangt, riskiert, dessen freiwillige Mitarbeit zu verlieren und unversehens auf einem vergrämten Diensttuer zu sitzen.

Jede Stunde muss ihren Schwerpunkt haben.

Es ist wichtig, dass der Reiter sich vor der Stunde genau zurechtgelegt hat, um was es heute gehen soll. Wenn sie eine Lernstunde sein soll, muss jede Stunde ihren Schwerpunkt haben. Es ist geradezu von Vorteil, im Wechsel Einzellektionen eine Woche lang oder sogar noch länger ganz zu vergessen. Dies gilt besonders für die Serienwechsel im Galopp. Nach einer Pause funktioniert alles besser.

Sein Pferd regelmäßig so sehr zu belasten, dass es fast in jeder Reitstunde schweißnass wird, ist falsch und schädlich. Je mehr Schweiß, desto geringer der Fortschritt. Man sollte so reiten, dass das Pferd höchstens an einzelnen Stellen feucht wird. Immer muss die Devise sein: locker und leicht mit dosierter Kraft.

Je mehr Schweiß, desto geringer der Fortschritt.

ACHTUNG: Bei überhöhter Pulsfrequenz verringert sich die Lernfähigkeit. Die Naturinstinkte gewinnen die Oberhand. Die natürlichen Automatismen sind mobilisiert. Gegen sie kommt der Reiter nicht an. Jede Woche einmal – möglichst draußen – einen längeren, aber sehr ruhigen Galopp reiten, zum Beispiel zweimal 2 km zur Stärkung von Herz und Lunge.

SANFTE KORREKTUR – NICHT KÄMPFEN!

Ein Beispiel für eine Niederlage: Alter schützt vor Torheit nicht!

An einem Tag hatte ich wenig verlangt und viel bekommen, am folgenden war es umgekehrt. Ich wollte den Erfolg vom Vortag nicht nur wiederholen, sondern noch einen Schritt weiterkommen. Dabei habe ich gegen meine eigene Regel verstoßen, die lautet: Wenn ein Pferd viel gegeben hat, soll man am folgenden Tag weniger fordern.

Handarbeit: Im Rechtstravers wehrt sich der Hengst gegen die Längsbiegung. Ich verkürze den rechten Zügel. Er reagiert missmutig und verwirft sich im Genick. Schließlich verlängere ich den inneren Zügel wieder aufs normale Maß und begnüge mich mit einer geringeren Abstellung der Kruppe. So kann man die Übung wenigstens ansehen. Aber das Problem ist noch nicht gelöst. Ich habe den Hengst vor der Traverslektion durch zu langes Üben des Wiegeschrittes nervös gemacht und hierfür die Quittung bekommen.

Reiten: Ich beginne mit dem Zählschritt an den langen Seiten und muss mich mit 26 Schritten von F bis M begnügen. Für den korrekten Wanderschritt fehlt die innere Ruhe. Ich gehe über zum Schulterherein links, Dürers schwierigere Seite. Er reagiert erneut missmutig. Als ich mit dem linken Sporn Gehorsam fordere, wirft er die Kruppe in die Bahn. Nach einigen Schritten geradeaus kann ich korrigieren. Aber danach wiederholt sich der Fehler mehrmals. Dürer wird heftig und geht gegen den inneren Schenkel. Diese Schiefstellung ist seine Verweigerungshaltung.

Nach 5 Minuten beende ich den Ritt ohne weitere Übungen. Es war falsch, die Verweigerung mit Ungeduld zu beantworten und eine Eskalation zu riskieren. Ich nehme mir vor, bei einer Wiederholung im Linkstravers weiterzureiten und dabei Längsbiegung und Versammlung besonders zu betonen. So wird der Hengst bald verstehen, dass er mit seiner Verweigerung nicht aus der Pflicht herauskommt.

Wenn der Reiter sich mit dem Sporn durchsetzen muss, hat er vorher etwas falsch gemacht. Der ideale Reiter kämpft nicht mit seinem Pferd; er »bearbeitet« es auch nicht – wie man so oft hört und liest. Das Ziel muss immer sein, das Pferd zur Mitarbeit zu motivieren.

Nächster Tag: Ich hatte mir vorgenommen, heute mit den Anforderungen zurückzugehen, um den Hengst zur Ruhe kommen zu lassen. Der Verlauf der Trainingsstunde war ungewollt ein anderer. Dürer hat sich bei mir und ich mich bei ihm entschuldigt!

Das Ziel muss immer sein, das Pferd zur Mitarbeit zu motivieren.

Schulterherein als Kandaren-Handarbeit. Auch hier ist der Körperkontakt wichtig! Übung im Wechsel, einmal mit wirksamer Trense, dann wieder mit sanft anstehender Kandare.
Bei Handarbeit mit Leinen liegen die Hände des Ausbilders auf der Kruppe.

Handarbeit im Freien: Der Boden ist leicht gefroren. Dürer macht dies überhaupt nichts aus. Perfekte große Schaukel mit Spanischem Tritt jeweils in der Vorwärtsbewegung. Ich gebe fast keine Hilfen und gehe nur nebenher, auf beiden Händen.

Beim Schulterherein gehe ich ganz dicht am Pferd, beide Hände auf der Kruppe abgestützt. Auf der rechten Hand liegt die rechte Hand mittig und die linke auf der linken Seite der Kruppe, beim Schulterherein links entsprechend umgekehrt. Diese Art der Führung ist bei der Handarbeit nur dann zulässig, wenn das gegenseitige Vertrauen gut gegründet ist und das Pferd gelernt hat, auf die Stimmenhilfe prompt zu reagieren.

Nach dieser Schrittarbeit die gleiche Übung im Trab auf beiden Händen. Bei den Traversübungen und den anschließenden Traversalen gehe ich außen noch dichter an der Kruppe, so dass ich durch meine Position ihre Abstellung bestimme. Selbst im Trab bin ich heute ganz dicht am Pferd geblieben. Der Körperkontakt beruhigt das Pferd.

Wie üblich, lasse ich Dürer noch einige Zirkelrunden galoppieren, wobei ich das Verkleinern des Zirkels immer mehr betone. Er galoppiert jetzt sicher in der Volte. Einmal Verkleinern auf jeder Hand genügt. Dürer ist voll bei der Sache. Wenn ich an den gestrigen verunglückten Tag denke, beschämt mich heute sein guter Wille.

Reiten: Ich hatte mir vorgenommen, nur einige Runden Zählschritt zu reiten und dann die Arbeit mit Schulterherein links beim ersten Gelingen zu beenden.

Ich komme sofort auf 25 Schritte von A bis K und F bis M. Dann nehme ich die Zügel auf und beginne bei F mit Schulterherein im Schritt.

An der Mitte der langen Seite fängt Dürer unversehens zu piaffieren an. Ich nehme das Angebot an, möchte aber nicht auf der Stelle bleiben. Ein kleiner Schenkeldruck links/rechts veranlasst Dürer zu erhabenen Passagetritten. Ich habe instinktiv mitgemacht. Bei C pariere ich durch und springe ab. Dürer hat mich heute daran erinnert, was natürliche Versammlung ist!!

Ich halte es für verfehlt, schon vom jungen Pferd den Sekundengehorsam zu verlangen. Der besonnene Ausbilder muss bessere Wege finden, um seine Alphaposition zu festigen. Bei Gelegenheit kann es erforderlich sein, aus einer ungewünschten Reaktion des Pferdes eine Übung zu machen und so einer direkten Auseinandersetzung aus dem Wege zu gehen.

Zum besseren Verständnis ein konkretes Beispiel:

Meine Tochter Ulrike bildet Dali, eine hochveranlagte 6-jährige Stute, aus. Sie ist im Temperament nicht ganz einfach. Es ging vor einigen Monaten um den fliegenden Wechsel nach rechts, den sich Dali noch nicht zutraute. Statt nach einem missglückten Versuch neuerlich anzugaloppieren, fing sie an zu steigen. Dies mit Eleganz und Grazie.

Ich wollte nicht, dass Ulrike ein Risiko eingeht, und habe daher Dali einige Wochen an der Hand gearbeitet. Zur Verwunderung mancher Beobachter machte ich aus dem Steigen eine Arbeitslektion. Ich verlangte die Anhebung der Vorhand aus der Piaffe. Die Stute verstand sofort und spielte mit. Sie hatte damit verspielt.

Ich wiederholte das Steigen auf Kommando jeden Tag ein halbes Dutzend Mal und dies 14 Tage lang. Dabei war ich bestrebt, aus dem Steigen eine Pesade zu machen. Die Zäumung war auf Kappzaum in Kombination mit dem Unterzügel, der die Halsrundung beim Steigen sicherte. Nach einem Monat konnte ich Dali in einer schönen, jederzeit wiederholbaren Pesade vorstellen. Manchmal näherte sich diese bereits der Levade.

Ich habe so die Abwehrreaktion zur alltäglichen Arbeit gemacht. Pesade und Levade sind anstrengende Übungen. Schon nach kurzer Zeit hat Dali diese Lektion nur noch auf meine Hilfe hin ausgeführt.

Abwehrreaktion zur alltäglichen Arbeit machen

Ulrike hat dann die weitere Ausbildung wieder in die Hand genommen. Nicht ein einziges Mal hat Dali nach dieser Korrektur versucht, sich durch Steigen vor der Lernarbeit zu drücken.

Diese Korrektur war sanft und dabei eine Rücken und Lenden stärkende Gymnastik. Es gab weder Sporenstiche noch strafende Peitschenhiebe. Eine Korrektur durch Strafe belastet die Bilanz der Ausbildung mit einem Minuszeichen. Wenn sich diese zu sehr häufen, verliert das Pferd seinen Glanz. Zum Verlierer wird, wer sein Pferd täglich besiegt. Früher oder später! Beim Reiten nicht streiten!

Zum Verlierer wird, wer sein Pferd täglich besiegt.

Ein anderes Beispiel:

Als ich auf der rechten Hand bei B im Laufe der Schrittreprise Schulterherein in verkürzten Tritten fordere, bietet mir Dürer als Ersatz Rückwärtsrichten an. Pferde, die gut lernen, finden auch leicht einen Trick, mit dem sie sich der Arbeit entziehen! Ich arbeite nicht dagegen und mache den Rückwärtsgang mit, zumal das Gangmaß gut geregelt ist. Ich warte, bis Dürer in der Nähe von C zum Stehen kommt – er hat die Ecke spielend geschafft –, und verlange dann nochmals das Rückwärtstreten. Nach H hat er genug und will anhalten, was ich erst bei E zulasse. Dann gehen wir im Schritt bis M, wo ich erneut in Schulterherein-Stellung die stark verkürzten Schritte verlange und auch sogleich bekomme. Zügel lang, loben. Ich bin mit mir selbst zufrieden, ist es mir doch gelungen, auf elegante Weise einen Streit zu vermeiden.

Das Angebot des Pferdes
immer annehmen

Zu meiner Arbeitsmethode gehört, es sei wegen der Wichtigkeit nochmals betont, das Angebot des Pferdes immer anzunehmen, wenn dieses in eine korrekte Lektion einmünden kann. Auf unseren Reitplätzen sieht man Profireiter, die dank ihrer starken, mit Wagemut gepaarten Einwirkung tagtäglich ihre Pferde besiegen. Die Siege addieren sich im Laufe der Zeit zur sicheren Niederlage. Das Resultat ist das mechanisierte Pferd ohne Glanz und Poesie.

Noch ein anderes Beispiel: *Eine Trainingsstunde nahm nur deshalb einen guten Verlauf, weil ich mir einen anderen Weg ausgedacht hatte, mein Pferd zur Mitarbeit zu gewinnen. Ich habe vermieden, bei M, wo es am Vortag beim Übergang in den Rechtstravers einen Missklang gab, das Gleiche zu verlangen. Genau diesen Punkt hatte Dürer noch im Kopf. Schon in der Nähe von M fühlte ich den Widerstand. Es hätte wenig genügt, den Streit von neuem zu entfachen! Für den Hengst unerwartet, nahm ich ihn mit langem Hals in eine große Schrittvolte und wiederholte dies – mit »Girlanden«-Zügel! – auch beim nächsten Passieren der Streitstelle. Am folgenden Tag gab es sie nicht mehr.*

In der Vorstellung eines Pferdes spielt der Ort eines erlebten Missklanges eine wichtige Rolle. Es erwartet mit Angst die Wiederholung – sei es einer Strafe oder einer Überforderung.

▶ Die Kandare

Die vorausgehende Handarbeit auf Kandare zahlt sich aus. Das Pferd ist kandarenreif, sobald es »leicht« ist und bei der Handarbeit schon bei geringem Anlagedruck der Stange mit augenblicklichem Nachgeben reagiert. Die Stange soll wie ein Weidezaun sein, den das Pferd unbedingt als Grenze achtet, gegen den es nicht drückt. Dies erreicht mit Sicherheit, wer sein Pferd schon sehr früh an der Hand mit der Kandare vertraut macht. Nach 8 bis 12 Monaten ausschließlicher Handarbeit reite ich meine Pferde sogleich »auf Kandare«. Diese ist allerdings mit einem normalen Trensengebiss von 18 mm Durchmesser kombiniert. Wie auf der Abbildung Seite 153 links zu sehen, sind die Haken der Kinnkette entsprechend angepasst. Dies heisst, dass ich bei durchhängenden Kandarenzügeln ganz normal auf Trense reite.

Mit den heutigen Unterlegtrensen ist dies nur bedingt möglich, weil sie zum einen viel zu dünn und damit zu scharf sind – ca. 12 mm Durchmesser – und zum anderen ihre Wirkung nicht

ganz unabhängig von der Kandare ist. Die Abbildung rechts zeigt die heute übliche Kombination, bei der die Kinnkettenhaken bei angenommenen Kandarenzügeln gegen die aus dem Maul herausragenden Extremitäten der Unterlegtrense drücken und diese zusätzlich und unkontrollierbar belasten. Dadurch wird der Sinn der genialen Kombination verfälscht. Die unabhängige Wirkung beider Gebisse ist nicht gewährleistet. Dies ist für das Pferd unangenehm. Es weicht mit dem Kopf seitlich aus; es verkantet, sobald einer der beiden Haken etwas mehr drückt als der andere.

Die Abbildung links gibt dagegen einen Kinnkettenhaken wieder, der auch eine normale Trense berührungslos in einem genügend großen Bogen umgeht. Nur so sind beide Gebisse ohne unerwünschte gegenseitige Einflussnahme. Nur so sind sie im Sinne der Erfindung voneinander unabhängig.

So weit wie möglich sollte man beim ersten Reiten Übungen und deren Kombinationen vermeiden, bei denen es nicht ohne deutliche Handeinwirkung geht. Nur das reiten, was das Pferd an der Hand gut erlernt hat! Das Pferdemaul wird sonst stumpf und die Freiwilligkeit lässt nach.

Wie oft sieht man bei Prüfungen der niedrigen Kategorie einseitige Zügelanzüge, bei denen eine Seite des Trensengebisses so weit aus dem Maul herausgezogen ist, dass das Gelenk auf der Lade reitet! Um noch Schlimmeres zu verhindern, werden die Pferdemäuler zugeschnürt, kreuz und quer wie ein Weihnachtspaket. Wer sein Pferd gemäß HSH mit Kappzaum an der Hand arbeitet, vermeidet solche Schauerbilder. Wer den Nasenriemen eng anziehen muss, damit sein Pferd nicht das Maul aufsperrt

Links: Kandarenzäumung. Der vergrößerte Kinnkettenhaken umgeht das Trensengebiss in sicherem Abstand. Es kann nicht vorkommen, dass er beim Annehmen der Kandarenzügel unkontrollierbar gegen die beidseitigen Enden des Trensengebisses drückt.

Rechts: Heute vielfach übliche Kandarenzäumung. Der im Laufe der Generationen verkümmerte Kinnkettenhaken drückt gegen die Unterlegtrense. Somit sind Stange und Unterlegtrense nicht mehr voneinander unabhängig. Das ist ein schwerwiegender technischer Fehler mit abstumpfender Auswirkung auf das Pferdemaul. Der Reiter ist sich nicht bewusst, was im Pferdemaul geschieht!

sei es bei Trensen oder Kandarenzäumung –, hat etwas falsch gemacht. Er hat zu viel und zu einseitig am Zügel gezogen. Meine Pferde gehen mit lockerem Nasenriemen.

Das Hannoversche Reithalfter – auch Sperrhalfter genannt – ist eine typisch deutsche Erfindung. Weshalb soll man seinem Pferd nicht gestatten, sein Maul ein klein wenig zu öffnen, haben doch die französischen Meister sogar Wert darauf gelegt, dass es ganz leicht geöffnet sein soll. Beim Menschen ist der streng geschlossene Mund eher ein Zeichen der Verkrampfung. Wer würde auf die Idee kommen, etwa beim Eiskunstlaufen einen streng geschlossenen Mund zu verlangen? Das geschlossene Pferdemaul ist ein militärischer Zopf!

Ich meine, dass man so weitgehend wie möglich darauf verzichten soll, sein Pferd unnötig einzuzeugen. Es bleibt doch noch genug Zwang übrig, den es verkraften muss, zum Beispiel der bis zur Ausbildung einer guten Sattellage streng angezogene Sattelgurt.

SINN UND ZWECK DES UNGEBROCHENEN STANGENGEBISSES

Der Kandarenzaum in Kombination mit dem gebrochenen Trensengebiss ist eine geniale Erfindung, die heute nicht immer richtig verstanden wird. Wir benützen ein Instrument, das uns die Tradition in die Hände gegeben hat, ohne uns zuvor mit seiner Geometrie und mathematischen Kraftübertragung näher zu befassen.

Die Stange ist mit ihrer Ausnehmung für die Zunge dem Pferdemaul gut angepasst, besser als das gebrochene Trensengebiss. Unter der Voraussetzung, dass beide Zügel mit der gleichen und möglichst niedrigen Spannung anstehen, werden die meisten Pferde das Stangengebiss schon nach kurzer Eingewöhnung gerne annehmen. Die beidseitig gleiche Zügelwirkung ist aber nur erreichbar, wenn beide Kandarenzügel in die gleiche Hand des Reiters gehen. Bei Führung 2:2 sind Relativbewegungen beider Hände unvermeidbar, was sich dem Pferdemaul in unangenehmer Weise mitteilt.

Wenn darüber hinausgehend unkundige Reiter bewusst die Kandarenzügel einseitig zur Wirkung bringen, um damit die seitliche Halsbiegung zu erzwingen, wird die Stange trotz idealer Formgebung zum Marterinstrument. Sie verkantet sich im Pferdemaul. Das Gebiss klemmt einseitig. Das Pferd quittiert dies durch Hochziehen der Zunge und Schiefstellen des Kopfes. In krassen Fällen entzieht es die Zunge jeder Einwirkung und lässt sie seitlich aus dem Maul heraushängen – eine Anklage gegen die Reiterhand!

Sinn der Stange ist die Bestimmung des Maßes der Beizäumung, wobei die Auflagedrücke auf Zunge und Laden möglichst gering sein sollen. Die Stange setzt eine Grenze. Diese muss sicher, weich, ruhig und beidseitig gleich sein, damit das Pferd sich vertrauensvoll auf sie einstellen kann. Es lernt bei korrekter Zügelführung, diese Grenze zu achten, ohne gegen sie zu drücken. Eine hohe, über ca. 300 g hinausgehende Spannung der Kandarenzügel darf es dauerhaft niemals geben.

Das gemäß HSH ausgebildete Pferd nimmt die seitliche Biegung des Halses – sei es im Bogen oder in den Seitengängen – selbstständig an. Die Kandarenhand folgt der Bewegung durch entsprechende Drehung und seitliche Verlagerung. Im Linksbogen geht die Kandarenhand ein wenig nach rechts, wobei der Zeigefinger, der den rechten Kandarenzügel hält, nach rechts vorne aufgeht. Sinngemäß ist die Handbewegung bei der Biegung nach rechts umgekehrt. Bei dieser pferdegemäßen Art der Zügelführung behält die Zunge ihren Platz in der Aussparung der Stange. Sie wirkt als Dämpfungspolster zugunsten der beidseitigen Laden. Der linke Kandarenzügel wird gemäß HSH um den Mittel- und Zeigefinger der linken Hand gelegt (siehe Seite 114).

DAS GEBROCHENE TRENSENGEBISS

Es ist für das seitliche Biegen das bessere Instrument. Das Gelenk erlaubt momentane einseitige Zügelanzüge, das sogenannte Abdrücken. Der Reiter muss sich aber bewusst sein, dass dieses gebrochene Gebiss ähnlich funktioniert wie ein Nussknacker. Es ist nicht, wie so viele Reiter meinen, das sanftere Gebiss. Es ist, wie die ungebrochene Stange, nur so sanft wie die Reiterhand.

Bei aushaltender »Schnallenhand« mit dem Trensengebiss die Beizäumung erzwingen zu wollen ist unfein und bringt das Pferd allzuoft in die falsche Richtung des Reagierens. Dieses militärische Reiten ist besonders bei Blutpferden nicht einmal eine zweitbeste Methode. Man riskiert, sich den Weg zur »Légèreté« zu verbauen. Derartig geprägte Pferde sind ohne gut entwickelte Armmuskulatur schwer nachreitbar. Man hüte sich vor Bereitern mit strammem Bizeps! Was grob beginnt, endet selten fein. Für die Beizäumung in senkrechter Ebene ist die ungebrochene Stange die günstigere Einflussnahme.

Was grob beginnt, endet selten fein.

WIRKUNGSWEISE DER KANDARE

Ich möchte an das dem Kandarenzaum zu Grunde liegende Hebelgesetz erinnern. Es lautet

Kraft x Kraftarm = Last x Lastarm.

Die nebenstehende Skizze, nach der die Öse für die Einhängung der Kinnkette als fixer Drehpunkt angenommen wird, zeigt zulässig vereinfacht, welche Wirkung die Reiterhand im Maul des Pferdes hervorruft. Ohne diese Kenntnis ist der Gebrauch der Kandare kaum vertretbar. Gutes Reiten ist vor allem Kopfarbeit. Ich meine beide Köpfe: den des Reiters und den des Pferdes.

Ein Rechenbeispiel:

$L_1 = 8$ cm, $L_2 = 2$ cm, Führung 3:1; $F_1 = 200$ g (100 g/Zügel). Somit ist $F_2 = 200$ x (2+8) geteilt durch 2 = 1000 g.

100 g Zügelspannung ergeben eine Last von 1 kg auf Zunge und Laden. Als Dauerbelastung ist dies zu viel, selbst wenn man berücksichtigt, dass die Kandare bei richtiger Einstellung eine Kleinigkeit durchhängt, wobei sich die wirksame Hebellänge etwas verringert.

Wer in der Meinung, dem Pferd entgegenzukommen, einen kürzeren Unterbaum bevorzugt, sollte beachten, dass sich bei diesem wegen der entsprechend vergrößerten Winkelveränderung Handfehler verstärkt auswirken. Auf diese kommt es aber an! Der lange Unterbaum erzielt im Verein mit einer »wissenden« Hand die weichere Führung.

Bei einem Drehhebel kommt es wesentlich auch auf die Winkelstellung an. Je länger der Hebel, desto kleiner die Auswirkung eines Winkelfehlers. Keine Reiterhand ist vollkommen ruhig, auch die beste kann kleine Winkelfehler nicht gänzlich vermeiden. Diese verursachen bei längerem Unterbaum die geringeren Lastveränderungen im Pferdemaul.

Alte Stiche zeigen, dass in früherer Zeit die Unterbäume viel länger waren. Bei Zügelführung mit nur einer Hand waren die alten Zäumungen somit sanfter als heute gemeinhin angenommen. Es muss aber bei der Behandlung dieses komplexen Themas auch hinzugefügt werden, dass eine grobe, unwissende, böswillige Hand mit dem langen Unterbaum dem Pferd die größeren Schmerzen bereiten kann.

Ich habe u.a. versuchsweise ein altes Kandarengebiss verwendet, das von meinen Pferden gut angenommen wurde. Es handelt sich um eine antiquarisch erworbene Kandarenstange.

Gutes Reiten ist vor allem Kopfarbeit.

Sie dürfte aus dem letzten Jahrhundert stammen. S-förmiger Unterbaum, Abstand der Stange bis zur Zügeleinhängung des Unterbaumes 11 cm. Die Formgebung ist mehr eine Frage der Ästhetik. Dieser Versuch war für mich ein neuerliches Indiz dafür, dass die alten Meister, einer Idealvorstellung folgend, auf eine feine Führung mit leichter linker Hand Wert legten. Auf den historischen Stichen sehen die langen Unterbäume bedrohlicher aus, als sie sind. Maßgebend für die Wirkung ist das Verhältnis der Hebellängen. Zum Vergleich:

Kandarengebiss, wie es heute üblich ist:
Länge des Unterbaums: 7,5 cm
Länge des wirksamen Oberbaums: 3,5 cm
ergibt das Verhältnis 1:2,1;

Antiquarisches Kandarengebiss:
Länge des Unterbaumes: 11 cm
Länge des wirksamen Oberbaumes: 5 cm
Verhältnis 1:2,2.

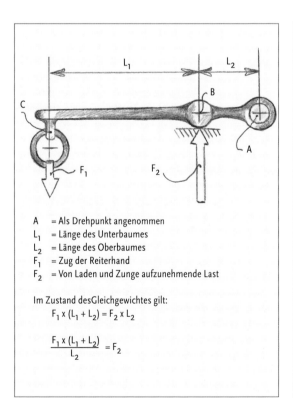

A = Als Drehpunkt angenommen
L_1 = Länge des Unterbaumes
L_2 = Länge des Oberbaumes
F_1 = Zug der Reiterhand
F_2 = Von Laden und Zunge aufzunehmende Last

Im Zustand des Gleichgewichtes gilt:
$$F_1 \times (L_1 + L_2) = F_2 \times L_2$$

$$\frac{F_1 \times (L_1 + L_2)}{L_2} = F_2$$

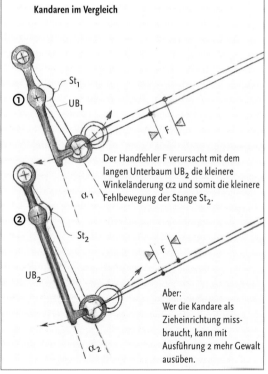

Kandaren im Vergleich

Der Handfehler F verursacht mit dem langen Unterbaum UB_2 die kleinere Winkeländerung α_2 und somit die kleinere Fehlbewegung der Stange St_2.

Aber:
Wer die Kandare als Zieheinrichtung missbraucht, kann mit Ausführung 2 mehr Gewalt ausüben.

Hieraus ergibt sich, dass die verkleinerte Ausführung, die so harmlos aussieht, wirksamer ist als das alte Kandarengebiss. Beim letzteren entsteht dazu der praktische Vorteil, dass die Lage der Kinnkette viel eindeutiger ist. Es hat mir schon immer missfallen, dass bei den heutigen Ausführungen die Wirkungslinie der Kinnkette in Bezug auf den Oberbaum deutlich vom rechten Winkel abweicht. Hieraus resultiert, dass je nach Ausbildung der Kinnkettengrube des Pferdes die Kinnkette mehr drückt als die Stange im Maul. Die Verfasser der LPO sind in diesen Fragenkomplex nicht tief eingestiegen. Groben Zügelhänden Rechnung tragend, haben sie die maximal zulässige Länge des Unterbaumes auf 10 cm begrenzt. Es ist ihnen entgangen, dass es auf die Art der Zügelführung entscheidend ankommt.

DIE KOMBINIERTE WIRKUNG

Die Ausdrucksweise »auf Kandare reiten« ist unglücklich. Zum einen handelt es sich um eine Kombinationszäumung. Das Trensengebiss ist genauso wichtig wie die Stange. Zum anderen setzt der feinfühlige Reiter letztere nur zum Erhalt der Beizäumung ein. Solange diese stimmt, hält er nur leichten Kontakt.

Es ist durchaus nicht falsch, wenn die beiden Kandarenzügel ein klein wenig durchhängen, so wie man dies auf alten Stichen sieht. Das Pferd fühlt selbst den nicht ganz straffen Kandarenzügel!

An den Kandarenzügeln zieht man nicht.

An den Kandarenzügeln zieht man nicht, man hält sie nur in der richtigen Länge in einer Hand. Die Richtigkeit meiner Anschauung lässt sich leicht beweisen: Man nehme mit geschlossenen Augen ein loses Kandarengebiss in eine Hand. Die Finger umgreifen die Stange mittig. Die Unterbäume zeigen nach unten.

Die Kandarenzügel gehen zu einer fremden Reiterhand und haben die gleiche Länge. Zunächst lässt man beide Zügel ganz durchhängen. Schon der Beginn des Aufnehmens der Zügel ist an der Stange fühlbar, spätestens aber, bevor die Zügel von der Einhängung am Unterbaum bis zur Reiterhand eine fast gerade Linie bilden. Das Pferdemaul ist noch feinfühliger!

Dieser Versuch besagt, dass das Pferd die Reiterhand auch bei leicht durchhängendem Zügel spürt. Schon eine Veränderung des Durchhängens wird vom Pferd als Hilfe wahrgenommen.

Eine derartige Feinabstimmung und nicht der stramme deutsche Zügel führt zu der französischen »Légèreté«.

Zügelführung auf Kandare

Der ursprüngliche Sinn der Kandare war, das Pferd mit einer Hand zu führen. Die Rechte musste frei sein; sie hielt die Waffe, das Zepter, die Fahne, das Jagdhorn, sie gab dem Gefolge Kommandozeichen, wurde zum Gruß feierlich erhoben. Der höfische Reiter hielt den rechten Arm lässig gestreckt und demonstrierte so edelmännische Grazie und Überlegenheit. Mit Zügel in einer Hand – leicht durchhängend – im Schulterherein an seinen in Linie stehenden Soldaten entlang reitend, stellte der Heerführer seine Position heraus. Man denke an die schönsten Reiterdenkmäler. Immer zeigen sie das einhändig geführte Pferd, das dem Gebiss nachgibt. Die Hand ist fein: Beide geben nach, Pferd und Reiter.

Wir meinen, heute reiterlich fortschrittlicher zu sein. Sind wir es? In vielerlei Hinsicht sicherlich, nicht aber in der Zügelführung.

Die Bevorzugung der 2:2-Zügelführung begann mit dem sportlichen Springreiten, das es in früheren Jahrhunderten nicht gab. Die beim Sprung dem Pferdemaul spontan nachgebende Hand ist nur bei geteilten Kandarenzügeln möglich. Leider hat sich diese Führung, als nach dem Krieg die Amateurreiterei aufblühte, auch beim Dressurreiten durchgesetzt. In einer Unglücksstunde wurde ins Dressurreglement der Passus aufgenommen: »Zügelführung beliebig«.

ZÜGEL IN EINER HAND – DIE VORTEILE DER 3:1-FÜHRUNG

Alles, aber auch alles haben die Funktionäre reglementiert, selbst die Mähnenzöpfe, nur nicht das wichtigste Kriterium! Ein Reiter ist so gut wie seine Hände. Deren Güte aber ist zu einem wesentlichen Teil mitbestimmt von der Art der Zügelführung. Gute Hände sind bei 2:2-Führung immer noch gut. Mit 3:1 wären sie aber noch besser und könnten noch weniger in Versuchung geraten, Probleme mit Kraft lösen zu wollen. Wer die Kandarenzügel nur mit Zeige- und Mittelfinger der linken Hand hält, setzt sich selbst unter Zwang, mit Feinheit zu agieren! Er verzichtet auf einseitiges Ziehen und vermeidet somit das schmerzliche Verkanten des Stangengebisses, wobei nur eine Lade, dafür aber doppelt belastet wird. Wer noch nie 3:1 geführt hat, ist kaum in der Lage, objektiv zu vergleichen und zu beurteilen, wieviel Charme durch die 2:2-Führung verloren geht. Mit der letzteren kann man manches erzwingen, was man mit 3:1 erreiten muss.

Ein Reiter ist so gut wie seine Hände.

In den Traversalen, im Schulterherein, in den Pirouetten versucht mancher Reiter, die Verkantung seines Pferdes durch einseitige Zügelanzüge nach oben oder indem er eine Hand deutlich höher nimmt zu beheben. Solche Symptomkorrekturen sind bei 3:1-Führung nicht möglich. Mit dieser sind der Stand und die Qualität der Ausbildung sofort ungeschminkt erkennbar. Sie kommt der Dominanz der Hand nicht entgegen und erzieht den Reiter zur Korrektheit und Leichtigkeit.

Was man heute auf Turnierplätzen sieht, ist oft abstoßend. Selbst manche Profis machen zwischen Stangengebiss und Trense in der Handhabung wenig Unterschied – daher die Beliebtheit kurzer Unterbäume. Sie missachten den erfinderischen Sinn der Kombination Stange – Trense!

Der Reiter soll nicht mit Kraft regieren.

Zwei Hände haben mehr Kraft als eine. Der Reiter soll aber nicht mit Kraft regieren; schon deswegen sind zwei Hände zu viel! Es kann sein, dass eines Tages Tierschützer vereint mit schlagzeilenhungrigen Journalisten die Kandare ins Visier nehmen. Vielleicht werden sich dann die Reiterfunktionäre auf die pferdegemäße Kandarenführung zurückbesinnen.

Wer die »Légèreté« anstrebt, reite sein Pferd viel mit Zügel in einer Hand, die lange Gerte in der anderen.

Erfahrungen und Vorteile:

▸ Die Anlehnung verbessert sich.

▸ Das Pferd geht mit zufriedenem Gesicht.

▸ Bei den Verstärkungen gelingt die Rahmenerweiterung besser.

▸ Wenn bei innerer Unruhe sich das Pferd in der Trabverstärkung nicht »fliegen« lässt, kann die einhändige Führung Wunder wirken. Schon vor dem Zulegen die lange Gerte in kleinen Schwingungen, die sich immer mehr verstärken, hinter den Reiterschenkel anlegen. Während der Verstärkung leicht touchierend dran bleiben. Man kann so den Antritt und die Mobilität wirkungsvoll verbessern.

▸ Eine gute Übung: die »Trabziehharmonika« – ich verstehe darunter das Reiten ganz kleiner Tempounterschiede in kurzem Abstand – mit Zügel in einer Hand und touchierender Gerte in der anderen. Dabei zu immer kürzeren Intervallen kommen! Darauf achten, dass die Schulter der Gertenhand nicht zurückhängt.

▸ In jeder Stunde einige Lektionen mit Zügel in einer Hand reiten, auch die schwierigen. So bekommt man ein taktsauberes, leichtes Pferd und verbessert die Symmetrie. Dies gilt besonders für die Passage. Bei Passage und Piaffe soll auch die Trense nicht einseitig zur Wirkung kommen. Die rechte Hand ist geradezu unnötig. Es ist ausgesprochen falsch und unreiterlich, mit ihr durch rhythmische Anzüge den Takt geben zu wollen.

▸ Serien-Galoppwechsel – besonders die Einerwechsel – kann man mit Zügel in einer Hand am besten prägen und festigen. Es gibt weniger Patzer durch nervliche Fehlschaltung.

▸ Bei Anzeichen innerer Unruhe – zum Beispiel auf dem Abreiteplatz – Zügel in eine Hand, und schon ist die Pferdeseele wieder im Gleichgewicht! Wer mit einer Hand reitet, schenkt seinem Pferd Vertrauen und bekommt dieses in gleicher Münze zurück.

Zügel in eine Hand, und schon ist die Pferdeseele wieder im Gleichgewicht!

▸ Immer wieder übungsweise eine Prüfungsaufgabe mit einer Hand ganz durchreiten. Früher gab es Dressuraufgaben mit Zügelführung in einer Hand. Dies war eine gute Sache! Für die Richter war es viel leichter, den Weizen von der Spreu zu trennen. Reelle Ausbildungsarbeit war mit einem Blick erkennbar. Ein Pferd, das man auf Trense nicht mit einer Hand reiten kann, ist vom harmonischen Idealbild weit weg, und dies gilt auch für die höheren Lektionen.

DESCENTE DE MAIN

»Descente de Main« bedeutet, dass man das Pferd vorne im Maul für einen kurzen Moment »allein lässt«. Es wird dabei »leicht«. Das häufige, wiederholte und fast unsichtbare »Alleinlassen« ist mir seit vielen Jahren zur guten Gewohnheit geworden. Beide Hände gehen in einer zuckenden Bewegung kaum einen Zentimeter in Richtung Pferdemaul, um nach Sekunden wieder langsam zurück zu gehen. Dies ist vergleichbar mit einem elektrischen Wackelkontakt. Zur Erhöhung der Aufmerksamkeit schließe ich ebenso zuckend die Finger. Ein Reiter der Spanischen Hofreitschule sagt seinen Eleven, sie sollen mit den Fingern »stricken«. Dies geht in die gleiche Richtung. Die kurze Aufhebung des Kontaktes mit dem Pferdemaul hat eine psychologische Wirkung. Sie fördert die freiwillige Mitarbeit und ist zugleich ihr Prüfstein.

Mit den Fingern »stricken«

DIE 2:2-FÜHRUNG

Bei der heute leider üblichen Kandarenführung sind die Kandarenzügel um Mittel- und Zeigefinger gelegt, die Trensenzügel liegen unter dem Ringfinger. Diese Führung ist nicht klassisch, sie verfälscht je nach Reiterhand mehr oder weniger den erfinderischen Sinn des Stangengebisses (siehe nächste Seite).

Wer die Kandarenzügel um den kleinen Finger herum durch die ganze Hand führt, ist noch einen Schritt weiter weg

 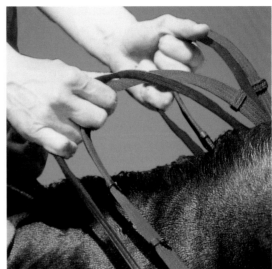

Links: Die übliche 2:2-Führung. In jeder Hand ein Kandarenzügel (rot) sowie ein Trensenzügel (blau). Die Kandarenzügel gehen um die Mittelfinger. Diese zweitbeste Führung ist mit einem weiteren Minuspunkt behaftet, wenn die Kandarenzügel einen Finger tiefer um den Ringfinger laufen. Die Unabhängigkeit der Stange von der Trense wird dann noch fraglicher. Ein statthafter einseitiger Anzug der Trense teilt sich allzu leicht auch der Kandare mit, wobei diese verkantet.

Rechts: Bei der vergröberten 2:2-Führung sind die Kandarenzügel mit den Trensenzügeln vertauscht. Sie sind um die kleinen Finger gezogen und durchlaufen die ganze Hand. Jede Nickbewegung derselben kann sich der Kandare stärker mitteilen als der Trense. Es geschieht leicht, dass die Stange dominant wird, ohne dass sich der Reiter dessen bewusst ist.

Unten: Noch einmal zum Vergleich die geometrisch korrekte 3:1-Führung. Beide Kandarenzügel (dunkel) in einer Hand. Der linke umschlingt den Mittel-, der rechte nur den Zeigefinger. So ist die Unabhängigkeit der Kandare von der Trense am sichersten gewährleistet.

vom Ideal der »Légèreté«. Jede Bewegung des Handgelenks übersetzt sich dann vergrößert auf die Kandare und hierauf bezogen verkleinert auf die Unterlegtrense. Die Kandare herrscht vor. Zudem ist die ganze Hand weniger sensibel als zwei Finger – Zeige- und Mittelfinger –, die bei dieser Art der Zügelführung die Trensenzügel halten.

Derbe Pferde können den Reiter zu solch einer groben Führung verleiten. Für ein nobles Pferd sollte sie nicht in Betracht

kommen. Es scheint, dass sich die vergröberte 2:2-Führung deshalb immer mehr durchsetzt, weil sie wegen ihrer dominanten Wirkung zunächst zu guten »Schleifen-Erfolgen« verhelfen kann. Man sollte aber sehen, wie das Pferd ein oder zwei Jahre später geht. Ich kenne enttäuschende Beispiele.

▶ Fazit des 2. Lehrjahres

Wenn man mit der Ausbildung eines Pferdes im Alter von zweieinhalb Jahren beginnt, soll gegen Ende des fünften Lebensjahres die Leichtigkeit der Anlehnung besonders im Schritt und Trab gesichert sein. Alle Lektionen mit schwierigen Bewegungsabläufen sollen nervlich wenigstens vorgeprägt sein. Das Pferd soll gelernt haben, seine Beine willentlich zu beherrschen. Ein Prüfstein hierfür ist die Schaukel ohne Handeinwirkung. Sie zeigt, ob der Zögling seine Beine sortieren kann, ob die Befehlsübermittlung an die Muskulatur stimmig ist.

Unter dem Reiter sind weiter zu fordern:

▶ Fließende Übergänge von einer Gangart in die andere, besonders aber vom Trab in den Galopp und zurück. Der Fluss ohne Stockung ist selbst bei routinierten, älteren Pferden nicht immer gut gesichert. Dies rührt daher, dass diese an sich einfache Bewegung, besonders vom Galopp zurück in den Trab, im Remon-

Dürer im 2. Lehrjahr, Schaukel ohne Hand

tenalter nicht sicher geprägt wurde. Hierauf achten und nicht zur Regel werden lassen, dass auf Galopp immer Schritt folgt.

▸   »Ziehharmonika« mit kleinen Unterschieden im Raumgewinn in allen Gangarten.

▸   Verstärkungen im Trab und Galopp bis zum wohl dosierten, dem Pferd entsprechenden Mittelmaß. Der Mitteltrab soll in der Mitte zwischen versammeltem und starkem Trab liegen. Ihn nicht forcieren und nur über ganz kurze Strecken üben. Stechtrab mit nachlaufenden Hinterbeinen ist verboten.

▸   Starker Trab: Sich ganz enthalten! Ein solches Angebot gehört zu den wenigen, die man in diesem Stadium nicht annehmen darf. Der starke Dressurtrab ist meistens als Begabung latent vorhanden, aber zur schnellen Fortbewegung in freier Natur selten angeboren. Es gibt Ausnahmen. Pferde, die auf der Koppel den Trab eindeutig bevorzugen, sind oft im versammeltem Galopp körperlich gehandikapt und stellen ihren Reiter vor eine schwierige Aufgabe.

▸   Travers und Renvers

▸   Schulterherein und Schulterheraus, Abstellung noch nicht maximal, nur so viel, wie die Längsbiegung hergibt.

▸   Traversalen im Trab aus dem Schulterherein heraus mit Biegung an der unteren Grenze. Wichtiger ist das rhythmische Kreuzen der Beine.

▸   Sichere einfache Galoppwechsel in kurzem Abstand an der Bande

▸   Außengalopp auf dem Zirkel

▸   Fliegender Galoppwechsel an der Bande von außen nach innen

▸   Traversalen im Galopp mit fliegendem Wechsel an der Bande

▸   Sichere Grußaufstellung

▸   Schaukel, noch ohne genaue Bestimmung der Trittzahl

▸   Wiegeschritt (siehe Seite 70)

Aus dem Wiegeschritt, was das Pferd anbietet, entweder:

▸   die kleine Piaffe im Vorwärts oder

▸   der Piaffiertrab (siehe Seite 83) oder

▸   eine kleine, aber fleißige Passage.

▸   Die Schrittskala

▸   Die Mehrfach-Schrittpirouette im Wiegeschritt (Seite 82)

▸   Versammelter Galopp in der Volte

▸   Galopp im Dreieck (Seite 142)

Diese Lektionen dürfen noch weit weg sein von der Perfektion. Sie sollten aber in der Art der Ausführung die dem Pferd innewohnenden Möglichkeiten zeigen.

Wenn die gesteckten Ausbildungsziele trotz gutem Temperament und Gesundheit des Pferdes nicht erreicht wurden, muss sich der Reiter fragen, was er falsch gemacht hat. Oder aber er muss erkennen, dass die Natur seinem Pferd zu respektierende Grenzen gesetzt hat, die eine höhere Laufbahn verbieten. Dies muss er sich besonders dann sagen, wenn die Ansätze in Richtung Piaffe und Passage die tänzerische Leichtigkeit vermissen lassen.

ZEITLICHER ANTEIL DER HANDARBEIT

Um bei wenig Schweiß und ohne Verschleiß den bestmöglichen Effekt zu erhalten, sollte gemäß HSH das folgende Schulprogramm respektiert werden:

Empfehlung für Hengste:

1. Lehrjahr (2 1/2-jährig)	2. Lehrjahr	3. Lehrjahr
Die ersten 9 Monate nur Handarbeit, kombiniert mit Koppelgang.	6 Monate 70% Handarbeit, 30% Reiten	Wenigstens 25% Handarbeit, 75% Reiten
Die folgenden 3 Monate: 90% Handarbeit 10% Reiten	6 Monate 50% Handarbeit, 50% Reiten	Bei schweren Reitern über 80 kg die Handarbeit gegenüber dem Reiten eher noch mehr betonen

Empfehlungen für Stuten und Wallache:

1. Ausbildungsphase	2. Ausbildungsphase	3. Ausbildungsphase
Vom Oktober des 2. Lebensjahres bis Mai des folgenden Jahres : 100% Handarbeit	3. Lebensjahr Vom Oktober bis zum Jahresende: 90% Handarbeit, 10% Reiten (im Anschluss an die Handarbeit, nie mehr als 10 Min. Schritt)	4. Lebensjahr Januar bis Mai 50% Handarbeit, 50% Reiten Mai bis Jahresende 30% Handarbeit, 70% Reiten
Ab Mai bis Mitte Oktober: Weidegang		Bei über 80 kg schweren Reitern Handarbeit noch mehr betonen

Mit Stuten und Wallachen ist ein günstigeres Programm möglich. Man kann sie unter entsprechenden Vorsichtsmaßnahmen, die jeder Züchter kennt, nach der ersten Ausbildungsphase wieder in eine Koppelherde eingliedern. Bei Hengsten kommt dies kaum in Betracht. Daher ist besonders bei ihnen der mit der Box kombinierte Paddock ein Muss (siehe Seite 210).

In den folgenden Jahren Handarbeit nach Bedarf einfügen. Wenigstens einen Tag pro Woche. Bei schwerem Reiter besser zwei Tage.

Vom Sattel aus nichts verlangen, was das Pferd an der Hand noch nicht beherrscht.

Die in diesen Tabellen gemachten Angaben gelten als mittlere Leitlinie. Selbstverständlich muss diese dem auszubildenden Pferd – besonders seiner körperlichen Entwicklung – angepasst werden. Es sei der Grundsatz wiederholt: Vom Sattel aus nichts verlangen, was das Pferd an der Hand noch nicht beherrscht. Auf gar keinen Fall Seitenbiegungen durch »Zügelziehen« von oben durchsetzen wollen. Dies wäre ein unentschuldbarer Verstoß gegen das Gebot der »Légèreté«.

TEIL III
Ausbildung bis zum 5. Lebensjahr

▸ Bodenarbeit im 3. Lehrjahr

Auch die Einteilung des weiteren Schulungsprogrammes sollte man nicht zu streng und schematisch nehmen. Jedes Pferd ist anders, und nach ihm muss man sich in erster Linie richten. Ohne ein Pferd zu kennen, kann auch ein erfahrener Ratgeber nur Leitlinien und Richtungshinweise liefern.

Für die Handarbeit – Schritt inbegriffen – sollte man in diesem Ausbildungsstadium ungefähr 45 Minuten pro Tag einplanen. Wenn man im Anschluss reitet, kann es etwas weniger sein. Dabei ist davon auszugehen, dass das Pferd bereits mit allen Grundlektionen, die À-tempi-Wechsel im Galopp ausgenommen, vertraut ist. Letztere stehen beim Reiten auf dem Lernprogramm. Vertraut heißt, dass die Bewegungsabläufe geprägt und damit nervliche Hemmungen weitgehend – wenigstens in gewohnter Umgebung – abgebaut sind. Das Pferd hat ein gutes Beinbewusstsein gewonnen; es weiß seine Gliedmaßen zu »sortieren«.

Es geht jetzt bei der Bodenarbeit darum, das in gutem Ansatz Erreichte weiter zu entwickeln und auszufeilen. Ziel der als Beispiel angenommenen Bodenstunde ist es primär, ohne forcierte Einwirkung prompte Reaktionen zu erhalten. Wenn man den Lichtschalter betätigt, soll das Licht sogleich ohne Flackern angehen. Ich verstehe darunter:

▸ Der erste Trabtritt soll ein guter sein; desgleichen der erste Galoppsprung.

▸ Der erste Piaffetritt soll ein richtiger sein.

▸ Der Übergang zum Schulterherein soll eindeutig sein, desgleichen der Übergang in die Traversale. Der erste Tritt oder Sprung soll den gleichen Raumgewinn nach der Seite haben wie die folgenden.

▸ Die Umstellungen in den Biegungen sollen prompt genug erfolgen,

▸ die Übergänge und Verstärkungen desgleichen.

MUSTERARBEITSSTUNDE

Das Programm einer zuvor durchdachten Bodenstunde kann wie folgt aussehen:

▸ Aufstellung Mitte der kurzen Seite.
Einstellung der Oberzügel für langen Hals. Unterzügel gibt es bei Pferden mit guter Halsformation nicht mehr. Ausbilder mit 1,20 m langer Gerte.

▸ Schritt; Ausbilder neben dem Pferd.

▸ In kurzen Abständen halten. Das Pferd soll sogleich sauber, mit geschlossenen Beinen stehen. Falls nicht, Spontankorrektur mit der Gerte; sie trifft das falsch stehende Bein mit kurzem, trockenem Schlag. Ein Dutzend Mal wiederholen. Promptheit verlangen; auch im Wieder-Antreten. Falls nicht zufriedenstellend, mit Gerte und Stimme ein- oder zweimal übertreiben. Das Pferd aufwecken. Dann müssen aber sogleich die Hilfen wieder ganz fein werden.

▸ Vergrößerte Schaukel. Der Ausbilder geht an der Seite mit. Beim Umschalten macht er kehrt, das heißt, er geht immer vorwärts. Bei Übung auf der linken Hand hält er die Gerte in der rechten. Mit ihr touchiert er hauptsächlich die Hinterbeine; beim Rückwärtstreten von vorne, beim Vortreten von hinten. Der Ausbilder geht bei raschem Wenden immer schneller. Eine flinke Schaukel in kleinen Tritten anstreben. Sie verbessert das Beingefühl. Sobald es eine Störung gibt, wieder langsamer werden.

Diese Übung darf ca. 5 Minuten dauern. Sie macht die Hinterbeine lebendig und erzieht zur prompten Reaktion. Die Schaukel immer wieder unterbrechen und ruhiges, konzentriertes Stehen fordern. Das Pferd wartet auf die Hilfe. Die Feinfühligkeit so weit steigern, dass der erste Schritt des Ausbilders vom Pferd als Hilfe verstanden wird. Wenn das Pferd auf diese nicht augenblicklich reagiert, folgt sofort ein aufmunternder leichter Gertenschlag. So lernt das Pferd, sich mehr und mehr auf seinen Partner am Boden zu konzentrieren.

▸ Es folgt der »Etappen-Wiegeschritt«; eine lange Seite auf jeder Hand genügt. Der Ausbilder geht jetzt hinter dem Pferd, nachdem zuvor die auf der Bandenbrüstung bereitliegenden Leinen eingeschnallt und die Oberzügel nochmals verkürzt wurden. Die erste Verkürzung wurde vor der Schaukel vorgenommen.

Das Pferd jetzt aus dem sauberen Stehen in den Wiegeschritt bringen und immer nach ca. 5 bis 7 Schritten zum Halten durchparieren. Dies entlang der langen Seite mehrmals wiederholen. Wieder geht es um den prompten Antritt aus dem konzentrierten Stehen. Alsbald soll die Stimme als Hilfe genügen. Beim Antritt darf das Pferd kurz vor der Piaffe sein.

▸ Es folgt der starke Schritt aus dem Mittelschritt. Zügel zuvor verlängern. Mittelschritt an den kurzen Seiten; starker Schritt auf der Diagonalen.

Der Reiter geht hinter dem Pferd. Er touchiert die Hinterbeine ganz kurz nach dem Abfußen, um einen möglichst weiten Übertritt zu erhalten. Meistens genügt es, ein Bein zu touchieren, vor allem dasjenige, das weniger unterschwingt. Ein Touchieren vor dem Abfußen wäre unrichtig. Das Pferd soll bei der Schrittverstärkung nicht verfrüht abfußen, und gerade das wäre die Wirkung.

Beim Wiegeschritt hingegen oder bei der Piaffe und Passage muss die Gerte kommen, ganz kurz bevor der Fuß abgehoben ist, weil es bei dieser Lektion meistens darum geht, die Verweilzeit des Fußes am Boden abzukürzen und den Takt schneller zu machen.

Zurück zum starken Schritt: Um das Übertreten zu verstärken, kann der Reiter auch neben der Kruppe hergehen und mit der Hand das Hinterbein zu weiterem Vorschwingen anregen – Handschlag gegen die untere Partie des Hinterschenkels kurz nach dem Abheben. Es darf ordentlich klatschen. Dies wird gut verstanden. Bei Dickfelligkeit das Bein bis zum Aufsetzen begleiten und nach vorne drücken; dies mit energischer Stimme. Später genügt diese allein.

Wenn das Pferd anzackelt, Leinenparade und Stimme: langgezogenes »Nein«! Gerade beim starken Schritt ist es wichtig, dem Pferd gut einzuprägen, was gemeint ist. Vom Boden aus kann man einen von Natur aus nur mittelguten Schritt auch nicht wesentlich verbessern; man erreicht aber, dass das Pferd hergibt, was in ihm ist. Und das ist schon viel (siehe Seite 59).

▸ Nächste Übung: Anpiaffieren aus dem konzentrierten Stehen. Hierzu Zügel verkürzen. Stirnlinie in der Senkrechten. Diese Übung ist jetzt möglich, nachdem in der vorangegangenen Zeit der Takt durch regelmäßige Wiegeschritt-Reprisen gesichert wurde.

Anfänglich dürfen der Piaffe noch wenige Wiegeschritte vorausgehen. Dann aber immer mehr zur sofortigen Reaktion kommen. An der langen Seite einige Male üben und zuvor das Pferd wenigstens 10 Sekunden ruhig stehen lassen. Nicht die Piaffe vorher fordern. Auf der Bewegungslosigkeit mit Stimme bestehen, einen kleinen Bewegungsstau erzeugen. Dann sind die ersten Piaffetritte eine entspannende Befreiung. Dies mehrmals wiederholen. Pause nach gutem Gelingen. Ein Pferd, das gelernt hat, aus dem Stehen spontan zu piaffieren, wird sich dann auf dem Turnier aus dem Schritt heraus um so leichter tun.

Es kommt jetzt noch nicht darauf an, dass der Lehrling auf der Stelle bleibt. Die Piaffe im kleinen Vorwärts ist in dieser Phase sogar die bessere. Dauer dieser Übung: unter 10 Minuten.

Randbemerkung: Manche Reiter meinen, die Piaffe sei eine anstrengende Übung, weil sich ihre Pferde darin so schwer tun. Dies trifft nicht zu. Die koordinierte, gekonnte Piaffe ermüdet nicht mehr als ein gut versammelter Galopp oder Trab. Ich habe

in dieser Lektion noch kein Pferd zum Schwitzen gebracht. In Wien sah ich einen betagten Hengst, der während einer Abendvorführung eine halbe Stunde lang, ohne den Ausbilder an der Seite, in den Pilaren selbstständig und geschmeidig piaffierte.

Es folgen Übungen im Trab, die ebenfalls die Reaktionsfähigkeit verbessern sollen.

▸ Erste Übung: Intervallwechsel vom Travers ins Schulterherein und wieder zurück. Hierzu den inneren Oberzügel um 4 Finger verkürzen und den äußeren entsprechend verlängern. Das Pferd soll in genügendem Vorwärts der Bande entlang traben. Mit dem Travers beginnen, dann mehrmalig – selbstverständlich auf beiden Händen – den fließenden Übergang zum Schulterherein fordern. Das Pferd soll auf die diesbezügliche Hilfe ohne Verzögerung reagieren.

Zu Beginn lange Gerte gegen das innere Hinterbein bei gleichzeitiger Parade mit der äußeren Leine. Dann die Umstellung mit Gestik und Stimme allein anstreben. Das Pferd hat seinen Partner im Auge; dieser bewegt sich beim Travers – noch – auf dem zweiten, beim Schulterherein auf dem ersten Hufschlag.

Wenn er wechselt, folgt das Pferd entsprechend. Mittanzen! Diese Übung, Schwenken der Kruppe um die Vorhand – ist nicht gerade klassisch; dennoch aber sehr nützlich. Sie erhöht die Mobilität und sieht bei genügendem Vorwärts gut aus.

▸ Es folgt der Traverstrab auf der Mittellinie. Der Reiter geht jetzt am äußeren Hinterschenkel des Pferdes, vorzugsweise mit

Pflege der Trabkadenz. Versammelter Trab mit ganz kurzen Piaffe-Einlagen. Gute Selbsthaltung. Leinen, Ober- und Unterzügel hängen leicht durch. Sie dienen im Idealfall nur der Begrenzung der Form. Übergang zum versammelten Trab allein durch Stimmhilfe.

HSH – Anklänge an französische Reitkunst

*Französische Ecuyers haben, in den ersten Jahrzehnten des 18. Jahrhunderts
beginnend, die Reitkunst zu ihrer besten Blüte gebracht. Das Streben des Adels
nach Feinheit, raffinierter Eleganz und Distinktion, seine Eitelkeit waren die
auslösenden Voraussetzungen. Betonte Abhebung vom praktischen Leben, vom
Groben und Gemeinen, reguliert durch die Etikette, die doch mehr als gefirniste
Oberfläche war, gaben der Reitkunst Richtung und Glanz. Da war das feinge-
stimmte, hochversammelte Pferd gefragt, das die Noblesse seines Reiters zur
selbstverständlichen Geltung brachte.*

*Zur Zeit Ludwigs XV. gab es in Versailles und Paris 45 Marställe. Das Brillie-
ren zu Pferd geschah in anregender Konkurrenz. Gradmesser der Ausbildung,
der Kunst, war das höfische Pferdeballett. Die Beurteilung dürfte kaum Schwierigkeiten bereitet haben. Unter den Zuschauern gab es genug mit erkennenden
Augen. Als Insider waren sie viel mehr einbezogen als heute, stimmte doch
alles, was das Auge anging, mit der Reitkunst zusammen: die Architektur, die
Gartenbaukunst, Bildhauerei und Malerei, die Möbel, das Porzellan, Zeremo-
niell, Kleidung usw. Von welchem Ecuyer, aus welchem Marstall die am besten
ausgebildeten Pferde kamen, kristallisierte sich wie von selbst heraus.*

*Ist es nicht auch heute so, dass Qualität und Resultat der Ausbildung – Übung
vorausgesetzt – am Abreiteplatz ebensogut, wenn nicht sicherer erkennbar sind
als bei der Prüfung im Dressurviereck? Auch der hier wiedergegebene Stich legt
nahe, dass die französischen Ecuyers den heute viele Runden lang ausgedehnten
Arbeitstrab nicht kannten, ihn allenfalls als kurze Übergangsphase geritten
haben. Offen-
sichtlich gingen
sie sogleich in
medias res. Ihre
Grundstufe war
ein kleiner
Kadenztrab, sie
lag damit deut-
lich höher als
heute. An der
Zäumung
erkennbar steht
das abgebildete
feine Pferd erst
am Beginn sei-
ner Lehre. Es ist
noch nicht*

gesetzt. Dagegen ist die Kadenz der Trabbewegung bereits gut herausgearbeitet. Für die Bestimmung der seitlichen Halsbiegung benützt der gestreckt und tief sitzende Ecuyer noch den Kappzaumzügel. Dieser wird entfallen, sobald das Pferd nach weiter fortgeschrittener Ausbildung

gelernt hat, sich dem Sitz des Reiters folgend selbst einzustellen.

Vergleichbar mit einer Modezeichnung sind die historischen Abbildungen überzeichnet. Ein Glück für den, der sucht und forscht, lassen doch die Überzeichnungen die Idealvorstellungen der großen Reiterepoche erkennen. Die HSH-Methode liegt unversehens in der Nähe der folgenden Kennzeichung:

▶ Extreme Aufrichtung, Vorderlinie Brust – Hals bis zu den Ganaschen fast senkrecht

▶ Unterarm des Reiters – Zügel – Pferdemaul eine wagrechte Gerade. Zügelhand somit in Höhe des Pferdemauls

▶ Hanken des ausgebildeten Pferdes extrem gebeugt

▶ Durch Pilarenarbeit sehr stark entwickelte Kruppen- und Rückenmuskulatur

▶ Frühes Abfußen der Vorderbeine. Abstützung nach vorne verlegt. Entlastung! Keine feste Anlehnung des fertigen Pferdes. Fast auf allen Abbildungen leichtes Durchhängen des einhändig geführten Zügels.

▶ Leichtfüßigkeit und Anmut als wichtigstes Kriterium

▶ Gestreckter, tiefer Sitz bei leichtem Hohlkreuz

Das Vergleichsfoto zeigt Dürer in der gleichen Phase, bereits im Übergang in die kleine Passage. Die Leichtigkeit ist erreicht, die Hinterbeine treten mehr unter die Masse als die des jungen Ecuyer-Pferdes. Aufrichtung und Hub des Vorderbeins noch nicht genügend. Das geringe Hohlkreuz der Reiterin begünstigt ein geschmeidiges Mitgehen.

verwahrendem Körperkontakt. Vor der kurzen Seite jeweils in den Schritt übergehen. Versuchen, die Mittellinie gut einzuhalten! Halbe Schrittpirouette und daraus antraben, wieder im Travers. Bei zögerlichem Übergang durchparieren. Schrittpirouette und dann erneut den geschmeidigen Übergang versuchen.

▸ Diese Übung gibt es in keiner Dressurprüfung. Ihre erkennbare Abfolge motiviert das Pferd zum zuvorkommenden Mitmachen. Die Pirouette – halb oder ganz – ziemlich groß anlegen, hauptsächlich zu Anfang. Später wird sie im Wiegeschritt, dann in der Piaffe ausgeführt. Im Travers die Abstellung nicht übertreiben. Nicht mehr abstellen als die Biegung hergibt, sonst wäre die Übung wertlos. Im Spiegel prüfen, ob die Zehen der Vorderbeine genauso gerichtet sind, wie wenn das Pferd ungebogen auf der Linie gehen würde. Wenn dies nicht gesichert ist, auf den Hufschlag zur Bande zurückkehren.

▸ Nach kurzer Schrittpause mit »Girlandenzügel« nächste Übung zur Pflege der Trabkadenz: versammelter Trab auf dem Hufschlag mit kurzen Piaffe-Passage-Einlagen.

Ziel: Das flinke Hinterbein, das beim Einfangen bei verstärkter Hankenbeugung flink reagiert. Für den von hinten mitmachenden Reiter soll die Kruppe tiefer werden. Mit der Gerte die Kruppe touchieren, im Takt zwei Handbreiten links und rechts der Mitte. Eine kurze 4 bis 5 m lange Strecke in der Piaffe-Passage genügt, dann das Pferd wieder in den kadenzierten Vorwärtstrab bringen. Dies mit Stimme. Auch die Hände des Reiters können, von hinten gegen die Kruppe gelegt, schiebend den Einsatz geben. Weshalb nicht? Diese nicht sehr reiterlich anmutende Hilfe wird gut verstanden; und darauf kommt es doch an!

Wesentlich bei dieser »Ziehharmonika« ist, dass es nun mehr und mehr gelingt, die treibenden Hilfen – in spielerischer Wechselwirkung – gegen die verhaltenden zu stellen. Dies wird jetzt, nachdem in der ersten Phase dem Pferd die Bewegungen der Lektionen mehr nach Zirkusmanier erklärt wurden, das A und O der Versammlung, auch bei der Bodenarbeit.

▸ Es folgt der Schulterherein-Trab auf der Mittellinie. Wieder mit der halben, dann mit der anderthalbfachen Pirouette vor den kurzen Seiten im Schritt, im Wiegeschritt und zuletzt in der kleinen Piaffe.

ACHTUNG: Den inneren Zügel etwas weniger verkürzen als bei der Traversübung. Beim Schulterherein ist eine geringere Halsbiegung schöner, eine zu große gefährlich. Letztere bringt das Pferd dazu, im Körper gerade zu bleiben!

Es folgt die Galopparbeit mit gleichem Thema: sekunden-schnelle Reaktion.

▶ Erste Übung: 10-m-Volte, Reiter geht im Abstand von 2 m in Höhe des Hinterbeines innen mit. Äußere Leine, um die Kruppe herumgehend, hängt zunächst durch. Schritt – Galopp – Schritt – Galopp. Gerte trifft das innere Hinterbein kurz nach dem Abfußen.

Ziel: Der erste Galoppsprung, ein guter; der erste Schritt nach dem Durchparieren, ein guter.

Intervalle verkleinern und vergrößern. Anzahl der Galopp-sprünge auf vier bis fünf verringern. Immer so lange im Schritt bleiben, bis das Pferd ruhig ist. Dann aber ebenfalls die Anzahl der Schritte so weit wie möglich verkleinern – bis auf vier bis fünf. Bei dieser letzteren Übung ist es statthaft, die Anzahl der Galoppsprünge wieder zu vergrößern. Beides zugleich – vier Galoppsprünge, vier Schritte im Wechsel – erst später versuchen.

Bei sensiblen Pferden beide Leinen in die Seitenringe des Kappzaums einschnallen.

MERKE: Viel Angaloppieren aus dem Schritt und aus dem Stehen verbessert die Galoppversammlung wirkungsvoller als längeres Galoppieren an einem Stück.

▶ Weitere Übung im Galopp: Aus dem kleinen Zirkel ein Vier-eck entwickeln.

Der Ausbilder ist nahe genug am Pferd, um mit der äuße-ren Leine einwirken zu können. Dies bei ausgestrecktem äuße-ren Arm, den er alsbald bei ruhigem Galopp auf der Kruppe auf-legt. Wie bereits erklärt, darf die äußere Leine nicht gespannt in einem strengen Winkel um das äußere Hinterbein herumgehen; es würde durch seine Bewegung die Leine stoßartig beanspru-chen. Wie viele sensible Pferde wurden schon durch solchen Unsinn im Maul verdorben?

Nach ca. 10 m Galopp im Geradeaus oder im sanften Bogen jeweils im rechten Winkel abbiegen, dabei 2 bis 3 gesetzte Pirou-ettensprünge anstreben. Vorher gleitet die äußere Leinenhand auf der Kruppe nach unten-außen. Sie darf sich dabei um 10 - 30 cm von der Kruppe entfernen, so dass die Leine den äußeren Oberschenkel in einem flachen Winkel umhüllt. So kann sie, ohne das Pferdemaul zu stören, die Hinterhand verwahren. Mit der inneren Leinenhand dem Pferd den Weg zeigen.

Vor dieser Übung die Gerte gegen einen ca. 50 cm langen Stock austauschen. Er wird, mit der Hand der Innenleine gehal-ten, wenn nötig im Takt des Galopps gegen den inneren Schen-kel des Pferdes geführt. Die Innenleine nach Möglichkeit durchhängen lassen. Wenn das Pferd einmal begriffen hat, braucht man sie kaum mehr! Somit wird die Führung des Taktstockes erleichtert.

Dann aus dem Quadrat allmählich ein Rechteck machen. Dessen kurze Seiten so lange verkürzen, bis die beiden Viertel-Pirouetten zu einer halben zusammenfallen. So macht man einem jungen Pferd unversehens das Pirouettieren schmackhaft.

▸ Nächste Übung: 10-m-Volte, Traversgalopp, Volte langsam bis zu einer allerdings noch zu großen Pirouette verkleinern. Leinen-führung wie bereits beschrieben. Beim sensiblen Pferd die äußere Leine in den Sattelgurt oder in den äußeren Ring des Kappzaums einschnallen. Zum Abschluss eine oder zwei große Pirouetten ohne innere Leine verlangen (siehe Seite 142 links). Ein zum Partner gewordenes Pferd macht mit und zeigt dem Reiter, dass der innere Zügel nicht so wichtig ist, wie mancher meint. Für derartiges Üben gibt es keine bessere Zäumung als den gut angepassten Kappzaum. Die Trense nur dann anwenden, wenn ohne sie das Pferd sich nicht beherrschen lässt. Die Sicherheit des Reiters geht vor!

Wenn die beiden letzten Galoppübungen noch zu neu sind, sie zur Erklärung zuvor im Schritt durchnehmen.

ARBEIT AN EINZELNEN LEKTIONEN

Bis zum Ende des 5. Lebensjahres sollte die Grundlage für alle anspruchsvollen Lektionen, besonders die des Grand Prix gelegt sein. Die schwierigen Bewegungsabläufe müssen geprägt sein.

DER »KLEINE DRESSURTRAB«

Den versammelten Trab sollte man nicht immer mit der vollen Bewegungsintensität reiten, besonders nicht beim Ausfei-len von Lektionen. Aus dem Wiegeschritt den kleinen Piaffe-schritt und daraus den kleinen Dressurtrab ableiten. Dabei sollen die Hinterbeine gut tragen, trotz geringem Ausdruck. Was zählt, ist nur die Geschmeidigkeit bei »kleiner Flamme«.

Zwei gute Tritte sind besser als sechs mittelmäßige!

Immer wieder 3/4-Paraden – beispielsweise an der langen Seite zweimal – einfließen lassen. Dabei soll das Pferd einige wenige verkürzte Tritte, später Piaffetritte, zeigen und aus diesen wieder in den kleinen Dressurtrab übergehen. Diese Verkürzung auf keinen Fall zu lange ausdehnen. Zwei gute Tritte sind besser als sechs mittelmäßige! So erhält und pflegt man fließende Über-gänge. Schwung und erhabene Kadenz hierbei bewusst nicht ver-langen. Ein Pferd, das bei kleiner Flamme in den Übergängen gefestigt wurde, wird dann beim hinzukommenden Schwung in erhabener Gestik weniger Fehler machen.

DAS »TRABFOTO«

Hinten geht das Pferd klein, vorne groß. So ist es gut. So geht ein ausgebildetes Pferd.

Weshalb? Die gut nach vorne schwingenden Hinterbeine stoßen die Masse des Leibes nach vorne-oben ab. Der Trab ist eine springende Gangart, keine gehende. Je stärker der kurze Abstoß ohne Herausschwingen der Hinterbeine nach hinten, desto weiter müssen die Vorderbeine vortreten, um die Last aufzufangen. Selbst beim starken Trab soll man von hinten kaum die Hufsohlen sehen.

Bei nicht ausgebildeten Pferden, die sich noch nicht versammeln können, erscheinen die Tritte der Hinterbeine auf dem Foto groß, weil sie nach hinten herausschwingen. Sie laufen hinterher, statt abstoßend zu springen. Solche Fotos mögen, wenn der Raumgriff der Vorderbeine groß ist, den unerfahrenen Pferdefreund beeindrucken. Für den Dressurreiter sind sie nicht der gültige Maßstab. Ein großer Weidetrab ist weit weg von der reiterlich korrekten Trabverstärkung.

Die Empfehlung, in den ersten Ausbildungsjahren den starken Trab wegzulassen, hat ihren Grund: Solange die Versammlung bei geringem Raumgewinn noch nicht genügend gesichert ist, besteht die Gefahr, dass das Pferd den »falschen starken Trab«

Schon beim gut versammelten Trab erscheint die Trittweite der Vorderbeine größer als die der Hinterbeine. Dies beruht auf der betonten Schwebephase. Das Pferd soll den Trab nicht gehen, es soll ihn springen.

anbietet, bei dem die Vorderbeine zwar eine große Aktion zeigen, aber vor dem Abfußen zu weit unter den Leib kommen. Hierbei werden sie besonders bei tiefem Boden unter der Wirkung des Reitergewichts unzulässig hoch beansprucht. Die Hinterfüße werden ebenfalls zu spät abgehoben und schwingen zu weit nach hinten heraus. Es gilt, diese Gangcharakteristik des Weidepferdes, mag sie noch so schön aussehen, unbedingt zu vermeiden. Einmal zur Gewohnheit geworden, ist es schwierig, von ihr wegzukommen.

Der starke Trab des Dressurpferdes soll im Gegensatz hierzu die folgenden Merkmale besitzen:

▶ Die Vorderbeine fußen so frühzeitig ab, dass sie nur wenig hinter die Senkrechte kommen. Sie treten nicht unter.

▶ Die Hinterbeine treten, die Vorderbeine entlastend, weit nach vorne. Sie fußen frühzeitig federnd ab, wodurch sich die Schwebephase sichtbar verlängert. Da die Hinterbeine nicht oder nur wenig nach hinten schwingen, entsteht der Eindruck, die Trittlänge der Hinterbeine sei kleiner als die der Vorderbeine.

▶ Die gedachte Kraft-Wirkungslinie der Hinterhand durchläuft den gemeinsamen Schwerpunkt Pferd-Reiter in einem steilen Winkel (zum Vergleich: Beim Pferd in der Levade ist diese Wirkungslinie eine Senkrechte).

▶ Aus den obigen drei Punkten ergibt sich zusammengenommen eine deutliche Entlastung der Vorderbeine. Voraussetzung für diese reiterlich korrekte Trabverstärkung kann nur die zuvor genügend sicher gewonnene Versammlung sein. Sie ist im starken Trab als tragendes Element enthalten. Sie schont das Pferd und bringt seine Schönheit zur vollen Entfaltung.

Bei der Bodenarbeit somit darauf achten, dass die Hinterfüße nur kurz am Boden bleiben. Sie erzeugen federnd abstoßend die ausgeprägte Schwebephase, das Markenzeichen des guten Trabes. Dem trainierten Ausbilder bereitet es keine Mühe, auch im verstärkten Trab hinter seinem Pferd herlaufend die Hinterbeine zu touchieren.

Ziel: Die Verweilzeit der Hinterbeine auf dem Boden zu verkürzen. Sie fast schon beim Aufkommen treffen; sie flink und energisch machen!

Wieder kommt es – wie bei der oben behandelten Galoppübung – in erster Linie auf den spontanen Beginn, den Einsatz an. Ihn wie folgt verlangen:

▶ aus dem versammelten Schritt
▶ aus der Vorwärts-Piaffe
▶ aus dem versammelten Trab

- aus dem konzentrierten Stehen – nicht unter 5 Sekunden; dann »die Post abgehen« lassen;
- nicht aus der Passage
- nicht aus dem langen Schritt
- nicht aus dem Arbeitstrab.

Bevor man einen Pfeil abschießt, muss man den Bogen spannen und Konzentration verlangen. Der klare Antritt ohne Verzögerung ist ein wichtiges Merkmal der korrekten Ausbildung. Dessen Pflege weckt die Psyche. Besser x-mal den Antritt wiederholen, als im starken Trab lange Strecken zurückzulegen. Den starken Trab verbessert man nicht, indem man ihn viel reitet. Es ist ungleich wirksamer, ihn dafür oft und hintereinander zu beginnen. Es genügen 10 bis 20 m vollauf. Nach wenigen gelungenen großen Tritten sogleich wieder durchparieren. Das Pferd so weit bringen, dass es ungeduldig auf den nächsten Antritt wartet. Gut ist es anfänglich, die Verstärkung immer an der gleichen Stelle zu verlangen; etwa aus der Ecke heraus.

Bevor man einen Pfeil abschießt, muss man den Bogen spannen.

Diese Übung macht Phlegmatiker mobil! Bei zu geringer Impulsion leicht schräg nach innen versetzt hinter dem Pferd laufen und dabei ganz kurz und etwas deutlicher die lange Gerte oberhalb der Sprunggelenke einsetzen. Zuvor heftig und hörbar auf den Boden schlagen, dicht neben dem Pferd! Später genügt zum »Wachmachen« dieser Drohschlag allein. Er sagt dem Pferd: »Pass auf, jetzt gilt's!« Dass Derartiges bei einem nervösen Pferd nicht in Betracht kommt, versteht sich von selbst.

Arbeit unter dem Reiter

VERSAMMELTER GALOPP

Der Galopp muss immer gut im Dreischlag sein. Schaukelpferdartiges Auf und Ab der Vorhand ist ein Indiz für mangelnde Versammlung und Taktverlust. Im Idealfall bleibt, unabhängig von den Bewegungsphasen, die Position des Kopfes unverändert. Das Genick hat immer die gleiche Höhe.

Auch hier gilt es, die Anstrengung so klein wie möglich zu halten. Um den Galopp zu setzen und damit auch die Pirouetten und Wechsel zu verbessern, empfehle ich zum Beispiel die folgende Vorbereitung:

- Aufstellung an der ersten Ecke der langen Seite – daraus Außengalopp.
- Nach ca. 10 Galoppsprüngen immer an der gleichen Stelle zum Schritt durchparieren.

Gesetzter Galopp. Die Ferse des äußeren Hinterbeins soll nicht hinter die Silhouette der Kruppe hinauskommen.

▸   Bei jeder Wiederholung die Distanz etwas verkürzen und vor dem Parieren zunächst einen, dann mehrere Sprünge mit extrem kleinem Raumgewinn verlangen. Dabei die Zügeleinwirkung immer mehr verringern.

Wenn die Übung immer an derselben Stelle ausgeführt wurde, wird die Verkürzung im Laufe der Zeit bei geringster Handeinwirkung in guter Selbsthaltung gelingen. Je besser das Pferd gesetzt ist, desto feiner wird das Maul. Mit »viel in der Hand« kann ein Pferd nicht gut gesammelt sein! Ziel sind einige wenige Galoppsprünge bei einem Raumgewinn von nur wenigen Hufbreiten. Man beginne in diesem fortgeschrittenen Stadium mit der schwierigeren Seite. Der Beginn prägt sich immer mehr ein als das, was man danach tut.

Mit der schwierigeren Seite beginnen

▸   Die nächste Übung ist die kleine »Ziehharmonika« im Galopp. An der Stelle, wo vorher regelmäßig nach einigen extrem verkürzten Sprüngen zum Schritt durchpariert wurde, wird jetzt nach dieser Verkürzung im Galopp energisch weitergeritten. Auch diese Übung kann man getrost ein Dutzend Mal wiederholen.

ACHTUNG: Das Pferd nicht in der Extremverkürzung versauern lassen. Zwei bis drei Galoppsprünge erbringen bereits den gewünschten Effekt der Mobilität und Versammlung. Es sind die

Übergänge, die das Pferd geschmeidig machen; nicht die Dauer der Extremversammlung.

Die Galoppsprünge im Spiegel beobachten. Wenn Missklang entsteht, eine Runde freien Arbeitsgalopp einlegen.

Ein Pferd, das in der Lage ist, nahezu auf der Stelle zu galoppieren, wird in der Pirouette keinerlei Schwierigkeiten haben. Bei der Handarbeit übt man diese »Ziehharmonika« dicht an der Innenseite der Kruppe gehend auf dem Zirkel.

AUSSENGALOPP

Die große Volte im Außengalopp pflegt die Galoppade, unter der Voraussetzung, dass der Reiter den Hals des Pferdes genau gerade hält und nicht, wie so oft praktiziert, eine »zusätzliche« Halsbiegung nach außen verlangt. Überhaupt wird heute vielfach der Fehler gemacht, dass im Galopp der Hals zu sehr seitlich abgebogen wird. Schwankende Wechsel sind die Folge. Das gut ausgebildete Pferd galoppiert mit gerade gerichtetem Hals – mit dem Hals genau auf der Linie –, nur der Kopf soll eine Kleinigkeit nach innen gestellt sein.

FLIEGENDER WECHSEL

Schon bei wenig fortgeschrittenem Ausbildungsgrad soll beim fliegenden Wechsel der äußere Schenkel passiv sein. Der innere bewirkt den Umsprung. Ein weites Zurücklegen des äußeren Schenkels ist nicht nur ein Schönheitsfehler. Gerade Serienwechsel sind so kaum möglich.

Mein Reitlehrer hatte eine völlig steifes Bein, das er nach vorne herausstreckte. Er ritt schnurgerade Wechsel nur mit der Hüfte!

SCHULTERHEREIN IM GALOPP

Es handelt sich um eine »vergessene« Lektion, die in den heutigen Dressurprüfungen leider nicht mehr vorkommt. Dennoch zu Hause üben, um zu einem Mehr an Leichtigkeit und Versammlung zu kommen. Die schönsten Pirouetten gelingen aus dem Schulterherein. Das Gleiche gilt für die Traversale.

Beim Schulterherein unbedingt den hohlen Hals vermeiden. Den Hals nicht mehr biegen als den Körper! Auf der rechten Hand beide Zügelhände, besonders aber die rechte, nach links nehmen. Dies wird vielfach nicht beachtet, und es kommt zu Verwerfungen. Das Gleiche gilt sinngemäß auch beim Travers, Renvers und den Traversalen in allen Gangarten.

Sich vorstellen, dass die Zügel – besonders die der Kandare

– im rechten Winkel zur Stirn des Pferdes zur Reiterhand gehen. So ist es für das Pferd am angenehmsten. Nur so ist die Zügelgeometrie in Ordnung. Diese Idealvorstellung ist kaum realisierbar. Um so wichtiger ist das Streben in diese Richtung.

DIE STEILE TRAVERSALE

Besonders im Galopp die Traversale mit unterschiedlichem Steilheitsgrad üben! Sie zu Hause immer wieder steiler reiten als in der Prüfung verlangt. Im Wechsel einmal flach und in freiem Tempo, dann sehr steil und sehr versammelt reiten!

Zuerst Schwung holen; erst dann die Versammlung erhöhen! Sein Pferd im Spiegel der kurzen Seite beobachten. Die Parallelität kontrollieren und herausfinden, in welchem Tempo das Pferd das beste Bild macht.

Zur Verbesserung der Geschmeidigkeit auf der Diagonalen immer wieder eine Kleinigkeit zulegen und wieder einfangen. Dabei dem auf die Linie gerichteten Hals nachreiten. Es ist falsch, die Biegung zu übertreiben! Gemäß früherer LPO-Vorschrift wurde eine »geringe Biegung« vorgeschrieben. Dies war theoretisch richtig. In der starken Biegung des Travers verliert die Traversale den leichtfüßigen Fluss. Nur so viel biegen, dass die Richter noch zufrieden sind. Die französischen Erfinder der Traversale ritten diese nur mit Kopfstellung, um ein ästhetisch schönes Schränken auch der Hinterbeine zu erleichtern. Die Grazie dieser Lektion ist doch das rhythmische Schränken der Beinpaare!

Die Traversale vom Boden aus ohne Reitergewicht hilft, den Bewegungsfluss zu verbessern. Der Reiter kann dabei die Beine

Dem auf die Linie gerichteten Hals nachreiten.

Flache Traversale. Durch die Bodenarbeit nahe am Pferd kann der Reiter am besten sehen, in welchem Tempo sein Pferd am vorteilhaftesten aussieht.

am besten beobachten. Er kann mit der langen Gerte ein nicht genügend fleißiges Hinterbein anregen – meistens das äußere. So erkennt er auch von hinten, in welchem Tempo sein Pferd am besten aussieht. Diese Handarbeit gelingt im Trab meistens besser als im Galopp. Ist im Trab auch wichtiger.

Für Schritt, Trab und Galopp gilt, dass das Üben von Traversalen der Versammlung wenig, der Geschmeidigkeit aber um so mehr dienlich ist. Die nebenstehende Abbildung spiegelt schematisch und bewusst überzeichnet die Problematik der Längsbiegung in der Traversalbewegung im Trab wider.

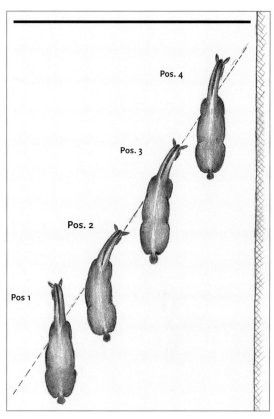

Längsbiegungen auf der Diagonalen

Pos. 1 zeigt die Rückenlinie des Pferdes im Schenkelweichen. Geringe, falsche Biegung. So wird ein junges Pferd falsch geprägt. Militärisches Reiten. Beide Beinpaare kreuzen schlecht und recht, unschönes Bild. Was nicht gut aussieht, ist selten gut! Dies gilt besonders beim Reiten.

Pos. 2: Travers auf der Diagonale geritten. Korrekt! Kann aber vom Publikum falsch verstanden und als Traversale aufgefasst werden. Das Pferd ist maximal gebogen. Die Hinterhand soll vorausgehen. Nur die Hinterbeine kreuzen. Die Vorderbeine gehen normal geradeaus; kreuzen allenfalls gering. Hals und Schulter auf der Linie. So macht man seinem Pferd die Längsbiegung schmackhaft.

Pos. 3: Traversale mit zulässiger, nicht zu starker Längsbiegung. Die Schulter geht leicht voraus. Beide Beinpaare kreuzen im Trab gleichgradig. So sieht die Traversale am besten aus.

Pos. 4: Französische Traversale ganz im Sinne der Erfinder. Betonung: das rhythmische Kreuzen beider Beinpaare im Trab. So lernt das Pferd das Schränken!

Resumée: Das künstlerische Charakteristikum der Trabtraversale ist das gleichgradige Schränken beider Beinpaare. Die Geometrie gemäß Pos. 3 gewährleistet dies in bester Weise. Sich zu Beginn der Schulung mit der Ausführung gemäß Pos. 4 begnügen.

ANGALOPPIEREN VOM STEHEN IN DEN TRAVERS UND DIE TRAVERSALE

▸   Aufstellung am Beginn der langen Seite, beispielsweise bei M. Die Vorhand ist hereingenommen. Schulterherein im Stehen.

▸   Dann aus der »Mini-Schaukel«, dem kleinen Zurücknehmen des Schwerpunktes des Pferdes, in die Traversale hinein angaloppieren.

Schon der erste Galoppsprung ist ein Seitensprung. Einige wenige, dafür ausdrucksvolle Sprünge genügen.

▸   Dann Zügel lang! So sichert man den spontanen und parallelen Beginn der Traversale.

Links: Aufstellung zum Traversgalopp oder Traverstrab. Im Stehen soll die Haltung einige Sekunden stimmen, bevor »die Post abgeht«. Rechts: Aufstellung im Schulterherein zur Galopp- oder Trabtraversale. Haltung und Längsbiegung schon im Stehen bestimmen. Dem Pferd schon vor dem Start »sagen«, was gemeint ist.

ZICKZACK-TRAVERSALE

Geduldig im Schritt vorbereiten! Sich für exakte Kleinarbeit Zeit nehmen. Vielfaches Wiederholen ist angesagt bis Pferd und Reiter miteinander im Klaren sind; so lange, bis das Pferd sich an den Wechselstellen selbstständig umstellt.

Im Schritt ist dies für das Pferd nicht ermüdend. Seine Beine werden geschont. An der kurzen Seite muss hierzu ein 20 m breiter Spiegel vorhanden sein. Nur so kann man sich und dem

Die Mini-Schaukel

Unter Mini-Schaukel verstehe ich eine Rückwärtsbewe-
gung des Pferdekörpers um ca. eine halbe Handbreit ohne
jede Bewegung der Beine. Am Spiegel einzuüben. Vor dem
normalen Rückwärtstreten nimmt das Pferd meistens den
Leib etwas zurück. Dieses Zurücknehmen ist gemeint.
Man kann es abfangen und so ohne Bewegung der Pfer-
debeine »schaukeln«. Erhöht die Konzentrationsfähigkeit
sowie das Feingefühl von Pferd und Reiter.

Pferd das richtige Maß der Längsbiegung und des Vorausgehens
der Vorhand zur Gewohnheit machen.

Im Trab und Galopp die Zickzack-Traversalen dagegen selten ganz durchreiten. Man riskiert nach meiner Erfahrung, dass
das Pferd an den Wendestellen anfängt zu klemmen. Man wäre
gezwungen zu korrigieren, und jede Korrektur ist ein Minuspunkt auf dem Ausbildungskonto. Zur Übung im Trab und
Galopp besser »wilde« Zickzack-Traversalen reiten. Dabei die
Wechselstellen ständig verlegen. So wird das Pferd aufmerksam
und bleibt leicht. Dabei auch die Traversale aus dem Schulterherein verlangen. Immer dem Hals nachreiten, den man zuvor auf
die Linie gerichtet hat. Später, wenn das Lampenfieber nachge-
lassen hat, werden die turniergemäßen Traversalen wie von selbst
gelingen, oft auf fremdem Platz besser als zu Hause. Die
beschriebenen ausgedehnten Vorübungen im Schritt haben auch
den Vorteil, dass Lernen und Beruhigung Hand in Hand gehen.

Jede Korrektur ist ein
Minuspunkt auf dem
Ausbildungskonto.

PFLEGE DER PIAFFE

Man darf von einem noch so guten Pferd nicht erwarten,
dass es immer in Piaffestimmung ist. Bei der Prüfung soll es aber
dennoch klappen, da ist volle Leistung und nicht die »Sparpiaffe«
gefragt. Der Reiter muss daher sein Leben mit dem Pferd so einrichten, dass dieses fühlt, wann das Maximum und wann nur Nor-
malarbeit angesagt ist. Er muss es klug von Höhepunkt zu Höhepunkt führen. Dazwischen muss es bemessene Täler geben.

Zwischen den Turnieren immer wieder einige Tage die
schwierigen Lektionen ganz ruhen lassen. Nicht darauf erpicht
sein, einen hohen Standard immer gleichbleibend zu verlangen.
So etwas kann weder ein Sportler noch ein Künstler leisten,
geschweige denn ein Pferd.

Nicht immer gleich-
bleibend einen hohen
Standard verlangen

Zur Auffrischung der Piaffe ist die Pirouette wegen der durch sie gegebenen Grundmobilität besonders günstig. Es ist besser, die Piaffe in der Pirouette zu üben, als zu oft auf der Stelle. Immer soll der Wiegeschritt vorausgehen. Daraus – auf kleinem Kreis – Übergang zur kleinen »Sparpiaffe« (siehe Seite 167); erst dann die »große« Piaffe nur wenige Sekunden verlangen.

Es geht wesentlich darum, von ganz klein auf ganz groß steigern zu können. Nach gelungener Steigerung Zügel lang.

Regel: Den Takt bei ganz kleinem Bewegungshub gewinnen und sichern und erst dann »das Feuer anmachen«. In der kleinen Bewegung gewinnt man die Taktsicherheit.

Nochmals zur Erinnerung: Wer ohne den Wiegeschritt zu pflegen immer gleich in die große Bewegung geht, riskiert, dass sich schwer korrigierbare Taktfehler einschleichen. Zuerst kommt der Takt, dann der Schwung. Bei der Arbeit zu Hause übertrieben flinke Tritte anstreben. Die »Sparpiaffe« mit kleinem Hub ist nur unter der Voraussetzung, dass die kleinen Tritte flink sind, von Nutzen. Sparen oder kleine Flamme heißt weniger Anstrengung, aber nicht faulenzen!

In der kleinen Bewegung gewinnt man die Taktsicherheit.

Piaffe in der großen Pirouette. Zuerst den Takt bei geringem Bewegungshub gewinnen!

AUSDRUCK DER PASSAGE

Es wird immer wieder der Moment kommen, in dem das Pferd die Vorderbeine zu wenig anwinkelt, obwohl die Hinterbeine, vom Wiegeschritt herkommend, fleißig sind. Es ist daher wichtig, dass es schon bei der Handarbeit die Hilfen zur Animation der Vorderbeine verstanden hat. Es soll gelernt haben, dass ein Antippen an die Schulter heißt: »Vorderbeine höher«. Zuerst tippt man an den Unterarm – das versteht jedes Pferd; dann geht man im Laufe der Zeit mit der Gerte immer höher, so dass auch das Touchieren der Schulter verstanden wird und die richtige Reaktion auslöst (siehe Abbildung Seite 104).

Von oben wird der Reiter entsprechend die Gerte ausnahmsweise nach vorne nehmen und gegen die Schulter führen. Die Stimme soll immer leise dabei sein, so dass beim Turnier die Aufforderung auch ohne Gerte verstanden wird (Pferde hören viel besser als Richter).

Wichtig ist, dass man die Passage mit unterschiedlich starkem Ausdruck reiten kann. Einmal mit mehr Vorwärts, das andere Mal mit weniger Raumgewinn, und auch hier gilt: Das Maximum nur über kurze Strecken verlangen.

Passage mit unterschiedlich starkem Ausdruck reiten

Die gute Passage zeichnet sich durch flinke Hubbewegungen, besonders der Hinterbeine aus. Dies wird oft verkannt. Bei zu langsamen Beinen gibt es eher Taktfehler, besonders bei den Übergängen. Immer versuchen – hauptsächlich beim Üben! –, den Passagerhythmus schneller zu machen, als ihn das Pferd anbietet! Den Rhythmus eindeutig durch den Sitz bestimmen.

DIE TRAVERSAL-PASSAGE

Die Traversale in der Passage setzt nicht nur ein losgelassenes Pferd voraus, vielmehr kommt es bei ihr noch mehr als bei der normalen Trabtraversale darauf an, dass der Reiter sein Pferd in die richtige Position bringt, die es ihm erleichtert, taktrein zu bleiben. Traversale-Fehler, die im versammelten Trab noch kaum sichtbar sind, treten in der Passage deutlich zu Tage.

Je mehr das Pferd um den inneren Schenkel gebogen ist, desto schwerer fällt ihm, besonders in der Passage, das Übertreten des äußeren Hinterbeins. Rhythmusfehler sind dann fast unvermeidlich, wenn die Hinterhand auch nur eine Kleinigkeit vorausgeht. Mit Recht haben die Franzosen früher vertreten, dass in der Traversale das Pferd nur wenig gebogen sein darf oder sogar nur eine geringe Kopfstellung erhalten soll (siehe Abbildung Seite 183, Pos.4).

Eine betonte Biegung bedeutet auf jeden Fall einen zusätzlichen Schwierigkeitsgrad. Dessen muss sich der Reiter bewusst sein. Die Klassiker in Wien treten für die erhabene Passage in einer verlangsamten Bewegung ein. Wenn sie gelingt, ist sie sehr beeindruckend. Sie liegt Blutpferden wie den Lippizanern am besten. Unsere meist großrahmigen Pferde haben nicht die gleiche Bewegungscharakteristik. Man muss versuchen, ihnen die Passage abzugewinnen, die ihnen am besten entspricht. Dies ist die Passage mit flinkem Hinterbein. Wenn unsere schwereren Pferde zu langsam werden, verlieren sie leicht die Versammlung und kommen mit den Sprunggelenken zu weit nach hinten heraus. Auch eine Passage in flinkerer Kadenz kann sehr gut aussehen.

▶ Vorübung: Gerade Passage an der langen Wand. Daraus zum Travers übergehen und die Hinterbeine im Spiegel beobachten.

An der Wand hat das Pferd mehr Vertrauen. Die Vorderbeine gehen die normale Passage, sie kreuzen also nicht, nur die Hinterbeine treten über. Es geht bei dieser Vorübung vor allem um den Übertritt der Hinterbeine.

▶ An den kurzen Seiten Schrittpause, dann jeweils aus der Ecke heraus mit dem Passage-Travers beginnen. Zügelführung einhändig. Die Gerte in der äußeren Hand soll lang genug sein, um das äußere Hinterbein erreichen zu können. Im schnellen Takt touchieren und bei wenig Raumgewinn viel Hub verlangen. Dies erleichtert den taktreinen Übertritt. Schneller sitzen wollen, als das Pferd wirft. Das Gleiche gilt sinngemäß für die Hände. Sie schließen und öffnen sich ein klein wenig im verlangten fleißigen Rhythmus.

An der langen Wand wird diese Passageübung schnell zur Routine. Der Reiter kann sich allein auf das Flinkmachen der schränkenden Hinterbeine konzentrieren. Immer wieder den Raumgewinn verkleinern. Es soll lang dauern, bis man an der zweiten Ecke der langen Seite ankommt.

▶ Dort Zügel ganz lang.

▶ Bei jedem Neubeginn aus dem Stehen in Traversstellung (siehe Seite 184 links) darauf achten, dass schon der erste Tritt ein fleißiger Passagetritt ist – Spontanstart!

▶ Sobald die Travers-Passage an der Bande gesichert ist, auf den 2. Hufschlag oder die halbe Mittellinie gehen, dabei im Travers bleiben und sich vorstellen, man reite immer noch der Bande entlang.

▶ Nach einigen Übungsstunden kann man getrost auf die Diagonale gehen. Zunächst bleibt man im Travers, erst allmählich den Travers zur Traversale machen, indem man bei abgeschwächter Biegung die Parallelverschiebung verlangt. Das

Trabtraversale.
Die am Hals anliegen-
den Zügel führen, ohne
gespannt zu sein.
Das Pferdegesicht
zeigt, dass die Hände
gut sind. Die 3:1-
Führung ist gut
erkennbar.

Schränken der Vorderbeine kommt wie von selbst hinzu. Nicht
zu viel mit dem äußeren Schenkel drücken. Dieser soll nur locker
»dran« sein. Wichtiger ist das Treiben mit dem inneren Schenkel.

▸   Bei diesen ersten Übungen die innere Schulter des Pferdes
überdeutlich vorangehen lassen und nicht versuchen, »mit Sie-
ben-Meilen-Stiefeln« die andere Seite zu erreichen. Lieber die
kleine Passage reiten und mehr Zeit und Tritte brauchen. Erst
wenn der Rhythmus gesichert ist, darf man bei stärkerem
Schränken der Beine etwas freier reiten.

▸   Man kann auch, wie bereits weiter vorne vorgeschlagen, die
Diagonale mit Stangen auslegen, am besten nach beiden Seiten.
In der Mitte lässt man eine Lücke. Die Stangen sind wie Leitlini-
en und haben eine beruhigende Wirkung. Sie ersetzen die Bande. Es ist erstaunlich, wie hilfreich sie sein können.

Später muss es gelingen, aus dem Stehen heraus, in der
Ecke beginnend, eine fleißige Passage-Traversale zu reiten.

▸   Das Pferd vorher lange Sekunden stehen lassen und zwar bereits im Schulterherein (siehe Seite 184 rechts).

▸   Es spannen und dann spontan starten. Dies mehrmals wiederholen. 5 bis 10 Passagetritte nach dem Start genügen, aber sie sollten sehr fleißig und flink sein.

▸   Immer nach dem Gelingen Zügel lang und einige Sekunden Pause.

Es geht nur darum, die nervliche Prägung sicher zu machen. Die Muskeln können alles, wenn sie zeitgerecht die richtigen Befehle erhalten. Wenn ein Pferd sperrt, liegt dies meistens nicht an nachlassenden Muskelkräften, sondern an der nervlichen Koordination, die bei verlorener innerer Ruhe durcheinander geraten ist.

▸   Beim Seitenwechsel der Zickzack-Traversale zunächst drei Tritte geradeaus reiten und die Traversale in die neue Richtung aus dem Schulterherein beginnen. Auch diese Phase der Gesamtlektion extra üben. Nicht immer die ganze Reprise durchreiten, sondern sich mit kleinen Abschnitten begnügen. Detailarbeit! Jeden Tag kommt ein anderer Abschnitt an die Reihe. Der des Vortags wird nochmals durchgeprüft. Auf keinen Fall sich dazu hinreißen lassen, die gesamte Zickzack-Lektion endlos ohne Schrittpausen zu wiederholen. *Merke*: Stress ist bei Taktfehlern der schlechteste Gehilfe.

Besonders beim Seitenwechsel darauf achten, dass die Schulter schon beim ersten Tritt genügend vorausgeht. In der Passage ist dies noch wichtiger als im versammelten Trab. Damit dies gelingt, muss man auch in der Prüfung wenigstens einen Tritt in der Tendenz geradeaus reiten. Man reite einen kleinen, dem Zuschauer nicht auffallenden Bogen. Denn wenn beim letzten Passagetritt nach rechts die Schulter, so wie es sein soll, etwas vorgestellt ist, müsste sonst bei Seitenwechsel das neue innere Hinterbein vorausgehen. Dies vermeiden!

Das beschriebene Vorgehen – besonders wenn es um die Passage geht – ist vom Boden aus noch wirksamer, weil der hinter oder neben dem Pferd gehende Reiter die Hinterhand im Auge hat und ein nicht genügend fleißiges Hinterbein zeitgenau touchieren kann. Er trifft das Sprunggelenk schon beim Auffußen und vergrößert so den folgenden Hub. Mit der Touchiergerte kann man dem Pferd erklären, was man haben möchte. Beim Üben des schwierigen Bewegungsablaufes – Passage in der Traversale – wirkt sich das fehlende Reitergewicht besonders günstig aus, es entfällt ein Schwierigkeitsgrad. Erst aufsitzen, wenn vom Boden aus der Grund sicher gelegt ist.

Stress ist bei Taktfehlern der schlechteste Gehilfe.

Variables Arbeitsprogramm

AUFFRISCHUNG, WENN DAS LICHT NICHT SOFORT ANGEHT

Im Laufe der Zeit kann immer wieder die Reaktion auf die feine Hilfe abflachen. Dann sollte man es sich nicht angewöhnen, immer stärker einzuwirken. Im Sattel immer fein bleiben! Ein oder zwei Tage Arbeit an der Hand lösen das Problem. Man stimmt die Geige neu vom Boden aus.

Beispiel: Beim Übergang vom Schritt in die Piaffe oder Passage tritt das Pferd nicht sofort an. Das Licht brennt nicht sofort, wenn man auf den Schalter drückt.

▸ Der Reiter geht hinter dem Pferd, das gerade aus dem Stall gekommen ist, 10 Minuten Schritt.

▸ Halten und Zügel für die Piaffe verkürzen; eher etwas mehr als sonst.

▸ Eine halbe Runde versammelten Schritt

▸ Kurzer Wiegeschritt.

▸ Jetzt kommt der wichtige Moment: Bewusst zurückhaltende Stimmenhilfe zur Piaffe. Ich verführe das Pferd dazu, schwach oder nicht zu reagieren, damit es Grund zu einem Donnerwetter gibt. Wenn das Pferd – wie zu erwarten – nicht spontan antritt,

▸ dies mit einem harter Schlag mit der langen Gerte gegen die Bandenbrüstung oder auf den Boden sofort quittieren. Es muss richtig knallen. Der Reiter steht hierbei genügend weit von der Kruppe, damit er nicht zu Schaden kommen kann. Danach folgt sofort ein schwacher Peitschenhieb auf die Kruppe.

▸ Nach einigen guten Piaffetritten im Vorwärts Übergang zum Schritt.

▸ Nach wenigen Metern immer wieder – bis ein Dutzend Mal – den spontanen Piaffeantritt verlangen. Die harten Drohschläge gegen die Band, die immer von der Stimme begleitet sind, schwächt man dabei immer mehr ab. Bei einem sensiblen Pferd hat schon der erste eine genügende Wirkung hervorgerufen. Selbstverständlich muss der Grad der Ermahnung dem Naturell des Pferdes angepasst sein.

▸ Sobald es auf die Stimmenhilfe allein einige Male spontan reagiert hat und schon der erste Tritt ein guter Piaffetritt ist, führt man es in den Stall.

▸ Man lässt es gesattelt, holt es nach 10 Minuten wieder in die Bahn und verlangt mit der Stimme allein nochmals einige Piaffetritte! Die lange Gerte wird nur drohend angehoben. Nicht die Gutartigkeit des Pferdes zu sehr auf die Probe stellen und zu viele Tritte verlangen. Vier bis sechs gute Tritte genügen. Die Freude am Mitmachen darf nicht verloren gehen.

Am nächsten Tag wird das Pferd unter dem Reiter ohne Zögern auf die feine Reiterhilfe anpiaffieren. Die Stimme muss zunächst noch dabei sein, und zwar im gleichen Tonfall, wie sie am Vortag die Schläge gegen die Bande begleitet hat.

Die beschriebene Auffrischung besorgt man, wenn keine Zuschauer in der Bahn sind. Man kann dann die Stimme etwas mehr und drohender erheben. Sie ist bei der Ausbildung – vor allem auch bei Hengsten – besonders wichtig. Lieber mit der Stimme strafen und nicht mit den Sporen.

Lieber mit der Stimme strafen und nicht mit den Sporen

TAKTFEHLER

Taktfehler beruhen bei einem gesunden Pferd meist auf einer gestörten Befehlsübermittlung an die Muskulatur, auf fehlerhafter Koordination des Nervensystems. Bei zu viel Stress kann es leicht vorkommen, dass ein Hinterbein verzögert abfußt oder weniger aktiv ist als das andere. Stress gibt es, wenn das Pferd eine Übung noch nicht beherrscht und auf die neue Forderung mit zunehmender Ängstlichkeit und Spannung reagiert. Den Taktfehler direkt anzugehen bringt nicht immer Erfolg.

Eines der schlimmen Beispiele sind Taktfehler in der Passage. Falsch behandelt, können sie sich im Laufe der Zeit so sehr verfestigen, dass sie kaum mehr behebbar sind. Die Nerven sind dann falsch geprägt.

Die Handarbeit hat den Vorteil, dass der Ausbilder Taktfehler schon im Ansatz erkennt und sofort richtig reagieren kann. Ich habe schon gute Reiter erlebt, die ihre Passage Tag für Tag mit dem gleichen kleinen Rhythmusfehler vorführten, ohne diesen zu fühlen. Das Gleiche gilt für die unreine Traversale. Derartiges passiert, wenn sich ein Fehler ganz langsam einschleicht; er wird dann zur tolerierten Gewohnheit. Auch Fehler können ihren Takt haben. Die Gewöhnung kann dazu führen, dass der Reiter sie im Sattel nicht mehr wahrnimmt.

Wer sein Pferd auch vom Boden arbeitet, wird derartigen Problemen schon deshalb entgehen, weil sein Arbeitsprogramm dem Pferd mehr Abwechslung bringt. Abwechslung in der Art und Weise, wie man sein Pferd auf eine Lektion vorbereitet, ist das beste Mittel gegen unreine Gänge!

Nochmals sei betont, dass Taktfehler oft damit zusammenhängen, dass die Hinterbeine zu langsam sind. Wenn beide Hinterbeine schleppen, dann schleppt meistens das eine mehr als das andere, so wie ein Motor bei zu geringer Drehzahl zu stottern

Animieren des trägen Hinterbeins, es eine Zeitlang beim Touchieren zum Kommandoempfänger machen.

anfängt. Fast unvermeidbar wird auch ein guter Ausbilder dann und wann einen Ausbildungsschritt zurückgehen und die Hinterbeine von neuem mobilisieren müssen. Im Folgenden eine weitere Anregung, wie dies vom Boden aus geschehen kann.

Beispiel: In der Passage macht das linke Hinterbein den kleineren Hub oder fußt verzögert ab.

▶ Im Stehen wird dieses Hinterbein touchiert. Der Reiter steht nahe am Pferd. Dieses soll noch nicht antreten; es genügt eine kleine Reaktion, etwa ein kurzes Anheben des touchierten Beines oder leichtes Antrippeln.

Immer erhält das langsame Bein das Kommando. Dieses wach machen, ohne großen Aufwand. Immer wieder mit dem Ende der Gerte dem langsamen Bein entlang fahren; innen und außen.

▸   Dann: Mehrmals das Pferd einige Tritte vortreten lassen. Wieder empfängt hierzu das langsame Hinterbein die Aufforderung. Dem Pferd dieses Bein bewusst machen!

▸   Dann: Mehrmals das Pferd einige Tritte nach vorwärts piaffieren lassen. Dabei bleibt die Gerte in kleiner Bewegung am langsamen Bein. Dieses zum »Befehlsempfänger« machen. Schneller Takt der langen Gerte. 5 Minuten genügen. Nach einigen Tagen ist das langsame oder verzögerte Bein so fleißig wie das andere. Touchieren heißt, dem Pferd helfen, in die symmetrische Koordination seiner Gliedmaßen hineinzufinden.

▸   Dann: Danach trachten, dass beide Hinterbeine immer flinker werden. Dazu kann man, hinter dem Pferd gehend, das Ende der langen Gerte auch zwischen die Hinterbeine bringen. Man touchiert im Takt von innen wechselweise beide Beine. Wenn der Rhythmus stimmt, nur noch »symmetrisch« touchieren.

Wo touchieren? Immer wieder an anderer Stelle. Wechseln!

Günstige Stellen: Die Fesselköpfe, die Einkehlung oberhalb der Sprunggelenke, die Flanken und die Kruppe. Wenn der Hub der bereits taktreinen Tritte vergrößert werden soll, kleine schwache, aber schnelle Hiebe auf die Kruppe, im Wechsel links und rechts neben der Mitte. Immer mit Stimme, damit das Gleiche vom Sattel aus abgerufen werden kann.

Manche Pferde muss man mit der langen Gerte nur einige Male berühren. Anschließend genügt schon die Gestik. Man schwingt die Gerte über der Kruppe hin und her oder sogar von Flanke zu Flanke, ohne zu berühren. Eine Signalsprache entwickeln! Mehrere Kommandos etablieren für die gleiche Forderung. Dies klingt zunächst nicht logisch, entspricht aber dem

Eine Signalsprache entwickeln!

Mobilmachen der Vorderbeine durch Touchieren an der Schulter

französischen Prinzip der isolierten und anschließend kombinierten Hilfengebung.

Das Flinkmachen eines nicht genügend angehobenen Vorderbeines geschieht in sinngemäß gleicher Weise.

▸ Der Reiter steht neben dem Pferd in Schulterhöhe. Wieder touchiert man nur das lasche Bein. Günstige Stelle: Dicht unter der Brust, wo der Hauptmuskel des Unterarmes beginnt.

Gut ist es, die Vorderbeine und die Hinterbeine in Extrareprisen fleißig zu machen. Fleiß heißt Taktsicherheit!

▸ Wenn bei Taktstörungen in der Passage alles vergeblich ist: Passage in der Volte fordern, das zu wenig energische Bein innen. Dieses wird im Takt touchiert. Der Reiter steht nicht im Zentrum der Volte. Vielmehr beschreibt er einen kleinen Kreis dicht neben der Kruppe. Am besten geht er dabei rückwärts.

Beispiel linke Hand: Die linke Schulter des Ausbilders ist dicht an der inneren Hüfte des Pferdes, beide Leinen zusammengefasst in der linken Hand. Diese liegt auf der Kruppe. Kurze Gerte in der Rechten. Man kann so mit ihr beide Hinterbeine erreichen. Der Kreisbogen darf sich vergrößern. Dies ist ohne Belang. Dicht neben dem inneren Hinterbein bleiben! So kann man kaum geschlagen werden.

Diese Art des mitgehenden Touchierens ist auch sehr wirksam, wenn es in der späteren Ausbildungsphase hauptsächlich darum geht, den Ausdruck der Passage zu erhöhen. Bei der gleichen Schwierigkeit in der Piaffe fordert man eine große Piaffe-Pirouette, das zögerliche Bein innen. Und immer daran denken: Je kürzer die Reprisen, je mehr kleine Pausen, desto sicherer der Erfolg!

IM STEHEN DIE BATTERIE LADEN — DIE MINI-SCHAUKEL

Eine gute Übung ist das Rückwärtsrichten im Stehen bei unbeweglichen Pferdefüßen:

▸ Schenkel anlegen, das Pferd ist an den Zügel gestellt, »strickende Zitterhand«. Die Schenkel vibrieren, fordern auf. Die Hand gibt nicht nach – so wie beim Rückwärtstreten. Der Reiter sieht in den Spiegel. Die Kruppe soll sich sichtbar 3 bis 5 cm nach rückwärts bewegen und danach wieder in die Ausgangsposition zurückgehen.

▸ Dies mehrmals wiederholen. Ich nenne dies die Mini-Schaukel (siehe auch Seite 185). Man könnte auch sagen: Schwerpunktschaukel. Ohne die Pferdebeine zu mobilisieren, changiert der Schwerpunkt um wenige Zentimeter hin und her. Voraussetzung ist eine feine Übereinstimmung zwischen Reiter und Pferd!

Ziel: Höchste Sammlung von Reiter und Pferd im Stehen.
▸ Dann aus dieser kleinen Schaukel antraben.

Ziel: Der erste Trabtritt soll ein guter Tritt vom Fleck weg sein. Oft sieht man bei Dressurprüfungen, dass ein Pferd nach dem Grüßen erst nach einem oder einem halben Schritt antrabt. Schon der erste Eindruck ist dann kein guter! Der Antritt misslingt, weil der Reiter sein Pferd im Stehen nicht versammelt hat. Mit zu wenig geladener Batterie geht das Licht nicht sogleich an!

Ich erinnere mich, dass mein Reitlehrer gebeten wurde, ein

Flexibilität in der Ausbildung

Um zu verdeutlichen, warum die Flexibilität in der Ausbildung so wichtig ist und dass es vor allem auf die nervliche Steuerung ankommt, ein praktisches Beispiel:

Reiterin B hat Probleme mit dem fliegenden Galoppwechsel. Ihre hochveranlagte Stute wechselt auf der Koppel nach beiden Seiten mit Leichtigkeit, dennoch macht sie unter dem Reiter nicht mit.

Ich lasse mir das Pferd vorreiten und bitte darum, genau das gleiche Programm zu absolvieren wie zu Hause. Zunächst geht die Stute ruhig und gelassen. Ihre Galoppade ist gut. B reitet im Rechtsgalopp auf die Diagonale und versucht bei K den Wechsel. Die Stute springt nur vorne um und wird nervös.

B ist ratlos. »So ist es immer! Was mache ich falsch«?

Meine Antwort: »Ihre Hilfen sind richtig. Das Problem ist, dass Ihre Stute sie nicht befolgen kann. Das Bewusstmachen der Anforderung hat die nervliche Steuerung blockiert. Schon bei M wusste Ihre Stute, was von ihr bei K verlangt wird. Bei K angekommen, ist die nervliche Anspannung zu hoch, um auf Kommando willentlich umzuspringen.«

Um die Stute zu fördern, ist nicht der »starke« Reiter gefragt. Lieber ist mir der denkende. Er kann folgendermaßen vorgehen:

▸ *Trab auf der rechten Hand. Die 1,2 m lange Gerte in der rechten Hand des Reiters.*

▸ *Durch die halbe Bahn wechseln und kurz vor der Bande links angaloppieren.*

▸ *Bei A oder vorher durchparieren zum Trab.*

▸ *Diagonale von F nach H und wieder durch die halbe*

Bahn wechseln, um erneut kurz vor der Bande betont energisch anzugaloppieren.

▸ *Dies ca. ein Dutzend Mal wiederholen. Beim jeweiligen Angaloppieren darf ausnahmsweise der äußere Schenkel etwas mehr zum Einsatz kommen und dies unter deutlicher Mitwirkung von Stimme und Gerte. Letztere touchiert den rechten Hinterschenkel.*

Schon nach wenigen Wiederholungen kommt es zum Automatismus. Das Pferd springt an der gewohnten Stelle von selbst vom Trab in den Linksgalopp. Gerte trotzdem weiter einsetzen, selbst wenn sie zu spät trifft, weil das Pferd dem Reiter zuvorkommt!

▸ *Beim darauf folgenden Mal auf der Diagonale zwischen F und H rechts angaloppieren. Ruhiger Arbeitsgalopp.*

▸ *Wieder durch die halbe Bahn wechseln. Kurz vor der Bande Hilfe zum Linksgalopp, Gerte tickt gleichzeitig außen an. Die meisten Pferde werden nach dieser Vorbereitung gelassen umspringen.*

▸ *Nach dem Umspringen sofort Schritt, Zügel lang und abspringen.*

Wer schneller vorankommen will, kann sein Pferd mehrmals am Tag in die Bahn nehmen und nach etwas verkürzter Vorbereitung ein Umspringen verlangen.

Der schwierigere Umsprung von links nach rechts wird in der sinngemäß gleichen Weise eingeübt. Gänzlich falsch wäre es, nach geglücktem fliegenden Wechsel sogleich eine Vielzahl weiterer Versuche zu unternehmen. Es könnte wieder eine nervliche Blockade eintreten. Nach einigen Wochen wird der Bann gebrochen sein, und das Pferd wird an jeder Stelle fliegend umspringen.

Heißspornen sei gesagt, dass Ungeduld den Weg zum Ziel endlos verlängern kann! Auch die vorgeführte Stute hat in der beabsichtigten Weise reagiert. Ihre Reiterin hat begriffen, dass für den Fortschritt der Ausbildung die der Psyche des Pferdes angepasste Methode noch wichtiger ist als korrektes Reiten. In ihrem Fall ging es darum, die auf der Koppel unbewusst ablaufende Bewegung des Umspringens auf die Ebene der willentlichen Ausführung zu bringen.

Zwischen Pferdekoppel und Reitbahn liegt ein dunkler Wald. Durch den muss der Ausbilder sein Pferd hindurchführen. Man darf es nicht hindurch jagen!

schwieriges Pferd zur Raison zu bringen. Er bestieg es und blieb ca. 10 Minuten in der Mitte der Bahn stehen. Dann trabte er an; friedlich, das Pferd an den Hilfen. Man wollte wissen, wie er die Wandlung erreicht habe. Seine Antwort: »Ich hab mich mit ihm im Stehen unterhalten«. Mir hat er dann später seine »kleine Schaukel« erklärt, sie war niemandem aufgefallen. Solches unterscheidet den Künstler vom Handwerker!

Solches unterscheidet den Künstler vom Handwerker!

▶ Turniervorbereitung

Vor einem Turnier kann es sehr wirkungsvoll sein, wenn man sein Pferd zweimal oder sogar dreimal am Tag arbeitet. Beim ersten Mal ca. 20 bis 30 Minuten – 10 Minuten Schritt inbegriffen –, beim 2. und 3. Mal werden nur einzelne Lektionen kurz wiederholt, zum Beispiel die Einerwechsel. Nach gelungener Übung springt der Reiter sofort ab und führt das Pferd in den Stall. Wer gelernt hat, in strenger Selbstkontrolle die Arbeit gut zu dosieren, hat auf dem Turnier die besseren Chancen!

Auf Dauer gesehen ist für den Erfolg die seelische Verfassung wichtiger als alles andere!

Zu Hause in kleinen Dosen fleißig üben ist gut. Auf dem Turnierplatz sollte man hiervon Abstand nehmen. Wer vor dem Auftritt noch feilt und korrigiert, begeht einen grundsätzlichen Fehler. Es genügt, auf dem Abreiteplatz die in der Prüfung verlangten Lektionen kurz durchzuprüfen. Das Pferd darf auf Turnieren auf keinen Fall konstant Stresserlebnisse und schlechte Erinnerungen sammeln. Auf Dauer gesehen ist für den Erfolg die seelische Verfassung wichtiger als alles andere!

Gelassen in Kauf nehmen, dass auf den ersten Turnieren manches schief geht. Nicht sein Pferd endlos abreiten in der vergeblichen Hoffnung, es durch Ermüden zu beherrschen. Es nicht zum Knecht seiner Ambitionen degradieren. Nicht Gehorsam und Exaktheit in Kasernenmanier durchsetzen wollen und damit dem Pferd den Glanz nehmen. Manche sehr gute Pferde brauchen Jahre, um sich an die fremde Atmosphäre zu gewöhnen. Damit muss sich der Reiter abfinden und sich in Geduld üben.

Die letzten 10 Minuten vor dem Einreiten sind für manche Reiter eine höhere Nervenbelastung als der Ritt selbst. Sie reagieren sich ab, indem sie planlos herumreiten. Da kann es von Vorteil sein, sich selbst die Order zu geben, nochmals die ganze Schritt-Tour oder sogar die ganze Aufgabe im Schritt konzentriert durchzureiten. Solche Wiederholungen sind gänzlich unschädlich. Auch zu Hause darf man die Schritt-Tour üben, so oft man will.

Der Schritt, besonders am langen Zügel, ist auch die günstigste Gangart, um das Pferd in eine gute Stimmung zu bringen. Wenn es nervös ist, sollte man es hierzu mehrmals vor einer Prüfung herausnehmen.

Bei zu viel geballter Kraft kann man beim ersten Mal jeweils 5 Minuten auf jeder Hand galoppieren, aber ohne irgendwelche Lektionen einzuflechten – vor allem nicht die Serienwechsel. Je länger man noch unsichere Angstlektionen auf dem Abreiteplatz übt, desto schlechter gelingen sie im Viereck. – Auf dem Abreiteplatz hat der Reiter seinem Pferd x Piaffen abverlangt. Die ersten waren sogar gut! In der Prüfung piaffiert dann allein der Reiter mit Kreuz und Schenkeln. Unten tut sich nichts. Wie oft sieht man dies auf Turnieren!

ACHTUNG: Auf dem Turnier wird meistens eine andere Sattelunterlage verwendet. Wer sattelt, muss wissen, wie viele Löcher beim Gurten frei bleiben müssen, um die gleiche Gurtspannung zu haben wie zu Hause.

Dies scheint ein unwichtiges Detail zu sein, unbeachtet kann es aber alles verderben! Für das Pferd soll sich möglichst wenig ändern. Dies gilt für die gesamte Ausrüstung. Die neuen Stiefel, den neuen Sattelgurt, den neuen Kandarenzaum, die neuen, noch steifen Bügelriemen usw. usw. – zu Hause lassen! Sich

Viel Schritt am Girlandenzügel macht nervöse Pferde ruhig. Die Reiterin nutzt die ausgedehnte Reprise, um sich besonders eine gute Handhaltung zur Gewohnheit zu machen.

in allen Handlungen gleich verhalten wie daheim. Ein neues Parfüm kann die Reiterin den Sieg kosten. Nicht anders füttern als zu Hause. Für Pferde, die zum ersten Mal auf Turnier gehen, das gewohnte Futter und Wasser mitnehmen.

DIE LEICHTEN DRESSURPRÜFUNGEN MIT DEM 4- BIS 5-JÄHRIGEN PFERD

Mit einem begabten Pferd sollte man den leichten Prüfungen nicht zu viel Gewicht beimessen. Wer gemäß der HSH-Methode das Ausbildungsprogramm mit Vorübungen für Piaffe und Passage beginnt und dessen Verlauf jeweils der Veranlagung seines Pferdes anpasst, wer das große Einmaleins zusammen mit dem kleinen lehrt, wer manches auslässt, was zur üblichen Grundausbildung gehört, wer die traditionelle Reihenfolge der zu lehrenden Lektionen verwirft, muss in Kauf nehmen, dass bei Prüfungen der niedrigen Kategorien Lücken offenbar werden und die Zustimmung der Richter unsicher ist. Hierunter fallen Lektionen wie Vorhandwendung, Mitteltrab, Viereck verkleinern und vergrößern im Schenkelweichen. Auch gibt es Richter, die bei diesen Prüfungen noch keine Versammlung, geschweige Aufrichtung sehen wollen und solches schlecht benoten.

Sich hierum nicht kümmern. Nicht einer Schleife zuliebe sein Pferd durcheinander bringen. Vor allem nicht verfrüht bis zum Maximum gehende Trabverstärkungen seinem Zögling abverlangen!

KLEINARBEIT

Die sichersten Punkte gewinnt der Turnierreiter durch intensive Kleinarbeit. Unter dieser verstehe ich die perfektionistische Ausfeilung besonders der folgenden Lektionen:

- sicheres und sauberes Stehen
- Schaukel
- halbe Schrittpirouetten
- die Schrittskala mit ihren Versammlungsstufen
- Schrittübergänge
- sauberes Durchreiten der Ecken in der Voltenbiegung.

Wenn ein Pferd einen guten Schritt hat, muss es bei konzentriertem Üben gelingen, in all diesen Lektionen eine gute Note zu erreiten. Man kann davon profitieren, dass viele Konkurrenten den Sinn für die Kleinarbeit nicht haben. In der Endabrechnung zählen diese Punkte genauso wie die der spektakulären Lektionen! Die Kleinarbeit-Lektionen haben dabei den Vorteil, dass sie das Pferd nicht ermüden. Sie stärken die Konzentra-

tionsfähigkeit von Pferd und Reiter. Letzterer kann im Schritt seine Dominanz besser, vor allem friedlicher stabilisieren als im Trab und im Galopp!

Kleinarbeit ist Fleiß und nochmals Fleiß. Ich meine den Fleiß des Reiters. Weshalb sollte man nicht alles tun, um die Fleißpunkte sicher zu gewinnen? Wenn beispielsweise die Trittzahl bei der Schaukel nicht stimmt, wenn die halbe Schrittpirouette nicht ordentlich getreten ist, muss sich der Reiter sagen, dass er die Kleinarbeit vernachlässigt hat. Für Fehlerpunkte in diesen Lektionen gibt es nach mehrjähriger Ausbildung keine Entschuldigung.

Im Laufe der Zeit sollte es gelingen, einen fleißigen, versammelten Schritt auch in fremder Umgebung zu reiten. Leider wird der vielfach vorgeführte »Langsamschritt« von manchen Richtern immer noch nicht als fehlerhaft bewertet. Das Reglement lässt jetzt sogar zu, dass die Hinterbeine über die Hufsiegel der Vorderbeine hinaus treten. Welch ein Widersinn!

Sich nicht beirren lassen und sich dennoch bemühen, den versammelten Schritt klassisch zu reiten. Dies schon wegen des Übergangs in die Piaffe. Die Schrittversammlung soll doch in der Nähe der Piaffe sein!

Versammelter Schritt in der Volte. Vom Boden aus erkennt man am besten das kleine Fußen der Hinterbeine. Sobald die Trittlänge regelmäßig ist, gilt es, die Beine flink zu machen. Animation durch »Klatschhand« gegen die Hinterbacken.

»VERGESSENE« LEKTIONEN, »NEUE« LEKTIONEN

Zu Hause sollte man sie wegen ihrer guten Wirkung reiten, obwohl sie auf dem Turnier nicht mehr verlangt werden.

▶ Schulterherein auf gerader Linie im Galopp

▶ Schulterherein und Konterschulterherein im Schritt

▶ Die ganze Schrittpirouette

▶ Mehrfach-Schrittpirouette

▶ Travers im Galopp vorzugsweise auf der Kreislinie

▶ Übergang von der Schrittpirouette in die Galopp-Pirouette

▶ Travers und Renvers im Schritt

▶ Ganze Traversale im Schritt bei extremer Schränkung beider Beinpaare (steiler als die Trab- oder Galopptraversale)

▶ Zickzack-Traversale im Schritt; sehr wichtige Übung! Bringt viel!

▶ Schulterheraus im Galopp zur Bande hin. Besonders wertvoll. Man galoppiert im Außengalopp »in die Bande hinein«. Die Kruppe ist ca. 80 cm von der Bande entfernt. So gewinnt man das innere Hinterbein viel besser!

▶ 8-m-Volte im Außengalopp (war früher eine Prüfungslektion)

▶ Zirkel verkleinern und vergrößern im Außengalopp

▶ Auf der Mittellinie im Schritt im kurzen Wechsel Schulterherein nach rechts und links verbessert die Mobilität ohne ins Gewicht fallende körperliche Anstrengung des Pferdes

▶ An der Bande im Schritt und Trab im kurzen Wechsel Schulterherein – Travers – Schulterherein

▶ Übergang vom Travers zum Schulterherein und umgekehrt; auf der Mittellinie zu reiten.

▶ Travers auf dem Zirkel in allen 3 Gangarten

▶ Zirkel im Travers verkleinern bis zur Pirouette im Schritt, Trab und Galopp

▶ Im Travers durch die Ecke (eine 1/4-Pirouette)

▶ Schulterherein auf dem Zirkel in allen drei Gangarten

▶ Kleine Schlangenlinie im Radius der 8-m-Volte auf der Mittellinie im hoch versammelten Trab, im Schritt und im Galopp
a) ohne Wechsel
b) mit einfachem Wechsel
c) mit fliegendem Wechsel

▶ »Schritt-Trab-Schaukel«. X Tritte rückwärts treten, daraus versammelt antraben, durchparieren und wieder das Pferd rückwärts treten lassen. Die letzten Trabtritte vor dem Durchparieren sollen nahe bei der Piaffe sein.

▶ Schritt-Schaukel ganz ohne Hand (siehe Seite 163).

Ziel: Im Laufe der Ausbildung die Handeinwirkung mehr und mehr verringern.

► Versammelte Galoppvolte fast ohne Handeinwirkung. Im Laufe der Zeit mit durchhängenden Zügeln während mehrerer Galoppsprünge.

► Übergänge im Schritt und Trab vom Travers zum Renvers auf der Mittellinie reiten, Biegewechsel in kurzen Intervallen. Dies ist zwar keine klassische Übung, weil die Hinterhand um die Vorhand schwenkt; sie ist aber sehr geeignet, Geschmeidigkeit und Losgelassenheit zu verbessern. Sieht auch gut aus. Klemmt ein Pferd in der Zickzack-Traversale, dann können solche Biegungswechsel in Serie Wunder wirken!

Es ist für die Ausbildung sehr hilfreich, diese vergessenen Lektionen hinzuzunehmen – sie halten Pferd und Reiter geistig wach. Bei weit geförderten Dressurpferden ist ein abwechslungsreiches Programm von wesentlicher Bedeutung. Beim Kürreiten an die vergessenen Lektionen denken! So kann ein kreativer Dressurreiter den Geist seines Pferdes wach erhalten.

Man kann sich auch eigene Kombinationen ausdenken. Ältere Pferde verlieren ihren Charme, wenn nichts Neues hinzu kommt. Bei phlegmatisch veranlagten Pferden ist es besonders

Die versammelte Schaukel ohne Hand als Prüfstein der Leichtigkeit

Galopp am Sitz, ohne Hand. Das äußere Hinterbein des 5-jährigen Hengstes ist noch zu weit nach hinten herausgestellt. Dagegen ist die Stützposition des fußenden Vorderbeins schon weit vorne, was anzustreben ist.

wichtig, sie immer wieder mit neuen Forderungen munter zu machen. Für sie ist zu viel Routine schädlich.

Nicht in der Reitbahn viele Kilometer planlos herumreiten, wie man es so oft sieht. Gute, konzentrierte Arbeit ist gekennzeichnet durch eine sinnvolle Abfolge kurzer Lernreprisen. Das Arbeitsprogramm sollte man sich vor dem Betreten der Bahn wohl überlegt haben.

TEIL IV
Gedanken zur Dressurreiterei

► Mensch und Pferd

Wir sind nicht weit weg vom Tier, viel weniger weit, als wir glauben. Pferd und Mensch sind sich in ihren Instinkten ziemlich ähnlich. Schon bei der Geburt besitzt das Pferd ein Archiv, das Gefahrenbilder ebenso wie gute Bilder beinhaltet. Bei Menschen sind diese mehr oder weniger stark verwischt, aber sie sind doch noch vorhanden. Der erste Anblick eines dunklen Himmels bedrückt ein Kind. Sonnenschein und Blumenwiese beglücken ohne vorausgehende Erfahrung.

Die Platzangst ist ein weiteres Beispiel. Niemals wird ein einzelnes Pferd einen großen Platz auf dem kürzesten Weg überqueren. Es sucht lieber Anlehnung, etwa an einem Waldsaum. Das Gleiche gilt für die Menschen. Man kann ihr Selbstbewusstsein danach einschätzen, ob sie – was sehr selten ist – einen leeren Platz geradlinig überqueren. Als Fußgänger gehen wir viel lieber am Wegrand, besonders bei einem breiten Weg ist uns die Mitte nicht sympathisch. Auch wir suchen Anlehnung.

In ungewohnter Umgebung finden Pferde instinktiv die für sie sicherste Stelle. Diese ist genügend weit weg von einem bewaldeten Steilhang. Sie ist für den guten Rundblick etwas erhöht und selten in der Nähe einer Symmetrieachse oder eines Mittelpunktes. Auch in dieser Hinsicht reagiert der Mensch ähnlich instinktiv.

Ein Beispiel: Ein junger Mann betritt ein Restaurant. Schon kurz hinter der Tür wirft er einen prüfenden Blick rundum, verbunden mit Imponierbewegungen, mit denen er seine Schüchternheit überspielt. Er wird nicht ohne Not einen Tisch wählen, der genau in der Mitte liegt. Vielmehr sucht er nach Rückendeckung bei guter Sicht.

Ein freies Pferd geht in betont großem Bogen um die Ecke einer Scheuer. In unbekanntem Gebiet gilt das Gleiche für den Menschen. Auch er macht eine instinktive Ausweichbewegung.

Farben haben für das neugeborene Fohlen sogleich ihre Aussage. Grün und Braun sind sympathisch. In einem blau getünchten Stall würde sich die Fresslust vermindern. In alten Restaurants überwiegt die Ockerfarbe. Es ist erwiesen, dass sie den Appetit anregt. Blau würde ihn mindern.

Unsere angeborene Gestik ist der des Pferdes ähnlich. Ein wütendes Kind stampft mit dem Fuß, desgleichen das Pferd.

Das Pferd ist sich der Endlichkeit seiner Existenz nicht bewusst. Dennoch wird es immer wieder von der gleichen Urangst erfasst wie der Mensch. Ich meine, dass die Angst die am meisten ins Gewicht fallende psychische Gemeinsamkeit von Pferd und Mensch ist. Wir haben Angst vor dem Alleinsein. Das Pferd noch mehr. Einzelhaft ist die schlimmste Strafe für beide! Bei großer Angst reißen wir die Augen weit auf, desgleichen das Pferd. Wenn wir uns sicher und wohl fühlen, lassen wir die Augenlider fallen, beispielsweise beim hingebungsvollen Hören im Konzertsaal. Ähnliches kann man beim Pferd beobachten, wenn es von einer Vertrauensperson gestreichelt wird. Es ist, als ob es in sich hinein hören würde.

Ich bin mir fast sicher, dass Pferde träumen und dass ein Pferdetraum so wie beim Menschen nach dem Erwachen einen Nachklang hat. Schon öfter habe ich beobachtet, dass das noch liegende Pferd nach dem Erwachen den Kopf bei geöffneten Augen leicht anhebt und still hält. Es ist dann kaum ansprechbar.

Die Demutshaltung des Pferdes ist ein tief gesenkter Kopf. In der Kirche nehmen Menschen die gleiche Haltung an.

In der menschlichen Gemeinschaft geht es immer um die Rangfolge. Dies beginnt bereits in Kindesalter. Auch bei Pferden ist das so.

Es wäre ein Leichtes, diese Aufzählung weiterzuführen.

Pferdenatur des Reiters

Der Reiter muss sein Pferd verstehen lernen, dessen Gestik, die wie eine Sprache ist. Wer sie nicht versteht, wird bei der Handarbeit scheitern. Das gegenseitige Verstehen in Sekundenbruchteilen ist alles.

Fühlen wie ein Pferd

Zum guten Reiten gehören ein guter Sitz, eine gute Hand und gute Schenkel. Dies ist richtig, aber viel wichtiger ist der Pferdesinn. Der Kontakt zum Pferd entsteht und wächst, wenn der Reiter in sich selbst das verschüttete, traumhafte Tierbewusstsein entdeckt, wenn er anfängt, wie ein Pferd zu fühlen.

Falsch liegt, wer die Beziehung auf der Ebene der menschlichen Empfindungen sucht. Die vielen Hätschler und Tätschler, die ihr Pferd vermenschlichen, sind falsch gestimmte Geigen. Sie kommen nicht weit. Ihre Pferde hören sie nicht!

Gegenüber dem Pferdegefühl des Reiters sind sogar dessen korrekter Sitz und lehrbuchgemäße Einwirkung zweitrangig. Wie viele Reiter habe ich schon erlebt, die im Sattel keine gute Figur abgaben und vom Pferd dennoch alles bekamen, was sie wollten. Ich nenne wohlweislich keine lebenden Beispiele; es gibt aber einige, die zu Recht »ganz oben« reiten.

Ist es nicht wunderbar, wenn ein Grand-Prix-Pferd eine brillante Vorstellung gibt, obwohl der Rücken seines Reiters schon lange nicht mehr elastisch ist, wenn ein Pferd sich hilft und Sitzfehler nicht übel nimmt? Muss es da nicht etwas geben, das noch wichtiger ist?

*Die Pferdenatur
des Reiters*

Ich meine die Pferdenatur des Reiters. Sie ist in ihm in vielen Jahren gewachsen. Er fühlt wie sein Pferd. Tierliebe allein genügt nicht. Im Urgrund der Menschenseele gibt es schlafende Tiere. Im Reiter heben sie die Köpfe und erwachen. Auffallend ist das Pferdegesicht mancher Reiter: Neckermann, Thiedemann, Dr. Klimke, beide Brüder Schockemöhle ...

▸ Ansichten zur Pferdehaltung

STROH-EINSTREU

Eine hohe Strohschicht in der Box sieht gut aus, ist es aber nicht. Tagsüber soll das Pferd auf genügend festem Boden stehen. Daher: Am Morgen nur eine »Spalte« Stroh zum Fressen in eine Ecke werfen. Ansonsten nur ausmisten; dies aber gut! Dagegen am Abend bzw. am späten Nachmittag sehr reichlich einstreuen. Dann legen sich die Pferde früher nieder und sind am anderen Morgen sauber.

HEU

Dreimal am Tag Heu füttern – reichlich. Das Pferd soll sich nicht angewöhnen, zu viel Stroh zu fressen.

Wenn ein Pferd eine Kolik hat, wird dies sofort bemerkt. Anders ist es bei den Beinahe-Koliken, die bei goldgelbem Mist häufig sind. Sie machen das Pferd missmutig und unwillig. Ohne Kenntnis der Ursache fasst dann der Reiter härter zu, und schon kommt es zum Zerwürfnis!

Der Reiter soll die Pferdeäpfel beachten, besonders an Turniertagen. Sie sollen gut feucht und grünlich sein.

Die Fütterung der viel gepriesenen Pellets in unterschiedlichen Mischungen – jedes Jahr kommt eine neue hinzu – nützt den Herstellern am meisten und schadet gesunden Pferden, weil diese derartiges Futter nicht mehr richtig kauen und dabei einspeicheln. Hier ist Vorsicht geboten.

BANDAGEN IN DER BOX

Solange ein Pferd gesunde Beine hat, ist es nicht sinnvoll, seine Beine ständig bandagiert zu halten. Das Gewebe wird eher erschlaffen als fester werden. An heißen Sommertagen sind dicke Bandageverpackungen Tierquälerei. Es könnte aber sein, dass sie das schlechte Gewissen mancher Reiter, die ihre Pferde ständig drangsalieren und körperlich überfordern, beruhigen.

Prießnitz-Wasserwickel nach der Prüfung sind dagegen sicherlich von Vorteil. Sie werden nach drei Stunden wieder entfernt.

WÄRMEHAUSHALT DES PFERDES

Als ich das Reiten lernte, gab es im ganzen Stall keine Pferdedecke. An hustende Pferde kann ich mich nicht erinnern.

Wenn man ein Pferd bei Wärmegraden zudeckt, wird sein Wärmehaushalt gestört und im Laufe der Zeit die Funktion der natürlichen Wärmeregulierung geschwächt. Es ist geradezu falsch, ein Pferd nicht den Temperaturschwankungen der freien Natur auszusetzen.

Kanadische Vollblüter sind bei 20 °C Kälte viele Stunden im Freien. Sie sind bekannt für ihre gute Rennleistung. Meine Pferde decke ich nur beim Transport zu, sonst niemals. Sie haben noch nie gehustet oder einen Kreuzverschlag gehabt. Im Winter haben sie öfters eine Schneeschicht auf dem Rücken. Es hat ihnen nicht geschadet. Im Gegenteil: Sie haben dabei ihre Härte gewonnen.

Meine Empfehlung: Die dumme Deckenmode nicht mitmachen. Wenn ein Pferd einmal verweichlicht ist, wird der Tierarzt ständiger Gast im Stall. Auch das Scheren ist meistens nachteilig. Lieber die Reitstunde so gestalten, dass das Pferd nicht zu stark schwitzt – und es danach unters Solarium stellen.

Wenn manche Körperstellen kahl sind, andere nicht; wie soll da die Wärmeregulierung reagieren? Wieder gilt: Was viele steif und fest behaupten und einander nachplappern – auch wenn manche Tierärzte dabei sind –, stimmt oft nicht.

SPIELTRIEB

Weshalb spielen Fohlen und junge Pferde regelmäßig und viel?

Jeder kennt die Antwort: Sie lernen ihre Bewegungen koordinieren. Sie besorgen die millionenfache Verästelung ihrer Gehirnzellen. Im Spiel lernt es sich am leichtesten. Der Reiter muss sich dies immer wieder vor Augen halten. Bodenarbeit gemäß HSH ist Spielen mit dem Pferd.

Wie viele Pferde können nur deshalb nicht ordentlich traben, weil sie auf einer unebenen Hangweide aufwuchsen?

Bodenarbeit gemäß HSH ist Spielen mit dem Pferd.

Wie können Pferdekinder ihre Bewegungsanlage entwickeln, wenn sie im Winter die meiste Zeit in einem »Laufstall« verbringen und ihren naturgegebenen Spieltrieb nicht ausleben können? Sind solche Zwangspausen nachholbar?

DER KIESPADDOCK

Das Einfetten gesunder Hufe ist nutzlos, Waschen mit Wasser dagegen am besten.

Der Markt bietet viele Mittel für die Hufpflege. Sie sind in ihrer Wirkung zweifelhaft. Der gesunde Huf braucht sie nicht. Gute Hufe erzeugt die Natur kostenlos, wenn eine genügend große Abteilung der Koppel mit einer ca. 10 cm hohen Kiesschicht bedeckt wird. Die Kieselsteine sollen in der Größenkategorie 16/32 mm liegen. Diese erwiesenermaßen gute Empfehlung stammt übrigens von dem griechischen Philosophen und Pferdemann Xenophon. Auf einem Kiespaddock werden die Hufe hart und widerstandsfähig. Sie wachsen schneller. Hornwand und Sohle werden messbar stärker. Der Strahl bildet sich gut aus. Der Hufmechanismus wird auf natürliche Weise angeregt.

Dressurpferde brauchen keine Eisen. Der Geldbeutel des Pferdebesitzers wird geschont. Barfüßige Pferde bleiben leichtfüßig. Man kann die Pferde immer auf die Koppel schicken, auch bei großer Nässe.

Spazierritte mit unbeschlagenen, derart gepflegten und gehärteten Hufen sind möglich. Bei Dauerritten muss man auf die Wege achten und darauf verzichten, auf stark raspelndem Boden zu galoppieren.

Besonders beim Dressurpferd ist es wichtig, den natürlichen Dämpfungsmechanismus des Hufes zu erhalten. Dies ist Sinn und Zweck der Kieskoppel.

Xenophons Kieskoppel pflegt die Hufe am besten! Die Sohlen und Hufwandungen erreichen eine solche Härte und Festigkeit, dass sich Hufeisen meistens erübrigen.

BESSERE TRABVERSTÄRKUNGEN DURCH HUFEISEN?

Wer im Physik-Unterricht aufgepasst hat, versteht, dass dies schon theoretisch nicht möglich ist. Beim Strecken der Beine wirkt die Massenträgheit der Eisen in die gewünschte Richtung. Dies ist richtig. Richtig ist aber auch, dass die Eisen zuvor beschleunigt werden müssen, was heißt, dass sich das Abfußen vom Boden entsprechend verzögert. Was man bekommt,

Weyden als
Württembergischer
Meister unter Ulrike
Stadelmayer. Auch er
geht unbeschlagen.

ist ein Mehr an Wucht bei einem Weniger an Geschmeidigkeit und Leichtigkeit; ganz abgesehen vom zusätzlichen Kraftbedarf sowie der erhöhten Stoßbeanspruchung der Gelenke.

Es gilt: Arbeit = Kraft x Weg.

Beispiel: Wenn zwei Pferde – eines beschlagen, das andere barfuß – 1 km traben und bei jedem Trabtakt ihre Beine 0,2 m anheben, dann muss das beschlagene Pferd bei einer Trittlänge von 1,30 m und einem Gewicht eines Eisens von 0,5 kg eine Mehrarbeit leisten von

$$0,5 \text{ kg} \times \frac{(0,2 \text{ m} \times 1000 \text{ m})}{1,3 \text{ m}} \times 4 = 308 \text{ mkg}!$$

Und dies gilt lebenslänglich! Eine genaue Rechnung würde einen noch höheren Wert ergeben.

Man sagt anerkennend von einem Pferd, es sei »leichtfüßig«. Mit Eisen werden die Füße aber deutlich schwerer! Schon diese Widersprüchlichkeit sollte zu denken geben.

Nein, die »Eisen-Füße« sind nicht mehr als ein Notbehelf, für den beim Dressurreiten, gesunde Hufe und gute Bein-Geometrie vorausgesetzt, keine Notwendigkeit besteht.

▶ Ästhetik oder: Was ist schön?

Das Pferd soll lernen, mit schönem Hals am Zügel zu gehen.

Was ist schön? Diese Frage hat schon viele Geister bewegt. Eine allgemein gültige Antwort finden zu wollen wäre ein unmögliches Unterfangen. Auf das Schule-Reiten allein bezogen sei der Versuch gewagt, wenigstens einige Kennzeichen des Schönen zu nennen. Die folgenden Stichworte könnten konsensfähig sein:

- ▶ Pferd und Reiter aufeinander konzentriert
- ▶ Mühelosigkeit
- ▶ Takt
- ▶ Balance
- ▶ Lebhaftigkeit
- ▶ Innere Ruhe
- ▶ Präzision.

An erste Stelle habe ich ohne zu zögern das Verhältnis des Reiters zu seinem Pferd als das A und O aller Reitkunst gestellt. Die Präzision steht an letzter Stelle. Sie ist das Merkmal der nach Jahren gemeinsam gewonnenen Meisterschaft.

Die heute üblichen Begriffe wie Reinheit der Gänge, Schwung und Losgelassenheit habe ich, ohne mit ihnen uneins zu sein, vermieden. Zu oft habe ich schon als Beobachter am Dressurviereck feststellen müssen, dass sie Verwirrung stiften. Dies gilt hauptsächlich für den Schwung, von dem manche meinen, er könne nie groß genug sein. Sicherlich könnte man gezielt Pferde züchten, deren Raumgriff und Trittlänge noch größer sind als heute. Aber wäre dies ein gutes Ziel? Schwung und Raumgriff in Übersteigerung stören die Ästhetik. Die Natur liefert dem Reiter das Maß. Was in ihr nicht vorstellbar ist, ist nicht Reitkunst, sondern artifizielle Show. Schon heute ist da und dort die Grenzüberschreitung sichtbar. Wehret den Anfängen!

Die Natur liefert dem Reiter das Maß.

Auch die Reinheit des Ganges ist zu Recht ein wichtiges Kriterium. Ich habe es nicht zu den Stichworten hinzugenommen, weil das Vermeiden eines diesbezüglichen Fehlers ein ganz selbstverständliches Ziel ist. Auf der Pferdekoppel gibt es keinen unreinen Gang. Den ruft erst der Mensch hervor. Darüber hinaus gibt es beim Galopp in diesem Punkt nicht immer Einigkeit. Ich denke dabei an die Pirouette im »Humpel-Vierschlag«, die, wenn sie nur klein genug ist, oft zu wohlwollend benotet wird.

Losgelassenheit bedeutet das Gegenteil von Spannung. Ein Pferd, das träge mit langem Hals versammlungslos dahintrabt, kann losgelassen sein, sogar zu sehr.

Statt Mühelosigkeit könnte man auch den französischen Begriff »Légèreté« (siehe Seite 94 und 214) verwenden.

Die oben genannten Begriffe decken das, was eigentlich gemeint ist, besser ab. Ein Pferd braucht Spannung, um schön zu gehen. Die ziehende Seite eines Transmissionsriemens (ziehendes Trum) muss zur Kraftübertragung gespannt sein. Das schiebende Trum dagegen ist entspannt. Verspannung im übertragenen Sinne entsteht, wenn beide Seiten unter Spannung arbeiten. Dann sinkt der Wirkungsgrad bei überlasteten Lagern bzw. Gelenken.

Dieser Vergleich mag etwas hinken. Wenigstens zeigt er aber, dass es einzig auf das richtige Maß ankommt, beim Reiten und in der Technik. Der Pferderücken ohne und unter dem Reiter braucht die richtige Spannung. Diese zu finden gehört zu den Zielen der ersten Bodenarbeit.

▸ Die Oberlinie

Zu Beginn der Ausbildung sollte man sich den Verlauf der Oberlinie merken, besonders im Bereich der Lendenwirbel. Ein Foto kann später hilfreich sein. Die Oberlinie wird schon wegen des noch nicht abgeschlossenen Wachstums noch deutlichen Veränderungen unterworfen sein. Die endgültige Silhouette kann der Ausbilder beeinflussen, im jugendlichen Alter mehr als später. Alles, was die Muskeln der Oberlinie zur Dehnung bringt, ist gut.

Man beobachte besonders die Kruppenmuskulatur. Letztere soll links und rechts der Symmetrielinie im Trab rhythmisch auf- und abschwellen.

Schon nach 2- bis 3-monatiger Bodenarbeit wird eine Veränderung der Oberlinie erkennbar. Die Nierenpartie beginnt sich zu füllen. Links und rechts der Wirbelsäule verstärkt sich die

»Die Kugel drehen«

Rund, rund und wieder rund ist Gebot schon in der ersten Phase der HSH-Handarbeit! Dem Rundsein entspringt später die Leichtigkeit, die »Légèreté«.

Als erstes soll die Remonte lernen, bei gering aufgewölbtem Rücken mit zwanglos gerundetem Halsbogen zu gehen, dies bei niedrigem, deutlich unterhalb der Bogenwölbung liegendem Genick. Es kann dabei leicht geschehen, dass die Stirnlinie etwas hinter die Senkrechte kommt. Sich daran nicht stören! In erster Linie kommt es darauf an, dass die Oberlinie des Halses stimmt. Sie soll lang sein! Dank des Kappzaums stellt sich die gute, ästhetische Form von selbst ein. Bei wirksamer Trense würde der Hals sich verkrampfen und kurz werden. Es ist ein Muss, dass diese blind im Maul liegt!

Nach der Halsrundung folgt sogleich als Vorstufe des Setzens das Rundmachen der Hinterhand. Gemäß HSH lernt jetzt die Remonte, bei tiefer getragenem Schweifansatz ihre Kruppe zu neigen. Die Hanken beginnen sich zu beugen.

Nach 4-6 Monaten Gymnastik, bei welcher es einzig darauf ankommt, die Hinterbeine zum immer weiteren Vortreten

zu animieren, wird besonders für den, der das Pferd nach einer Pause wiedersieht, der körperliche Wandel augenfällig: Die Muskulatur der Hinterhand hat erstaunlich zugenommen. Das lebendiger gewordene Pferd gleicht bei der Arbeit einer »Kanonenkugel«, die jederzeit losgehen kann! Die letzte Stufe, nämlich das Drehen der Kugel bis zum hohen Genick, erfolgt in sehr kurzen Reprisen und kleinen Schritten. Man stelle sich das rund geformte Pferd auf der linken Hand vor. Die Kugel dreht sich im Uhrzeigersinn, wobei sich zwangsläufig die Hankenbeugung weiter verstärkt. Das Pferd setzt sich.

Nicht so sehr nach dem »Wie?« fragen. Bei konsequenter HSH-Arbeit dreht sich die Kugel wie von selbst, oft so sehr, dass bei verstärkter Aufforderung das Pferd die Vorderbeine kurz anhebt. Dies freudig annehmen und x-mal wiederholen. Der Drehimpuls muss immer von hinten kommen. Auf der Abbildung oben ist die Kugel nahe ihrer Idealposition, Hanken, Hals und Rücken, die Oberlinie, stimmen, die »Légèreté« ist erreicht.

ACHTUNG: *Sich niemals dazu verleiten lassen, das Aufrichten durch Ziehen an den Zügeln oder Leinen bewirken zu wollen.*

Muskulatur, besonders aber im Bereich der Kruppe. Nach 6 Monaten fleißiger Bodenarbeit erscheint die Wirbelsäule vertieft. Zwei Handbreit hinter dem Sattel links und rechts der Mittellinie entstehende fast plane Flächen sind Zeichen guter körperlicher Entwicklung.

Durch die Bodenarbeit wird in der ersten Ausbildungsphase ein stärkeres Hervortreten der Widerristpartie mehr begünstigt als beim üblichen Zureiten. Zu beachten ist in diesem Zusammenhang, dass das Widerristmaß keine fixe Höhe ist. In Alarmstellung wird der Widerrist um bis zu 3 cm höher. Dies beruht auf der Anspannung der die Wirbelsäule tragenden Muskulatur. Der Widerrist wächst aus den Schultern heraus. Der gleiche Effekt tritt mit der Versammlung ein.

▸ Die Rückenmuskulatur

Die vorbereitende HSH-Bodenarbeit verbessert die Oberlinie sichtbar, ebenso ihre Muskulatur. Der Reiter besteigt nicht ein Weidepferd, sondern ein physisch vorgeformtes und psychisch frühgeprägtes Pferd. Die in regelmäßigem Schwung verlaufende Rückenlinie ist Indiz für gewonnene Versammlungsfähigkeit. An der Oberlinie, der Sattellage und der Kruppenmuskulatur seines Pferdes erkennt man den Reiter. Ein »ertrunkener« Widerrist, eine dachförmig hervortretende Wirbelsäule, eine Erhebung derselben im Nierenbereich würden ihm ein ärmliches Zeugnis ausstellen. Im Laufe der Zeit sich bildende Deformationen lassen darauf schließen, dass das Pferd seinen Rücken unter dem Reiter konstant mehr oder weniger festhält. Festhalten heißt sich verspannen, und das ist immer mit einer Mehrbelastung der Gliedmaßen verbunden.

Der Rücken prägt sich früh zum Guten oder Schlechten, früh und schnell. Die ersten Monate unter dem Reiter sind entscheidend. Jedes Pferd reagiert anders auf die Reiterlast. Es reagiert meistens falsch, wenn der Reiter ihm nicht den richtigen Weg zeigt, um mit seiner Last fertig zu werden.

Die HSH-Methode ist nicht weit weg vom Zirkus. Dies mag dem Klassiker gegen den Strich gehen. Ich meine, dass sie dem Pferd hilft. So lässt es zum Beispiel, die gewohnte Gertenhilfe befolgend, beim ersten Reiten den Hals fallen. Bei tiefem Genick kann es den Rücken schwerlich festhalten, auch nicht, wenn der Reiter zwischendurch in dosierten Reprisen erste Versammlung fordert. In dieser wird es ebensowenig zum Festhalten des

HSH half Kar Testador auf die Sprünge

Der überaus sensible 9-jährige Araberhengst Kar Testador wurde von seiner passionierten Reiterin Claudia Jung – wenngleich verspätet – gemäß HSH ausgebildet. Hierbei verbesserte sich schon nach einem Jahr seine Bewegungscharakteristik grundsätzlich. Darüber hinaus trat eine besondere Begabung für Schulsprünge zu Tage. Die der Piaffe entspringenden Angebote gaben dem Ausbildungsgang einen Verlauf, der nicht vorgesehen war!

Jetzt gilt es, die Sprünge zu kultivieren. Sie entspringen einer unbändigen Bewegungsfreude, die unausgelebt zuvor die Losgelassenheit in den Grundgangarten blockierte. Die Persönlichkeit des Hengstes hat sich dank HSH erfreulich entfaltet und gefestigt. Er ist wieder ein Beispiel für die große Lernbereitschaft des Originalarabers. Schenkt ihm die zu sehr aufs Stockmaß fixierte Zucht die gebührende Beachtung?

Rückens kommen. Die bereits erlernte Kruppenneigung verhindert dies.

Im Grunde hat diese auf den Rücken die gleiche Wirkung wie der tief getragene Kopf. Der Rücken ist wie eine Brücke, die besser tragen kann, wenn sie leicht nach oben gewölbt ist. Schon ein kleines Absenken der Schweifrübe bei entsprechendem Vor-

Der Rücken stimmt,
wenn das Pferd gelernt
hat, ohne auferlegten
Zügelzwang die gute
Haltung anzunehmen.
Und »gut« ist beim
Reiten immer
gleichbedeutend mit
»schön«.

schwingen der Hinterbeine genügt, um den nach oben schwingenden Brückenbogen bei entsprechender Dehnung der Rückenmuskeln zu erzeugen.

Ein Vergleich kann an dieser Stelle hilfreich sein : Man stelle sich ein frei aufgelegtes, biegsames Stahlband vor. In einer geringen Wölbung nach oben ist es trag- und schwingfähig. Wenn man es stärker wölbt, wird es noch tragfähiger, schwingt aber weniger. Gerade gestreckt verringert sich die Tragkraft; das Stahlband lässt sich leichter durchbiegen.

Mit dem Pferderücken ist es ähnlich. Eine ganz geringe Einstellung nach oben ist am günstigsten. Die tatsächlichen Verhältnisse und Wirkungen sind selbstverständlich viel komplexer. Das Beispiel hinkt, genügt aber, das bildliche Vorstellungsvermögen anzuregen.

Für die richtige Rückenhaltung gibt es keine allgemeingültige Regel. Es gibt keine zwei gleichen Pferde. Somit muss mit jedem Pferd das Studium auch dieser Frage neu beginnen. Der Ausbilder muss sein Auge schulen. Sein Pferd wird ihm sagen, welcher Grad der Aufrichtung in der Phase der Bodenarbeit am günstigsten ist. Ohne schwingenden Rücken ist die Versammlung falsch.

Es ist am sichersten, vom Boden aus das Auf- und Abwärtsschwingen des Sattelkranzes zu beobachten. Diesen sieht der Ausbilder ebenso wie die an- und abschwellenden Muskeln des

Ohne schwingenden
Rücken ist die
Versammlung falsch.

Nierenbereiches von hinten und von der Seite gleich gut. Ein festgehaltener Rücken ist erkennbar an der verringerten Wurfbewegung, am schnelleren Takten der Beine, am verringerten Raumgriff sowie an einem, von hinten gesehen, ungenügenden Wechselhub der beiden Kruppenseiten. Dieser ist später auch ein Indiz für die Güte von Passage und Piaffe.

Ohne Reitergewicht würde es kaum Rückenprobleme geben. Unter sonst gleichen Bedingungen ist der leichtere Reiter für das Pferd der bessere. Zu viele nach heutiger Methode ausgebildete Dressurpferde sind mehr oder weniger rückengeschädigt. Die Natur kalkuliert nicht wie ein Ingenieur mit einer vielfachen Sicherheit; sie hat das Reitergewicht nicht eingerechnet.

Somit erscheint es nicht sinnvoll, den Pferderücken unvorbereitet ohne vorausgehende Stärkung zu belasten. Manche Bereiter vertreten aber den Standpunkt, eine Remonte sei besser anzureiten, solange sie noch nicht bei voller Kraft sei. Dies mag für eine Einschüchterung und der damit zusammenhängenden Verringerung der Abwehrbereitschaft richtig sein. Reiterlich ist dieser Standpunkt fragwürdig, noch mehr aber ist es die praktische Auswirkung: Die Remonte wird schon zu Anfang der Ausbildung dazu gebracht, ihren schwachen Rücken anzuspannen und im Lauf der Zeit konstant festzuhalten.

Die HSH-Methode umgeht dieses grundsätzliche Problem. Reiten ist erst nach 8–12 Monaten Rückengymnastik angesagt. Der Reiter nimmt für sein Pferd eigene körperliche Anstrengungen in Kauf, um es gezielt darauf vorzubereiten, ihn zu tragen. HSH ist pferdegemäßer als die traditionellen Praktiken. Das HSH-Pferd hat die Traghaltung erlernt, bevor es in Beritt genommen wird.

▸ Belastung der Pferdebeine

Tänzerische Beweglichkeit, sei es unter dem Reiter oder ohne Gewicht, beruht auf der Fähigkeit des Pferdes, die Gelenke seiner Hinterbeine über den »Normalbedarf« hinaus zu beugen. Voraussetzung hierfür ist der Beanspruchung gemäße Gymnastik, die das Pferd formt.

Die Vorderbeine des stehenden Pferdes sind schon ohne Reiter höher belastet als die Hinterbeine. Die französischen Hippologen Armand Gouboux und Gustave Barrier haben diesbezügliche Untersuchungen durchgeführt und die Resultate bereits 1890 publiziert. Wir haben heute schwerere Pferde. Dennoch hat die Studie noch heute Gültigkeit. Die Relationen haben sich nicht geändert. Im Falle einer 445 kg schweren Stute wurden im Stehen folgende Werte ermittelt:

Belastung der Vorderbeine: 257 kg
Belastung der Hinterbeine: 188 kg
Die Messung erfolgte bei 45°-Stellung des Halses.

Messungen mit fast deckungsgleichem Resultat wurden auch von den Franzosen Morris und Baucher durchgeführt, und dies bei unterschiedlicher Kopf- und Halshaltung. Ich zitiere drei Beispiele der umfangreichen Erhebungen:

Gewicht des Pferdes: 384 kg (wohl ein Vollblüter)

Messsung bei tiefem, langem Hals:
Belastung der Vorderbeine: 218 kg
Belastung der Hinterbeine: 166 kg
Mehrbelastung der Vorderbeine: 52 kg

Messung bei aufgerichtetem Hals in guter Beizäumung
– ohne Reiter:
Belastung der Vorderbeine: 202 kg
Belastung der Hinterbeine: 182 kg
Mehrbelastung der Vorderbeine: 20 kg

Messung mit Ecuyer M. Baucher – Pferd nicht beigezäumt:
Belastung der Vorderbeine: 251 kg
Belastung der Hinterbeine: 197 kg
Mehrbelastung der Vorderbeine: 54 kg

Messung mit Reiter – Pferd mit hohem Genick in guter Beizäumung à la Baucher:
Belastung der Vorderbeine: 233 kg
Belastung der Hinterbeine: 215 kg
Mehrbelastung der Vorderbeine: 18 kg

Diese Zahlen sprechen für sich. Baucher war ein Leichtgewicht. Er brachte weniger als 64 kg in den Sattel. Die Messungen zeigen, dass durch den Reiter sich die Mehrbelastung der Vorderbeine drastisch erhöht, wenn er auf Beizäumung und Versammlung verzichtet. Selbst beim versammelten Pferd sind die Vorderbeine mehr belastet als die Hinterbeine.

Die Zahlen könnten mit Pferden heutiger Zucht eine Kleinigkeit günstiger ausfallen. Auch dürfte sich der Gewichtsanteil des Reiters etwas verringert haben. Dennoch sprechen sie eindeutig gegen ein monatelanges Reiten mit langem, tiefem Hals.

Die überlieferten Abbildungen belegen, dass Baucher seine Pferde weiter zurück gesattelt hat, als es heute üblich ist. Wer seinem Beispiel folgt, kommt seinem Pferd entgegen. Er reduziert die Überbelastung. In seinem Buch über die Arbeit mit dem Pferd an der Doppelleine geht Philippe Karl davon aus, dass sich das Reitergewicht im Verhältnis 2:3 auf die Vorder- und Hinterbeine verteilt, was wieder heißt, dass die natürliche Relation durch den Reiter empfindlich gestört wird.

Ich habe ausgerechnet, dass bei einem mittelrahmigen Pferd die Vorderbeine um mehr als 3 kg vermehrt belastet werden, wenn der Sattel drei Fingerbreit zu weit vorne liegt. Hierbei bin ich von einer Gesamtbelastung – Reiter + Sattel – von 80 kg ausgegangen. Aus diesen Zahlen ergibt sich, dass der Ausbilder von Anfang an danach trachten muss, die Mehrbelastung der Vorderbeine so weit wie möglich auf die naturgegebene Relation zu bringen. Eine gleiche Belastung der Vorder- und Hinterbeine erscheint mir nicht erreichbar.

Das »englische« Reiten mit langem Pferdehals, weit vorne gesattelt, schneidet hinsichtlich der Belastung der Vorderbeine am schlechtesten ab. Das Leichttraben – ebenfalls aus England kommend – bringt den Schwerpunkt des Reiters den Vorderbeinen noch näher. Eine weitere Verschlechterung! In der Reitbahn erscheint mir davon abgesehen das unästhetische Auf und Ab fragwürdig. Die Erleichterung dürfte dort mehr auf der Seite des Reiters liegen. Leichttraben in Feld, Wald und Wiese: ja. In der Reitbahn sehe ich keinen Vorteil.

▸ Versammlung

Das A und O der Dressurkunst ist die Versammlung. Auf sie muss der Ausbilder vom ersten Tag an gezielt zugehen. Als Versammlung kann man bereits bezeichnen, wenn in freier Natur ein Pferd die Kraftreserve seiner Hinterhand mehr mobilisiert als für die Vorwärtsbewegung erforderlich. Sie bedeutet erhöhte Aktionsbereitschaft und deren Demonstration.

Durch Präventiventlastung der Vorhand gewinnt das Pferd seine maximale Beweglichkeit. Es ist bereit zum Steigen, zur Kapriole, zur Pirouette und zur Flucht, zum Spiel oder zur Auseinandersetzung mit dem Rivalen. In der Versammlung demonstriert das Pferd seine Lebenskraft. Als Körpersprache hat sie auch den Sinn, bei der Festlegung der Rangfolge Opfer zu vermeiden, die die Herde schwächen würden. In der so definierten Versammlung übt sich bereits das heranwachsende Pferd. Sie ist keine Erfindung der Reitkunst, sondern naturgegebene Voraussetzung.

Versammlung ist mehr als eine Körperhaltung.

Versammlung ist mehr als eine Körperhaltung. Sie entspringt der Pferdepsyche als ihr stärkster und schönster Ausdruck. In ihr offenbart sich sublimiert Sein und Wesensart des Geschöpfes Pferd. Zu Recht war und ist Versammlung Leitmotiv aller Reitkunst. Die Pferde von Leonardo da Vinci, Dürer, Velasquez, Tizian, Van Dyk, Schlüter, um nur einige Namen zu nennen, sind versammelt. Pferd und Reiter sind in hohem Grade aufeinander konzentriert. Für diese Wechselbeziehung, als der tiefere Sinn des Dressurreitens, wäre »Sammlung« die verständlichere Wortwahl.

Auch so betrachtet ist die allgemeine Meinung, man dürfe ein junges Pferd noch nicht versammeln, in Zweifel zu stellen. Wenigstens scheint eine subtilere Differenzierung der aus militärischer Tradition geborenen Denkweise angezeigt.

Wenn das Pferd Versammlung anbietet, darf man sie früh annehmen. Schon eine kurzzeitige Annahme mit nachfolgendem Loben führt zur angestrebten Frühprägung. Versammlung gehört eben zur Pferdenatur – weshalb soll die Remonte während der ersten Ausbildungsjahre verlernen, die Hanken zu beugen? Soll man etwa die Remonte, die an der Hand zur Levade oder Pesade ansetzt, strafen in der Befürchtung, es könne später unter dem Reiter daraus widersetzliches Steigen werden?

Nein, zweimal nein; der Reiter soll selbst das steigende Pferd loben und aus dem Angebot langsam eine die Kruppen- und Rückenmuskulatur stärkende Pesade machen (vgl. auch Seite 72 und 223). Unter den von mir ausgebildeten Pferden gibt es keines, das dadurch zum ungehorsamen Steiger geworden wäre.

Prägung des Bewegungsablaufes

Die HSH-Lehre geht aber nicht im allerersten Schritt von der Versammlung aus; vielmehr stellt sie bevorzugt die Prägung des Bewegungsablaufes einer Lektion vor die Versammlung. Sobald aber das Pferd nach einigen Wochen den Reiter verstanden hat und die nervliche Steuerung funktioniert, soll erhöhte Versammlung in langsamer Steigerung hinzukommen. Gemäß meiner Ausbildungsmethode soll schon das junge Pferd lernen, während kurzer Reprisen in Versammlung zu gehen, denn was es ohne Reiter noch nicht kann, wird es sich unter seiner Last viel schwerer aneignen, wenn überhaupt.

Es wäre verfehlt, einem Hengst das Steigen zu verbieten. Dies gehört doch zu seiner Natur. Hieraus eine kontrollierte Standard-Übung machen! Sie stärkt die Rückenmuskulatur, besonders aber die Freude am freiwilligen Mitmachen!
Man beachte die hervortretenden Muskeln an der Hinterhand.

Wer heute auf Turnieren die Augen offen hält, wird dies bestätigt finden. Viele Pferde tragen ihre und des Reiters Last zu wenig mit den Hinterbeinen. Sie haben die reiterliche Versammlung nicht gelernt. Sie tragen falsch. Wenn diese Schulung erst an der Schwelle der M-Prüfungen einsetzt, ist es oft zu spät. Das voll erwachsene Pferd setzt sich zur Wehr, sobald der Reiter lehrbuchgemäß die treibenden Hilfen gegen die verhaltenden setzt. Allzuleicht kommt es zum Übergewicht, zur Dominanz der Hand. Der Ausbilder schneidet sich den Weg zur Leichtigkeit ab.

Beim Reiten ist schon die Nähe an der Auffassung, der Zweck heilige die Mittel, gefährlich. Wer mit dem Ziel der Versammlung an den Zügeln zieht, wird in aller Regel im Laufe der Zeit immer mehr – statt weniger – in der Hand haben. Das sogenannte »Abbrechen«, Hals und Kopf oder auch nur den Kopf in kurzen Wechselintervallen nach links und rechts zu biegen, ist eine gröbliche, in diese Richtung gehende, das Pferd abstumpfende Unsitte. Schon der Anblick solcher Zügelparaden ist abstoßend.

Der 3-jährige Hengst Dix beherrscht bereits die »Traghaltung« auch im kleinen Vorwärts. Auf dieser aufbauend, kann man die Lektionenarbeit mehr und mehr vertiefen.

Die Wurzel des Problems ist, dass das erwachsene Pferd sich ungern formen lässt. Es sagt Ja zur Verbesserung und Steigerung des bereits in jungen Jahren Erworbenen, nicht aber zu grundsätzlich Neuem. Hans ist in der Zwangslage, Widerstand zu leisten, wenn er als Hänschen die kurzzeitige, reiterliche Versammlung nicht erlernt hat. Ein 7-jähriges Pferd ist gemessen an seiner Lebenserwartung wie ein 40-jähriger Mensch, der zu keiner Turnübung mit schwierigem Bewegungsablauf mehr zu bewegen ist, die er nicht von Kindesbeinen an beherrscht.

Weshalb soll es mit dem Pferd anders sein? Hieraus leitet sich die grundsätzliche Forderung der HSH-Methode ab, mit der Schulung der Versammlung frühzeitig zu beginnen. Sie gehört mit Recht bereits ins Programm der Grundschule an der Hand. Versammeln heißt formen. Ohne Reitergewicht wird durch diese das junge Pferd nicht zu hoch beansprucht. Die heute vielfach

auftretenden Beinschäden sind in der Regel die Folge des Reitergewichts und der reiterlichen Einwirkung auf ein unvorbereitetes
Pferd.

Nochmals: Die Natur kalkuliert sehr knapp, fast ohne
Sicherheitsfaktor. Die Tragfähigkeit des von der Weide kommenden jungen Pferdes ist seinem Körper angepasst. Wenn ohne vorausgehende Trainingsphase unvorbereitet der Reiter hinzukommt, stimmt die Rechnung nicht mehr. Es kommt zur Überlastung. Die HSH-Methode zielt darauf ab, diese durch gymna-
stische Vorbereitung zu vermeiden. Es gilt der strikte Grundsatz:
Früh formen ohne Reitergewicht.

Es kann aber nicht allein um die Kräftigung gehen. Gleich
wichtig ist, dass das Pferd an der Hand lernt, in einer körperlichen Haltung zu gehen, die physikalisch der bestmöglichen Tra-
getechnik entspricht. Was hierzu gehört, sei nochmals betont und
zusammengefasst:

*Früh formen ohne
Reitergewicht*

- Der aufgerichtete Hals
- Der leicht nach oben gewölbte Rücken
- Die geneigte Kruppe/tiefe Schweifwurzel
- Die im Vergleich zur Weidegangart weiter untertretenden
  Hinterbeine
- Die früher abfußenden Vorderbeine.

Das 3-jährige Pferd gefällt sich darin, diese Versammlungs-
merkmale an der Hand kurzzeitig anzunehmen.

Gleichzeitig mit der Stärkung der Muskulatur verbessert
sich die Oberlinie des Pferdes (siehe Seite 215). Der Widerrist
wächst aus den Schultern heraus, und der Rücken kommt in die
zum Tragen günstigste Façon. Das versammelte Pferd hat keine
Neigung, den Rücken festzuhalten. Die derart durch Bodenarbeit
vorbereitete und nach dieser ersten Ausbildungsphase auch älter
gewordene Remonte wird den Reiter leichter tragen und seelisch
ertragen. Sie ist vorgeformt und schon vor dem ersten Gerittenwerden ein Reitpferd.

Voraussetzung für das gut gesetzte Pferd ist – es sei wieder
und wieder betont – die gewissenhafte Schrittarbeit. Wer sie über-
springt, wird seinem Pferd und sich selbst viel Schweiß abverlangen müssen, um hochgesteckte Ziele zu erreichen. Was heute
auf Turnieren vorgeführt wird, entspricht nicht dem Ideal der
»Légèretè«. Losgelassenheit ist noch keine »Légèreté«, denn zu
dieser gehört die Versammlung. Das im horizontalen Gleichgewicht gehende Pferd kann losgelassen sein. Bei den höheren
Lektionen – Piaffe, Passage und Pirouette – wird aber unweigerlich zu Tage treten, dass die Grundlage fehlt.

*Voraussetzung:
die gewissenhafte
Schrittarbeit*

Es gibt in unserem Land mehr S-Dressurpferde als in irgendeinem anderen. Dennoch gibt es nur einige Dutzend Grand-Prix-Pferde, die in Piaffe und Passage den klassischen Vorstellungen genügen. Dies gibt zu denken.

Liegt es an den Pferden? Nein, ich meine, junge Ausbilder sollten den Mut haben, sich einen entscheidenden Schritt von den Lehrmeinungen des Kasernenhofes zu entfernen. Es ist unerlässlich, die Erkenntnisse der Tierpsychologie zu beachten und zu nutzen.

Und damit bin ich wieder bei meinem Thema der Frühprägung ohne Reiter. Spätestens gegen Ende des 4. Lebensjahres muss die nervliche und körperliche Symmetrie des Pferdes gefestigt sein. Das erwachsene, nicht früh geprägte Pferd wird immer wieder versuchen, sich auf der unangenehmen Seite der Biegung zu entziehen und seinen Reiter zwingen, fortlaufend zu korrigieren. Er mag jeden Tag den Gehorsam erzwingen. Das Resultat wird ein poesieloses, hölzernes Pferd sein. Verlorengegangener Glanz kommt selten zurück!

Verlorengegangener Glanz kommt selten zurück!

Reiter, die ihre Pferde zu oft korrigieren und fast jeden Tag besiegen müssen, dabei den Pferderücken zu lange belasten, riskieren, alsbald auf einem mechanisierten Schenkelgänger zu sitzen. Dessen Beine sind höher beansprucht als die des entspannten Rückengängers. Die tägliche Arbeit im Sattel darf auch beim erwachsenen Pferd – Schrittreprisen nicht eingerechnet – nicht über 40 Minuten hinausgehen.

Es soll möglichst nicht zu Muskelschmerzen kommen. Wenn man sich auch nur den leisesten Vorwurf machen muss, am Vortag in fehlerhafter Verstiegenheit zu viel verlangt zu haben, zur Sicherheit zwei Tage Bodenarbeit einlegen! Immer wieder eingeschobene Handarbeit pflegt den Pferderücken.

Bei den Dressurprüfungen der niedrigen Klassen ist Versammlung suspekt. Dies rührt wohl auch daher, dass oft die Zerrbilder überwiegen. Ist es aber richtig, einen niedrigen Versammlungsgrad zu fordern und ein korrekt versammeltes Pferd schlecht zu benoten?

Sollte die Bewertung nicht allein davon abhängen, ob die Versammlung stimmig ist? Und sollte dann nicht das höher versammelte Pferd die bessere Note erhalten? Der HSH-Ausbilder möge sich damit begnügen, diese Fragezeichen zu setzen. Sein Interesse gilt von vornherein der künstlerischen Seite des Reitens, die einen vom Normalen abweichenden Ausbildungsweg rechtfertigt.

Pferde, die bis ins 3. Lehrjahr hinein versammlungslos geritten werden, sind am Ende dieser Vorstufe zu sehr auf eine Lastverteilung fixiert, die mehr dem Reiten in Feld, Wald und Wiese entspricht. Sie sind erwachsen geworden, weniger gut formbar und wehren sich gegen eine stärkere Beugung der Hinterhand und die damit unerlässlich verbundene Dehnung der Rückenmuskulatur. Unversehens bleiben sie in der Vorstufe hängen. Dies ist wohl der Grund, weshalb man so viele Pferde sieht, die nur im horizontalen Gleichgewicht durch S-Prüfungen gehen.

Natur und Zucht haben ihnen gute Gänge gegeben. Ihre Verstärkungen sind oft beeindruckend. Auch die Skala stimmt. Heute werden die versammelten Lektionen deutlich freier und die Verstärkungen mit viel mehr, manchmal zu viel Effekt geritten.

Diese Entwicklung entspricht dem Fortschritt der Zucht. Weshalb soll man sie nicht gut heißen?

Man sollte sich jedoch davor hüten, sich durch das vergrößerte Gangvermögen dazu verleiten zu lassen, die Versammlung zu vernachlässigen. Ein frei gerittener Trab oder Galopp kann sehr wohl gut versammelt sein. Das gleiche gilt mit gewisser Einschränkung auch für den Schritt. Man sollte aber nicht übersehen, dass in allen Gangarten das freie Maß die fehlende Versammlung besser verbirgt. Die Quittung für ungenügend geprägte Versammelbarkeit erhält der Ausbilder erst später, wenn die Lektionen des Grand Prix hinzukommen.

Die letzte Ausbildungsstufe wird gemeinhin als die schwierigste angesehen. »Zwischen S-Dressur und Grand Prix liegen die Alpen«, so der bildhafte Ausspruch eines verdienten Dressurreiters. Sicherlich hat er Recht, wenn man die heutige Ausbildungspraxis zu Grunde legt. Piaffe und Passage sowie ihre schwierigen Übergänge erfordern ein Mehr an Kunst. Dieses Mehr liegt aber dem Zirkus näher als der Kaserne, in der wir, was die Grundausbildung anbelangt, noch immer mit beiden Füßen stehen. Wer bis zum Grand Prix kommen will, steht ohne die Tradition anzutasten oft vor einer fast unlösbaren Aufgabe. Sein in der Lebensmitte stehendes Pferd ist nicht mehr in der Lage, Neues aufzunehmen und die flinke Koordination der Beine zu erlernen. Wenn die Frühprägung fehlt, gibt es besonders in der Piaffe Probleme.

Woran ist die Versammlung erkennbar? Der Dressurreiter soll jede Gelegenheit nutzen, sein Auge zu schulen. Ein mathematisches Maß für tänzerische Geschmeidigkeit und Versammlung gibt es nicht. Beim Vergleichen helfen wir uns mit Indizien. Diese können sein:

Im Trab kommt es
nicht nur auf das
Untertreten der Hinter-
beine an. Gleich
wichtig ist das leichte
und frühe Abfußen der
Vorderbeine. Letzteres
wird oft zu wenig
beachtet.

▸   Der Übertritt der Hinterbeine
▸   Das frühe Abfußen der Vorderbeine im Trab.
    Sie sollen möglichst wenig hinter die Senkrechte kommen.
Der Neigungswinkel kurz vor dem Abheben soll, bezogen auf
eine gedachte, durch den Fesselkopf gehende senkrechte Linie,
möglichst klein sein. Dies ist ebenso wichtig wie das weite Unter-
schwingen der Hinterbeine.
▸   Die Lautlosigkeit.
    Bei gleichem Untergrund geht das gut ausgebildete Dres-
surpferd lautloser als das »englisch« gerittene. Dies gilt hauptsächlich für den Trab.
▸   Das versammelte Dressurpferd zeigt – von hinten gesehen
– nicht die Sohlen seiner Hinterhufe. Seine Hinterbeine drücken
ab, ohne zu weit nach hinten herauszuschwingen. Der Raumgriff
der Vorderbeine muss der »Feder« der Hinterhand entsprechen.
▸   Die Kruppe erscheint niedrig bei gerundetem, aufgerichtetem Hals.
▸   Enge Spur der Hinterhufe
▸   Gut bemuskelte Nierenpartie und Kruppe
▸   Gut bemuskelter Halsbogen
▸   Schwingender Rücken.
    Man beobachte nicht allein den Reiter, ob er sitzen kann,
sondern auch den Sattelkranz und die Schweifhaltung. Der Sattelkranz soll eine deutliche Hubbewegung machen. Diese zeigt,
ob der Rücken mitschwingt. Man darf sich nicht täuschen lassen,
besonders bei tiefem Boden lässt der Schenkelgänger den Reiter
leidlich gut sitzen.

Vielfach wird verlangt, dass das Genick der höchste Punkt sein müsse. Diese mehr schematische Beurteilung ist zweifelhaft. Es gibt sehr gute Dressurpferde, deren Hälse diese Haltung anatomisch gar nicht zulassen. Denen, die immer nur die Stirnlinie und das Genick des Pferdes sehen, sollte man nicht zu viel zutrauen.

Es ist keineswegs ein sicheres Zeichen für Versammlung, wenn die Stirnlinie vor der Senkrechten ist. Ich habe schon gut versammelte Pferde gesehen, deren kurzzeitiges Abkippen hinter die Senkrechte nicht mehr als ein Schönheitsfehler war.

Das fehlerhafte Abkippen kann das Symptom ungenügender Versammlung sein. Aus dem Fehler entsteht aber ein noch schlimmerer, wenn der Reiter während der Dressurprüfung harte Zügelparaden anwendet, um den Haltungsfehler kaschierend zu korrigieren. Ein geübtes Auge kann man so nicht täuschen!

Der Reiter ist besser beraten, zu Hause, Stein auf Stein setzend, die Versammlungsfähigkeit seines Pferdes zu verbessern. Und dies gelingt nicht, indem man in der heimischen Halle jeden Tag viele Kilometer reitet. Das noch in der Entwicklung befindliche Pferd kann nur sehr kurze Reprisen mit gebeugten Hanken gehen. Zu Beginn muss man sich mit wenigen Metern begnügen. Lieber zehnmal mit eingelegten Schrittabschnitten 10 m im versammelten Schulterherein Trab reiten, als sinnlos Runde um Runde zu drehen. Einige wenige gute Tritte oft wiederholt sind besser als viele mittelgute an einem Stück.

Nur sehr kurze Reprisen mit gebeugten Hanken

Leider sind die wichtigsten Kriterien der Versammlung nicht so leicht erkennbar wie die Neigung der Stirnlinie und die Position des Genicks. Das dürfte der Grund für die oft einseitige Begutachtung sein. Auf keinen Fall möchte ich aber denjenigen Recht geben, die ihre Pferde mit kurz gemachtem Hals »auf dem Kopf« gehen lassen. Es geht mir vielmehr darum, vor einer schablonenhaften Bewertung zu warnen.

▶ HSH und einige Anmerkungen zum Thema »Zirkus«

In der älteren Literatur schneidet die Zirkusdressur nicht gut ab. Dies mag auch daher rühren, dass die Zirkusleute weniger geschrieben haben. Heute ist der Zirkus für den denkenden Reiter eine gute Fundgrube. Die lehrbuchgemäßen Hilfen allein genügen nicht, um Grazie und Schönheit eines begabten und sensiblen Pferdes zur vollen Entfaltung zu bringen. Es muss hin

Der Araberhengst Kar Testador – hier mit seiner Besitzerin und Ausbilderin Claudia Jung bei einer Vorführung.
Dank der HSH-Methode hat der Hengst zu sich selbst gefunden und die vorher fehlende nervliche Gelassenheit gewonnen, um höchste Lektionen spielerisch vorzuführen.

zukommen, dass der Reiter »in sich das Pferd findet«, dass er fühlen lernt wie ein Pferd.

So gesehen ist der Zirkus ergiebiger als die militärische Tradition. Im Zirkus steht das spielerische Mitmachen im Vordergrund. Deutsche Tradition, wie sie heute praktiziert wird, heißt hingegen Gehorsam und militärische Exaktheit, verbunden mit einer zu stark betonten Zügelanlehnung. Im Extrem ist das Resultat der mechanisierte Dulder. Hiervon weit und betont abzurücken ist das Gebot der Stunde.

Der Zirkus-Dresseur macht viel vom Boden aus. So ist er der bessere Spielpartner. Er reitet sein Pferd nicht so lange gegen das Gebiss, bis es nachgibt, er »sagt« ihm vorher, was er haben möchte.

Der Lehrbuchreiter versammelt sein Pferd mit Sitz, Schenkel und Zügel und kommt so zu seiner gesetzten Piaffe. Im Zirkus dagegen wird das Pferd zunächst nur dazu animiert, seine Beine im Takt zu heben. Die Zirkus-Piaffe ist somit nicht die Folge einer immer mehr gesteigerten Versammlung. Vielmehr ist der vom Boden aus erzielte Bewegungsablauf in der Folge hilfreich, um zur Versammlung zu kommen. Man mag dies

Pudeldressur nennen. Sicher ist, dass dieses Vorgehen vom Pferd lieber angenommen wird und mit geringerer körperlicher Beanspruchung verbunden ist.

Der französischen Schule entsprach es, Maul, Genick, Hals, Rücken und Beine gesondert zu bearbeiten, um dann später zur Ganzheit einer Lektion zu kommen. Dies ist zeit- und kräftesparend, widerspricht aber der deutschen Lehrmeinung.

Aus heutiger Sicht erscheint es mir angezeigt, nicht einer Methode anzuhängen, sondern jeweils sein Pferd zu fragen, was ihm am besten liegt. Weshalb nicht selektiv kombinieren?

Sein Pferd fragen, was ihm am besten liegt.

Ich nehme:

- vom Zirkus die spielerische Poesie, gegründet auf enger Partnerschaft zwischen Tier und Mensch;
- von den Franzosen die »Légèreté« im Sinne der geistigen Beweglichkeit des »Cavalier réflèchie«;
- von den alten Meistern die Kunst;
- von der deutschen Kavallerietradition die Korrektheit.

Letztere stufe ich allerdings nicht ganz so hoch ein. Beispiel: Eine gut gesprungene Galopp-Pirouette am falschen Platz ist mir lieber als eine mittelgute an der richtigen Stelle.

Das Kürreiten ist schon ein erster Schritt in die skizzierte Richtung.

Wien – im Kontrast zu unserer Dressurnorm

Und noch ein Blick in die Hofreitschule. Wurden die Lippizaner für den Kriegsdienst oder fürs Karussell und die Hohen Schulen gezüchtet? Aus der Literatur geht hervor, dass zunächst sehr wohl militärische Gesichtspunkte mit im Vordergrund standen. Nach Einführung der Handfeuerwaffen wurde ein wendiges Pferd benötigt, das an die Stelle der gepanzerten, schweren Armorikaner-Pferde treten sollte. Es wird dabei gerne ins Feld geführt, die höheren Lektionen wie Levade, Kapriole und Pirouette seien eine Forderung des kriegerischen Nahkampfes gewesen.

Hier setze ich ein Fragezeichen. Sicherlich war ein gut ausgebildetes Pferd für seinen Reiter, wenn es um Leben und Tod ging, ein entscheidender Vorteil. Ist es aber wirklich denkbar, dass es damals Pferde und Reiter in großer Zahl gab, die solche Bewegungen beherrschten und dies unter den Ausnahmebedingungen des Schlachtfeldes?

Mir scheint, dass Idealvorstellungen des Adels – und diese

darf man künstlerisch nennen – die Wiener Tradition stärker geprägt haben als der militärische Aspekt. Damit verbunden war die Zucht eines versammlungsfähigen, tänzerischen Pferdes. Dieses kann schon wegen seiner hohen Sensibilität militärischen Belangen nur bedingt entsprochen haben.

Die Hofreitschule ist demnach in erster Linie das Resultat einer kulturellen Entwicklung. Der Lippizaner ist der geborene Tänzer. Sein Ausbilder muss das »Piaffierbuch« nicht von hinten vorholen (siehe Seite 14 und 15). Es steht in der vorderen Reihe.

Bodenarbeit gibt es – vom ersten Anlongieren abgesehen – erst nach der Grundausbildung unter dem Reiter. Sie ist nicht nur Mittel zum Zweck. Später bei den Schulen über der Erde wird sie zum künstlerischen Ziel. Ihrer Begabung entsprechend werden die Hengste unter dem Reiter und an der Hand ausgebildet. Die Boden-Schulen werden um ihrer selbst willen gepflegt, als l'art pour l'art. Motiv ist der Einklang zwischen Mensch und Tier. Der Leinenführer am Boden wird bei vollendeter Ausbildung der Choreograph seines Pferdes, das von ihm gelernt hat, seine Schönheit zu entfalten. Ohne Schenkel- und Gewichtshilfen ist seine physische Einwirkung verringert. Das gegenseitige Verstehen ist entsprechend vertieft. Auch hier gilt wie für alle Kunst: Die Feinabstimmung ist das Maß.

Der Glanz der höheren Lektionen

Der Glanz der höheren Lektionen beruht kaum auf der minutiösen Pflege der Korrektheit noch auf militärischem Sekundengehorsam. Ausschlaggebend ist die Motivation des Pferdes und dessen Einklang mit seinem Lehrmeister.

Nicht jedem Hengst wird das ganze Repertoire abverlangt. Nach der Grundausbildung wird die Begabung zur Richtschnur der weiteren Förderung. Dies ist eine weise, pferdegemäße Beschränkung. Wer Reiten zur Kunst erhebt, kann unmöglich dem zweifelhaften Ideal des Alleskönners nachhängen. Nur was die Natur bietet, wird angenommen und in Schritten bis zur Perfektion entwickelt. Der Bereiter lotet die Anlagen des ihm anvertrauten Hengstes aus und läßt sich von diesen leiten. Auf sein Vermögen, sich einzufühlen, kommt es an.

Es erscheint mir wichtig, dies richtig zu werten. Wie oft werden heute Pferde entgegen ihrer Neigung ausgebildet, meist mit nur geringem Erfolg. Einem Standard, einer Mode zuliebe. Da wird einem Pferd ein starker Trab mit extremem Raumgriff abverlangt, obwohl dieser mit seiner Veranlagung nicht im Einklang steht. Ist es richtig, einer Norm anzuhängen?

Die Natur und die Kunst kennen keine Norm.

Nein, sie ist zweifelhaft, denn die Natur und die Kunst kennen keine Norm. Das sollte – wenngleich in Abschwächung –

auch für das Dressurreiten der höheren Klassen gelten. Wer die Norm zu hoch hängt – ob Reiter oder Preisrichter –, läuft Gefahr, sich von der Pferdenatur zu entfernen. Weshalb soll es nicht genügen, bei einem Wettbewerb das in Perfektion zu zeigen, was man von seinem Pferd in müheloser Stufenarbeit bekommen kann? Weshalb nicht die Mühelosigkeit zum obersten Grundsatz erheben? So wie in Wien.

Grand-Prix-Richter sollten mehr und mehr ihr Amt als das eines Kunstkritikers auffassen. Sie brauchen dabei gewachsene Normen nicht zu vergessen. Sie gehören aber an die zweite Stelle.

Ein Beispiel aus jüngster Vergangenheit soll zeigen, was ich meine:

Noch vor wenigen Jahren wurde beim versammelten Schritt verlangt, dass das Hufsiegel hinter dem des gleichseitigen Vorderbeines liegt. Heute gilt dies nicht mehr; der Vortritt darf etwas größer sein. Beim starken Schritt soll das Pferd möglichst viele Hufbreiten übertreten; nur dann kann man ihn gut benoten. Wenn solche Indizien zur strikten Richtlinie werden, kann leicht Wichtigeres verloren gehen oder vernachlässigt werden.

Ich meine die Berücksichtigung der Eigenart jedes Pferdes, und diese gilt es doch, zu ihrem schönsten Ausdruck zu bringen. Jedes Pferd hat seine eigene Skala des Raumgriffes seiner Bewegungen, seine eigene Gestik, seinen ihm eigenen Takt. Dem können kein noch so ausgeklügeltes Reglement oder in diese Richtung gehende Instruktionen Rechnung tragen. Man sollte solches auch nicht versuchen, sondern sich damit abfinden, dass besonders beim Grand-Prix-Kürreiten die Notengebung immer umstritten bleiben wird. Kunstbeurteilung hat individuellen Charakter. Was jenseits der Norm liegt, lässt sich nicht gesichert vergleichen.

Kunstkritiker haben überzeugend herausgearbeitet, dass Picasso der größte Maler des vergangenen Jahrhunderts war. Sie haben dazu viele Jahre gebraucht, und es hat anfänglich auch Fehlurteile gegeben.

Weshalb sollen Dressurkritiker nicht sinngemäß Ähnliches leisten? Weshalb sollen nicht mit künstlerischem Auge begabte Pferdejournalisten hierbei kreativ mitwirken?

Und auf der anderen Seite gilt für Dressurreiter des höheren Niveaus, dass sie noch mehr lernen sollten, der eigenen Auffassung der Eigenart ihres Pferdes entsprechend und nicht allein nach Richtervorstellungen zu reiten. Die Richternoten sollten nicht ihr alleiniger Maßstab sein. Ein begabter Reiter kann nicht nach künstlerischem Ausdruck streben und gleichzeitig die Benotung seiner Leistung obenan stellen. Wenn er dies tut, ist er nicht genug Künstler. Er kann aber danach trachten und darauf hoffen, im Laufe der Zeit Richter und Publikum für sich zu gewinnen.

Die deutsche Reitweise ist doch ziemlich weit weg von der romanischen Auffassung. Letztere wurde weitgehend verdrängt. Zu dieser Entwicklung kam es wohl auch deshalb, weil deutsche Disziplin und Korrektheit sich auf dem Dressurviereck besser nachprüfen und benoten lassen als die Reitkunst der »Légèretè«.

Wieviel Hufbreiten ein Pferd im starken Schritt übertritt, ob die Zahl der fliegenden Wechsel oder der Galoppsprünge in den Zickzack-Traversalen stimmt, ob eine Lektion genau am vorgeschriebenen Punkt ausgeführt wird, ist objektiv bewertbar. Trotz der angesprochenen Problematik einige Schritte in Richtung Reitkunst zu wagen ist das Gebot der Stunde.

▸ Plädoyer für eine Revision der deutschen Ausbildungsnorm

Das Zureiten nach deutscher Tradition steht nicht genügend im Einklang mit der Tierpsyche. Die Mutprobe des Reiters gerät so oft zum Schock des Pferdes.

Die heutigen Kriterien sind von einer alten Heeresdienstvorschrift abgeleitet. Was früher bei der Ausbildung von Kavalleriepferden sinnvolle Begrenzung war, vernebelt heute den Blick: Militärische Exaktheit, genaue Tritt- und Sprungzahl, das Stehen wie ein Denkmal, das Abspulen von Lektionen nach Kommando statt freiem Reiten, die ewige Wiederholung von bekannten Aufgaben, ihr geistloses Eintrichtern als Turniervorbereitung, der kiloschwer gespannte Zügel, die schablonenhafte Beurteilung von Übertritt, Aufrichtung und Stirnlinie, das engstirnig kleine Repertoire der Lektionen; all dies rangiert zu weit oben oder harrt der Entschlackung. Reiten als Kunst ist kreative Vitalität und weit weg von Langweile und Monotonie! Dass bei der Zucht von Kavalleriepferden die militärischen Forderungen an allererster Stelle standen, ist noch heute erkennbar. Die Vorstellungen der Heeresdienstvorschriften (HdV) sind immer noch lebendig, in den Köpfen der Züchter wie auch der Reiter. Ich meine, zu sehr:

Der Vorwärtsgeist war eine in allen Heeren gepriesene Tugend. Verlangt war ein Pferd mit möglichst raumgreifenden, dabei nicht aufwendigen Gängen. Das gute Vorankommen im Schritt war bei Truppenbewegungen besonders wichtig. Das militärische Vorwärts hat dazu geführt, dass der *Raumgriff* übermäßig hoch bewertet wird.

Ein gutes »Material«-Pferd soll x Hufbreiten über die Huf-spuren der Vorderbeine hinaustreten. Ist aber wirklich der Schritt mit dem größten Raumgewinn der schönste und beste für die Ausbildung? Sicherlich nicht für den Pferdemann, der sieht, wie ein Schritt nicht sein darf, wenn daraus später gute Versamm-lung werden soll. Er sucht das, was man leider im Gegensatz zum Raumgriff nicht messen kann, nämlich den geregelten Takt-schritt. Auch der soll einen guten Raumgriff haben, aber nicht einen übertriebenen. Im geschmeidigen Schritt der Remonte soll das An-der-Stelle-Treten bereits enthalten sein, sichtbar für den, der das Auge hat.

In der Reiterkaserne entstand, abgeleitet vom scheußlichen Unwort »Menschenmaterial«, der Begriff *Pferdematerial*. Noch heute spricht man von »Materialprüfung«. Niemand denkt etwas Böses dabei. Schon um vorsichtig zu sein, sollte man sich die Fra-ge stellen, ob es bei der Übernahme der traditionellen Richtlini-en nicht noch weitere Gedankenlosigkeiten gab, ob nicht manches, was heute nicht mehr passt, blindlings übernommen wurde.

Der Begriff *Schwung* war mit dem Geist der Attacke verbun-den; mit dem unbedingten Vorwärts auch unter schwierigsten Bedingungen. Wohl kaum ein anderer reiterlicher Begriff hat zu so vielen Missverständnissen geführt. Ich vermeide ihn daher so weitgehend wie möglich. In der Technik ist Schwung mit der Trägheit der Masse verbunden. Man versieht Räder mit einer Schwungmasse, um sie zu einem gleichmäßigen Lauf zu bringen oder die Richtung ihrer Drehachse zu stabilisieren. Technisch ist Schwung die Ausnützung der Massenträgheit.

Im militärischen Sprachgebrauch gilt sinngemäß das Glei-che. Bei der Reiterattacke kam es auf den der Schnelligkeit ent-springenden Schwung an, auf die maximale Wirkung der Mas-senträgheit beim Zusammenprall mit dem Gegner.

Unsere Dressurrichter beurteilen die Schwungentfaltung wohl hauptsächlich in Verbindung mit den Trab- und Galoppver-stärkungen. Solcher Schwung braucht das Maß. Das bestaunte »Mehr« ist oft zu viel und gleich zu bewerten wie ein Zuwenig. Ein Pferd kann nie genug Geschmeidigkeit, »Légèreté« und Eleganz haben. Beim Schwung und Schub, beim Vorwärts darf der Reiter nicht die Grenze des ästhetischen Fortissimo über-schreiten. Besser soll er eine Kleinigkeit darunter bleiben. Aber wo liegt die Grenze?

Ich meine dort, wo die Mühelosigkeit aufhört und die Kraft allein regiert. Gemessen an der heutigen Messlatte dürfte auch hier eine Kleinigkeit weniger ein Gewinn in künstlerischer Hinsicht sein.

Beim Ankauf roher Pferde achtete die militärische Remon-tier-Kommission mit Recht mehr auf den *Schub* der Hinterhand als auf Tragkraft und Versammlungsfähigkeit. Heute sollte man sehen, dass ein Zuviel dem Pferd die Umsetzung zum Tragen erschwert. Extrem zum Schieben ausgebildete Hinterbeine sind zu weit weg von der Mutterlektion der Piaffe. Sie sind nicht die Hanken des angehenden Tänzers. Anzustreben ist vielmehr ein guter Schub, dem das Tragen innewohnt. Da wird heute schwär-merisch über Trabaktionen berichtet, die in ihrem Schwung nicht zu überbieten seien. Es ist gut, dass es solche Pferde gibt. Aber falsch, diese in der Rangskala zuoberst einzustufen. Das extrem groß übersetzte Treten ist die Vorderseite der Medaille. Die Rück-seite ist so oft eine ungenügende Begabung zur tänzerischen Ver-sammlung. Zudem ist die gewaltige, alles überbietende, vom Rei-ter oft noch überheizte Trabaktion nicht ästhetisch.

Die zu große, bei Materialprüfungen höchstbewertete Galoppade verliert schnell an Glanz, wenn aus ihr in der Pirouet-te ein im Takt nicht definiertes Humpeln wird. Pferde mit extre-men Gängen verkaufen sich gut, wohl auch deshalb, weil sie jedermann ins Auge fallen. Es scheint dennoch angezeigt, zukünftig bei der Zuchtauslese noch mehr auf Lernfähigkeit und das tänzerische Element zu achten.

Weshalb sieht man heute so wenig gut gesetzte Pferde? Man kann in Ergänzung zu dem, was ich hierüber bereits ausgeführt habe, diese Frage auch so beantworten: weil der versammelte Schritt, weil der versammelte Trab in den schweren Prüfungen nicht ernsthaft verlangt werden. Beides ist durch ein Verschieben der Raumgriff-Skala nach oben verlorengegangen. Zwischen der heute praktizierten zu geringen Versammlung im Schritt und Trab auf der einen Seite und der Piaffe auf der anderen klafft eine zu große Lücke.

Wie soll denn ein Pferd geschmeidig piaffieren können, ohne im versammelten Schritt und Trab geschult zu sein? Wie kann man von ihm eine Lektion verlangen, ohne diejenigen wirk-lich zu reiten, aus denen sie entspringt? Solches gelingt nur sel-ten. Ein wichtiges Grundprinzip der Dressurausbildung ist nur unter Strafe umgehbar: Eine Lektion soll das Resultat der ande-ren sein. Das Pferd, das im versammelten Trab und Schritt die Hanken beugt, lernt und geht mühelos die darüber liegenden Lektionen. Wer die Nachbarschaft der Lektionen in ihrem Ver-sammlungsgrad verschiebt, darf sich nicht wundern, dass heute zwischen einer normalen S-Dressur – mit »Versammlungser-leichterung« – und der Grand-Prix-Aufgabe Welten liegen.

Eine Lektion soll das Resultat der anderen sein.

Dürer am Ende des 5. Lebensjahres. Aus dem Piaffiertrab (Seite 146) hat sich eine vorbildliche Piaffe entwickelt. Das fußende Vorderbein ist geradezu ideal, das Pferd ist ganz leicht.

Von einem Truppenpferd wurde in übertriebenem Maße Gehorsam und preußische Exaktheit verlangt. Auch hier sind Abstriche angezeigt. Wer zu streng ist, nimmt dem Pferd die Freude am Mitmachen. Vor allem ist es falsch, ein Pferd zu strafen, wenn es den Reiterhilfen zuvorkommt oder statt der geforderten, noch nicht sicher beherrschten Lektion eine andere ersatzweise anbietet.

Besonders bei Stuten muss man geflissentlich hinnehmen, dass sie ihrem Reiter nicht jeden Tag den gleichen Gehorsam entgegenbringen. Das ruhig auf vier Beinen Stehen bei der Grußaufstellung darf beim jungen Dressurpferd kein ernsthaftes Kriterium sein, ebenso wenig dürfen kleine Ungezogenheiten wie die kurzzeitige Nichtbeachtung der Reiterhilfen zu negativ bewertet werden. Die Erziehung ist in diesem Stadium doch noch nicht abgeschlossen.

Wer zu streng ist, nimmt dem Pferd die Freude am Mitmachen.

Das Gebot der Exaktheit sollte es bei Dressurprüfungen der niedrigen Kategorie noch nicht geben, weil dieses dem Reiter nahe legt, das junge Pferd bei entsprechender Handeinwirkung zu sehr und zu oft zu korrigieren. Durch Überbewertung der Exaktheit wird der Reiter in seinem Denken in die falsche Richtung gelenkt.

Ob bei einer A-Prüfung ein junges Pferd genau auf der Mittellinie oder 2 m daneben geht, ist von untergeordneter Bedeutung. Viel wichtiger ist seine Geschmeidigkeit und Grazie. Das Gleiche gilt für das Reiten der Volte. Auch die Einhaltung des vorgeschriebenen Durchmessers ist unwichtig. Wenn die Remonte sich beim Grüßen nach allen Seite umsieht, sollte es nur dann einen Abzug geben, wenn ihr Reiter vergeblich versucht, dies zu verhindern.

Die ganze Parade zum Stehen aus dem Trab und Galopp vom jungen Pferd in exakter Ausführung zu verlangen ist nicht angezeigt, gehört diese doch zu den schwierigen Lektionen, die man in Idealausführung selten zu sehen bekommt. In den niedrigen Prüfungen ist die auslaufende Parade im Sinne einer zielgerichteten Ausbildung die bessere. Weshalb? Der Versuch, schon im frühen Stadium den spontanen und doch weichen Übergang zu bekommen, misslingt zu oft. Das damit verbundene dauernde Korrigieren führt zur Verunsicherung von Pferd und Reiter. Besser ist es, im ersten Jahr das Pferd grundsätzlich aus dem Schritt zum sauberen Stehen zu bringen. Man lasse zunächst sogar mehrere, dann immer weniger Schritte zu, so lange, bis man ohne »Zügelziehen« auf sie verzichten kann. So kommt man freundlich und mit mehr Sicherheit zur exakten ganzen Parade.

Weiterer Beispiele bedarf es nicht. Der interessierte Leser wird längst verstanden haben, worum es mir geht.

Was wir brauchen, ist eine großzügigere Grundeinstellung, die sich auf das konzentriert, was wesentlich ist. Hoch begabte Pferde sind oft sehr eigenwillig. Im Remontenalter darf man von ihnen nicht den *Sekundengehorsam* verlangen. Nach etablierter Partnerschaft wird sich dieser im Laufe der Zeit von selbst einstellen.

Für die weitere Ausbildung ist es bei einem sensiblen Pferd klüger, eine schlechte Benotung in Kauf zu nehmen, als es durch langes Arbeiten gehorsam zu machen.

Bei solchen Pferden mit ausgeprägter Persönlichkeit ist es angezeigt, die HSH-Handarbeit vor dem Beginn des ersten Reitens länger auszudehnen. Mit ihnen schon 2 1/2- oder 3-jährig mit der Ausbildung beginnen. Je mehr sie an der Hand vorab gelernt haben, desto weniger wird es zu Irritationen und Widersetzlichkeiten kommen.

Auch gehorsam zu sein muss das Pferd lernen. Aufgeweckten Pferden muss man hierfür mehr Zeit geben. Ein junges, sensibles Pferd, das gegenüber einer neuen Anforderung Widerstand leistet, ist nicht ungehorsam. Es zeigt seinem Ausbilder, dass er einen anderen Weg suchen muss, um zum Ziel zu kommen. Es ist immer besser, durch Zwang entstehenden Ungehorsam zu umgehen, als ihn zu bekämpfen und dabei eine Niederlage zu riskieren.

Alle Pferde nach den gleichen, wenig flexiblen Richtlinien, nach schablonenhafter Standardvorstellung, in der gleichen Zeit und Stufenfolge auszubilden war das verständliche Ziel der Kaserne. Für die Ausbildung eines noblen Blutpferdes von der Koppel bis zum Grand Prix ist dagegen Flexibilität in der Reihenfolge der Ausbildungsschritte der bessere Weg. Manche der früher gepflegten sind geradezu unsinnig und sogar schädlich. Sie entsprangen der militärischen Freude am Exerzieren. Mit ihnen sollte man keine Zeit vertrödeln.

Flexibilität in der Reihenfolge der Ausbildungsschritte

Das bereits behandelte Schenkelweichen führt Reiter und Pferd auf den falschen Pfad (siehe Seite 127/128 und 183). Für die Wendung um die Vorderbeine gilt das Gleiche. Das heute noch in leichteren Dressurprüfungen verlangte Viereck Verkleinern und Vergrößern lehrt das Pferd, sich beim Travers und in der Traversale der korrekten Biegung zu entziehen.

Das Schulterherein der HdV, der Heeresdienst-Vorschrift, ist wie bereits dargelegt, noch heute gebräuchlich. Es ist in der dort dargestellten Weise kaum dienlich. Die zu Beginn der Ausbildung erfolgte Falschprägung verursacht ernsthafte Widersetzlichkeiten bei der Umarbeitung.

Den treuen Anhängern der deutschen Reitlehre sollte zu denken geben, wie weitgehend die Trainingsmethoden anderer Sportarten sich in den letzten 50 Jahren geändert und weiterentwickelt haben. So sehr, dass frühe Filmdokumente manchmal wie eine fremd gewordene Welt erscheinen. Der Leser möge sich auch vergegenwärtigen, wie sehr sich in unseren Schulen die Lehrmethoden, ganz unabhängig von den neuen Lehrstoffen, gewandelt haben und mit welchem unbestreitbaren Nutzen sich die moderne Psychologie auf die Kindererziehung ausgewirkt hat.

Kann man angesichts solcher Wandlungen ernsthaft vertreten, dass bei der Ausbildung der Pferde alles beim Alten bleiben müsse?

Die Ausbildung
eines Tänzers

Die deutsche Tradition genügt nicht für die Ausbildung eines Tänzers. Gemäß ihrer Ausrichtung liegt sie am Gartenrand der Reitkunst. Ich halte mich lieber an die Tradition der französischen Ecuyers.

Mein Rat: Der moderne Ausbilder möge alle Traditionen und auf keinen Fall nur die deutsche studieren und ihnen das entnehmen, was immer für seine Arbeit nützlich ist. Er soll sich darüber hinaus nicht davon abhalten lassen, neue Gedanken einzubringen – auch wenn sie zunächst Missfallen erregen. Die Ausbildung des Dressurpferdes ist zuerst kreative Kopfarbeit.

Das künstlerische Ideal

Dressurreiten ist, zu Ende gedacht, mehr Kunst als Sport. Das künstlerische Ideal ist das Reiten ohne Handeinwirkung, die Verständigung allein durch den Sitz des Reiters. Dieses Ideal ist kaum erreichbar. Es ist dennoch wichtig, es vor Augen zu haben!

▶ Vision zum Nachdenken

Gradmesser des feinen Reitens sind Zäumung und Zügelführung. Eine vorrangige und immer wiederkehrende Behandlung dieses Themas, mit dem Ziel, diese Prüfsteine ins Rollen zu bringen, ist daher gerechtfertigt. Die folgende Fiktion einer Neuregelung möge nachdenklich stimmen und in der Folge umstimmen:

▶ Im Herbst 200x wird bekannt gegeben, dass in der kommenden Turniersaison nur noch die 3:1-Führung zulässig ist (siehe Seite 162 unten). Die Turnierreiter können sich während der Winterarbeit hierauf vorbereiten.

▶ Bei gut gerittenen Pferden würde die Umstellung keine Probleme bereiten. Der Reiter braucht für die Umgewöhnung – nach meiner Erfahrung – nicht mehr als zwei Monate.

▶ Bei unreell gerittenen Pferden würde die Umstellung mehr Zeit beanspruchen. Sie würden in der kommenden Saison nicht gut abschneiden. Ihre Reiter wären, um nicht auf Dauer deklassiert zu sein, zum Umdenken gezwungen. Notorische Grobiane wären »weg vom Fenster«. Ich zitieren einen Ausspruch des verstorbenen Horseman Oberst Wilke: »Mancher müsste ohne Kandarenzügel in beiden Händen zu Hause bleiben.«

▶ Für die Richter wäre die Trennung des Weizens von der Spreu erleichtert. Man würde bald feststellen, dass die feinere Zügelführung die Pferde schöner und zufriedener macht. Allein durch diese Maßnahme würde sich das reiterliche Niveau entscheidend verbessern. Sie würde ein Mehr an Pferdegerechtigkeit gewährleisten und dies bei stärkerer Betonung des künstlerischen Elements, besondern in den höheren Kategorien des Dressursports.

▸ Eingedämmt wären auch kommerzielle Auswüchse. Hartes Zupacken und Schnellbleiche würden sich nicht mehr auszahlen! Korrekte Feinarbeit dagegen könnte alsbald die ihr gebührende Wertschätzung erfahren. Die Erkenntnis, dass sich 3:1 geführte Pferde vom Amateur leichter nachreiten lassen, würde sich schnell verbreiten.

Die Szene wird sich über diese Vision ärgern und sich bemühen, sie zur Illusion zu machen. Ich hoffe dennoch, einen Prozess des Umdenkens anzustoßen.

Die Zeit ist reif. Am Rand der Abreiteplätze und Dressurvierecke verstärkt sich die Kritik. Der Wunsch nach einer feineren Dressurreiterei wird lauter. Feiner reiten und vorstellen bedingt aber eine ebenso feine Manier der Ausbildung. Hierzu beizutragen ist der Sinn der HSH-Methode.

▸ Zum Weiterlesen

Albrecht, Kurt: *Dressurlehre für Reiter und Dressurrichter*; Müller-Rüschlikon 1989

Fillis, James: *Tagebuch der Dressur*; Olms, Hildesheim 1996

Hinrichs, Richard: *Tänzer an leichter Hand - Reiten mit unsichtbaren Hilfen*; Wilhelm Schroer, Hannover 1989

Oliveira, Nuno: *Erinnerungen eines portugiesischen Reiters*, Olms, Hildesheim 2000

Oliveira, Nuno: *Ratschläge eines alten Reiters an einen jungen Reiter*; Olms, Hildesheim 1999

Pluvinel, Antoine de: *Neuauffgerichte Reut-Kunst/L'instructuion du Roy en L'Exercise de monter à Cheval*; Frankfurt a. M. 1670

Rau, Gustav: *Die Reitkunst der Welt an den Olympischen Spielen 1936*; Olms, Hildesheim 1976

Robichon de la Guerinière, François: *Reitkunst oder gründliche Anweisung*; Marburg 1817, Olms Presse

Seunig, Waldemar: *Meister der Reitkunst*; Erich Hoffmann, Heidenheim 1960

Xenophon: *Über die Reitkunst – Der Reiteroberst*; Erich Hoffmann, Heidenheim 1962

Zeeb, Klaus: *Pferde dressiert von Fredy Knie*; Hallwag, Bern-Stuttgart 1974

AUS DEM KOSMOS-VERLAG

Bender, Ingolf (Hrsg.): *Kosmos-Handbuch Pferd*; Reiten, Fahren, Haltung, Zucht, Gesundheit, KOSMOS 2006

Krämer, Monika: *Pferde erfolgreich motivieren*; Das 8-Punkte-Programm zur optimalen Leistung, KOSMOS 1998, 2007

Schäfer, Michael: *Handbuch Pferdebeurteilung*; Praktische Exterieurbeurteilung, Pferdetypen und ihre Entstehung, Bau und Funktion des Pferdekörpers, KOSMOS 2000, 2007

Schäfer, Michael: *Die Sprache des Pferdes*, KOSMOS 1993

Tellington-Jones/Lieberman: *Tellington Training für Pferde*; Das große Lehr- und Praxisbuch, KOSMOS 2007

Tellington-Jones, Linda: *Die Persönlichkeit Ihres Pferdes*; KOSMOS 1995

DVDs

Hinrichs, Richard: *Reiten mit feinen Hilfen*; KOSMOS 2007

Stahlecker, Fritz: *Handarbeit für junge Dressurpferde 1+2*; Ohne Gewalt geht´s besser, pferdia tv 2007

Register

Expertenwissen aus erster Hand

Ingolf Bender (Hrsg.)
Kosmos-Handbuch Pferd
400 Seiten, ca. 380 Abbildungen
€/D 49,90; €/A 51,30; sFr 86,–
ISBN 978-3-440-10398-2

■ Das geballte Expertenwissen über Pferde und Reiten, Zucht, Haltung und Gesundheit auf dem neuesten Erkenntnisstand in einem einzigartigen Kompendium.

■ *„Ein Werk, das Maßstäbe setzt! Wissen für Pferdehalter, Züchter und Reiter aus erster Hand."*
ReiterRevue international

Michael Schäfer
Handbuch Pferdebeurteilung
376 Seiten, ca. 586 Abbildungen
€/D 39,90; €/A 41,10; sFr 69,–
ISBN 978-3-440-10916-8

■ Vom Pferdefreund zum Pferdekenner.

■ Anatomie, Ausdruck und Verhalten verraten dem Kenner viel über Charakter und Veranlagung des Pferdes – Michael Schäfer vermittelt wertvolles Hintergrundwissen, erklärt Zusammenhänge und schult das Urteilsvermögen.

Erfolgreich
ausbilden und trainieren

€4,- (02/25)